Haftung von Suchmaschinenbetreibern

Studien zum deutschen und europäischen Medienrecht

herausgegeben von Dieter Dörr und Udo Fink

mit Unterstützung der Dr. Feldbausch Stiftung

Bd. 52

PETER LANG
Frankfurt am Main · Berlin · Bern · Bruxelles · New York · Oxford · Wien

Armin Kühne

Haftung von Suchmaschinenbetreibern

PETER LANG
Internationaler Verlag der Wissenschaften

Bibliografische Information der Deutschen Nationalbibliothek
Die Deutsche Nationalbibliothek verzeichnet diese Publikation in der Deutschen Nationalbibliografie; detaillierte bibliografische Daten sind im Internet über http://dnb.d-nb.de abrufbar.

Zugl.: Mainz, Univ., Diss., 2011

D 77
ISSN 1438-4981
ISBN 978-3-631-62316-9

Internationaler Verlag der Wissenschaften
Frankfurt am Main 2012

www.peterlang.de

Inhaltsübersicht

Inhaltsverzeichnis

Literatur

Aufsätze, Urteilsanmerkungen:

Ahrens, Hans-Jürgen: „21 Thesen zur Störerhaftung im UWG und im Recht des Geistigen Eigentums“, WRP 2007, 1281 ff.

Augenhofer, Susanne: „Individualrechtliche Ansprüche des Verbrauchers bei unlauterem Wettbewerbsverhalten des Unternehmers“, WRP 2006, 169 ff.

Bahr, Martin: „The Wayback Machine und Google Cache - eine Verletzung deutschen Urheberrechts?“ JurPC Web-Dok. 29/2002.

Bedner, Mark: „Haftung des Betreibers von Internetforen“, JurPC Web-Dok. 94/2007

Bender, Rolf / Kahlen, Christian: „Neues Telemediengesetz verbessert den Rechtsrahmen für Neue Dienste und Schutz vor Spam-Mails“, MMR 2006, 590 ff.

Berberich, Matthias: „Die urheberrechtliche Zulässigkeit von Thumbnails bei der Suche nach Bildern im Internet“, MMR 2005, 145 ff.

Bergman, Michael : „White Paper: The Deep Web: Surfacing Hiden Value“, The Journal of Electronic Publishing Volume 7, Issue 1 / 2010, Abrufbar unter http:www.journalofelectronicpublishing.org

Berlit, Wolfgang: Anm. zu BGH - I ZR 304/01, LMK 2004, 195 ff.

Bernreuther, Friedrich: „die suchmaschinenoptimierte Webseite - eine urheberrechtlich geschützte Unlauterkeit mit und ohne Markenverletzung“, WRP 2008, 1057 ff.

Bohne, Michael / Elmers, Christine: „Die Digitalisierung von Wissen in der Informationsgesellschaft und ihre rechtliche Regulierung“, WRP 2009, 586 ff.

Breyer, Patrick: „Verkehrssicherungspflichten von Internetdiensten im Lichte der Grundrechte“, MMR 2009, 14 ff.

Bruns, Jan-Willem: „Der Einfluss der Rundfunkfreiheit auf das Arbeitsrecht“, RdA 2008, 135 ff.

Bullinger, Martin: „Private Rundfunkfreiheit auf dem Weg zur Pressefreiheit“, ZUM 2007, 337 ff.

Bullinger, Winfried / Garbers-von Boehm: „Google Bildersuche - Schlichte Einwilligung des Urhebers als Lösung?“, GRUR-Prax 2010, 257 ff.

Busse-Muskala, Dominika / Veit: „Die Berücksichtigung europäischer Vorgaben bei der Abgrenzung eigener und fremder Informationen nach dem TDG“, JurPC Web-Dok. 30/2005

Danckert, Burkhard / Mayer, Frank Joachim: „Die vorherrschende Meinungsmacht von Google - Bedrohung durch einen Informationsmonopolisten?“, MMR 2010, 219 ff.

Decker, Ute: „Haftung für Urheberrechtsverletzungen im Internet - Anforderungen an die Kenntnis des host Providers“, MMR 1999, 7 ff.

Dierking, Laura / Möller, Simon: „Online-TV und das „Long Tail“ -Phänomen verändern die Grundlagen der Rundfunkordnung“, MMR 2007, 426 ff.

Döring, Reinhard: „die Haftung für eine Mitwirkung an Wettbewerbsverstößen nach der Entscheidung des BGH „Jugendgefährdende Medien bei eBay““, WRP 2007, 1131 ff.

Edenfeld, Stefan: „Grenzen der Verkehrssicherungspflicht“, VersR 2002, 272 ff.

Eichelberger, Jan: „Keyword Advertising vor dem EuGH - Zur markenrechtlichen Zulässigkeit der Verwendung fremder Kennzeichen als Keyword“, EuZW 2010, 731 ff.

Engel-Flechsig, Stefan / Maennel, Frithjof / Tettenborn, Alexander: „Das neue Informations- und Kommunikationsdienste-Gesetz“, NJW 1997, 2981 ff.

Ensthaler, Jürgen / Heinemann, Mirko: „Zur Haftung des Hostproviders“, WRP 2010, 309 ff.

Ernst, Stefan: „Urheberrechtliche Probleme bei Suchmaschinen in der deutschen Rechtsprechung“, MR-Int 2009, 1 ff.

Ernst, Stefan: Anm. zu LG Hamburg, 308 O 42/06, jurisPR-WettbR 11/2008, Anm. 4

Fahl, Constantin: „Die Nutzung von Thumbnails in der Bildersuche“, K&R 2010, 437 ff.

Federrath, Hannes: „Zur Kontrollierbarkeit des internet“, ZUM 1999, 177 ff.

Feldmann, Thorsten: Anm. zu OLG Nürnberg, jurisPR-ITR 19/2008 Anm. 4

Fischer, Dirk: Anm. zu KG Berlin - 10 U 182/03, MMR 2004, 675 ff.

Freytag, Stefan: „Haftung im Netz - Verantwortlichkeit für Urheber-, Marken- und Wettbewerbsrechtsverletzungen nach § 5 TDG und § 5 MDStV“, München 1999.

Füllbier, Ulrich: „Web 2.0 - Haftungsprivilegierungen bei MySpace und Youtube“, CR 2007, 515 ff.

Fürst, Philipp: „Störerhaftung - Fragen der haftungsbegründenden Zumutbarkeit und Konsequenzen - Das Ende von ebay?“ WRP 2009, 378 ff.

Gaster, Jens: Anm. zu OLG Düsseldorf - 20 U 85/98, MMR 1999, 733 ff.

Gounalakis, Georgios / Zagouras, Georgios: „Plädoyer für ein europäisches Medienkonzentrationsrecht“, ZUM 2006, 716 ff.

Gramespacher, Thomas: „Dem Betreiber fremde, rechtswidrige Inhalte in Internet-Communitys und Internet-Foren: Abmahnung, Unterlassung, Beseitigung - TDG und Störerhaftung?“, JurPC Web-Dok. 131/2005

Haedicke, Maximilian: „Die Haftung für mittelbare Urheber- und Wettbewerbsrechtsverletzungen“, GRUR 1999, 397 ff.

Harte-Bavendamm, Henning / Jürgens, Uwe: „Suchmaschinen: Neue Angebote und alte Haftungsfragen?“, FS für Schricker (2005), S. 32 ff.

Hartl, Robert: „Fremde Kennzeichen im Quelltext von Webseiten - Marken- und wettbewerbsrechtliche Zulässigkeit“, MMr 2007, 12 ff.

Hoeren, Anm. zu BGH - I ZR 139/07, MMR 2009, 333 f.

Hoeren, Thomas: „Das Pferd frisst keinen Gurkensalat - Überlegungen zur Internet Governance“, NJW 2008, 2615 ff.

Hoeren, Thomas: „Das Telemediengesetz“, NJW 2007, 801 ff.

Hoeren, Thomas: Anm. zu OLG Köln - 6 U 12/01, MMR 2002, 113 ff.

Hoffmann, Helmut: „Die Entwicklung des Internet-Rechts bis Mitte 2009", NJW 2009, 2649 ff.

Hoffmann, Helmut: „Zivilrechtliche Haftung im Internet", MMR 2002, 284 ff.

Holznagel, Daniel: „Zur Providerhaftung - Notice and Take-Down in § 512 U.S. Copyright Act", GRUR Int 2007, 971 ff.

Hüsch, Moritz: „Google Adwords - Prozessrisiko bei der Standardeinstellung „weitgehend passende Keywords", MMR 2006 Heft 10, V ff.

Hüsch, Moritz: „Keyword Advertising - Rechtmäßigkeit suchwortabhängiger Werbebanner in der aktuellen Rechtsprechung", MMR 2006, 357 ff.

Jänich, Volker Michael: Anm. zu BGH - I ZR 35/04, LMK 2007, 239931

Jergolla, Maren: „Das Ende der wettbewerbsrechtlichen Störerhaftung?", WRP 2004, 655 ff.

Karzaunikat, Stefan: „Die Suchfibel", online abrufbar unter http://www.suchfibel.de/

Kitz, Volker: „Das neue Recht der elektronischen Medien in Deutschland - sein Charme, seine Fallstricke", ZUM 2007, 368 ff.

Klaes, Roland: „Verfassungsrechtlicher Rundfunkbegriff und Internet", ZUM 2009, 135 ff.

Klatt, Heiko: „Die Kerngleichheit als Grenze der Prüfungspflichten und der Haftung des Hostproviders", ZUM 2009, 265 ff.

Klinger, Markus: Anm. zu OLG München - 18 U 5646/07, jurisPR-ITR 12/2009 Anm. 2

Klinger, Markus: Anm. zu OLG München, jurisPR-ITR 12/2009 Anm. 2

Knaak, Roland: „Keyword Advertising - Das aktuelle Key-Thema des Europäischen Markenrechts", GRUR Int 2009, 551 ff.

Koch, Alexander: „Zur Einordnung von Internet-Suchmaschinen nach dem EGG", K&R 2002, 120 ff.

Koch, Frank: „Perspektiven für die Link- und Suchmaschinen-Haftung", CR 2004, 213 ff.

Kochinke, Clemens / Tröndle, Rüdiger: „Links, Frames und Meta-Tags - Urheber- und markenrechtliche Implikationen im Internet“, CR 1999, 190 ff.

Köhler, Helmut: „Das Verhältnis des Wettbewerbsrechts zum Recht des geistigen Eigentums - Zur Notwendigkeit einer Neubestimmung auf Grund der Richtlinie über unlautere Geschäftspraktiken“, GRUR 2007, 548 ff.

Köhler, Helmut: „Täter und Störer im Wettbewerbs- und Markenrecht - Zur BGH-Entscheidung „Jugendgefährdende Medien bei eBay““, GRUR 2008, 1 ff.

Köster, Oliver / Jürgens, Uwe: „Haftung professioneller Informationsvermittler im Internet - Eine Bestandsaufnahme nach der Novellierung der Haftungsregelungen“, MMR 2002, 420 ff.

Köster, Oliver / Jürgens, Uwe: „Haftung professioneller Informationsvermittler im Internet“, MMR 2002, 420 ff.

Kühling, Jürgen / Gauß, Nicolas: „Expansionslust von Google als Herausforderung für das Kartellrecht“, MMR 2007, 751 ff.

Kühling, Jürgen / Gauß, Nicolas: „Suchmaschinen - eine Gefahr für den Informationszugang und die Informationsvielfalt?“, ZUM 2007, 881 ff.

Kummermehr, Michael: Anm. zu BGH - I ZR 30/07, ZUM 2009, 565 ff.

Kur, Annette: „Confusion Over Use? - Die Benutzung „als Marke“ im Lichte der EuGH-Rechtsprechung“, GRURInt 2008, 1 ff.

Láni, Katri / Świątek, Bartosz: „Caching“, cms-journal 31/2009, 23 ff.

Lehmann, Matthias / Rein, Christian: „ebay: Haftung des globalen Basars zwischen Gemeinschaftsrecht und BGH“, CR 2008, 97 ff.

Lehment, Cornelis: „Zur Störerhaftung von Online-Auktionshäusern“, WRP 2003, 1058 ff.

Leible, Stefan / Sosnitza, Olaf: „„3... 2... 1... meins!“ und das TDG“, WRP 2004, 592 ff.

Leible, Stefan / Sosnitza, Olaf: „Haftung von Internetauktionshäusern - reloaded“, NJW 2007, 3324 ff.

Leible, Stefan / Sosnitza, Olaf: „Neues zur Störerhaftung von Internet-Auktionshäusern", NJW 2004, 3225 ff.

Leistner, Matthias / Stang, Felix: „Die Bildersuche im Internet aus urheberrechtlicher Sicht", CR 2008, 499 ff.

Leistner, Matthias / Stang, Felix: „Die Neuerung der wettbewerbsrechtlichen Verkehrspflichten - Ein Siegeszug der Prüfungspflichten?", WRP 2008, 533 ff.

Leistner, Matthias: „Störerhaftung und mittelbare Schutzrechtsverletzung", GRUR-Beil. 2010, 1 ff.

Leistner, Matthias: „Von „Brundig-Reporter(n) zu Paperboy(s)" - Entwicklungsperspektiven der Verantwortlichkeit im Urheberrecht", GRUR 2006, 801 ff.

Leßmann, Herbert: „Produzentenhaftung im deutschen Recht", JuS 1978, 433 ff.

Lubberger, Andreas: „Alter Wein in neuen Schläuchen - Gedankenspiele zum Nachahmungsschutz", WRP 2007, 873 ff.

Nolte, Georg: „Paperboy oder die Kunst den Informationsfluss zu regulieren", ZUM 2003, 540 ff.

Ohly, Ansgar: „Designschutz im Spannungsfeld von Geschmacksmuster-, Kennzeichen- und Lauterkeitsrecht", GRUR 2007, 731 ff.

Ohly, Ansgar: „Keyword-Advertising auf dem Weg von Karlsruhe nach Luxemburg", GRUR 2009, 709 ff.

Omsels, Hermann-Josef: Anmerkungen zu BGH - I ZR 69/08, jurisPR-WettbR 7/2010, Anm. 1

Ott, Stephan: „Bildersuchmaschinen und Urheberrecht", ZUM 2009, 345 ff.

Ott, Stephan: „Die Entwicklung des Suchmaschinen- und Hyperlink-Rechts im Jahr 2008", WRP 2009, 351 ff.

Ott, Stephan: „Die Entwicklung des Suchmaschinen- und Hyperlink-Rechts im Jahr 2009", WRP 2010, 435 ff.

Ott, Stephan: „Die Google Buchsuche - Eine massive Urheberrechtsverletzung?“, GRUR Int 2007, 562 ff.

Ott, Stephan: „Die Haftung von Youtube für urheberrechtsverletzende Uploads seiner Nutzer nach US-amerikanischem Recht“, Grur Int 2008, 563 ff.

Ott, Stephan: „Die urheberrechtliche Zulässigkeit des Framing nach der BGH-Entscheidung im Fall „Paperboy““, ZUM 2004, 357 ff.

Ott, Stephan: „Haftung für Embedded Videos von YouTube und anderen Videoplattformen im Internet“, ZUM 2008, 556 ff.

Ott, Stephan: „Haftung für verlinkte urheberrechtswidrige Inhalte in Deutschland, Österreich und den USA“, GRUR Int 2007, 14 ff.

Ott, Stephan: „Ich will hier rein! Suchmaschinen und das Kartellrecht“, MMR 2006, 195 ff.

Ott, Stephan: „Spanien: Google Cache nicht urheberrechtswidrig“, MMR 2008, Heft 12 XII ff.

Ott, Stephan: „Zulässigkeit der Erstellung von Thumbnails durch Bilder- und Nachrichtensuchmaschinen?“, ZUM 2007, 119 ff.

Ott, Stephan: Anm. zu LG München - 21 O 20028/05, MMR 2007, 263 ff.

Pankoke, Stefan: „Beweis- und Substanziierungslast im Haftungsrecht der Internetprovider“, MMR 2004, 211 ff.

Pfeifer, Karl-Nikolaus: „Verkehrspflicht des Nutzers einer Auktionsplattform zur Geheimhaltung der elektronischen Zugangsdaten („Halzband“)“, jurisPR-WettbR 5/2009 Anm. 1

Pichler, Rufus: „Haftung des Host-Providers für Persönlichkeitsverletzungen vor und nach dem TMG, MMR 1998, 79 ff.

Podehl, Jörg: „Internetportale mit journalistisch-redaktionellen Inhalten“, MMR 2001, 17 ff.

Poll, Günter: „Neue internetbasierte Nutzungsformen - Das Recht der Zugänglichmachung auf Abruf (§ 19 a UrhG) und seine Abgrenzung zum Senderecht (§§ 20, 20b UrhG)“, GRUR 2007, 476 ff.

Raab, Thomas: „Die Bedeutung der Verkehrspflichten und ihre systematische Stellung im Deliktsrecht“, JuS 2002, 1041 ff.

Rachlock, Jana: Anmerkungen zu LG Hamburg - 312 O 753/04, MMR 2005, 328 ff.

Rath, Michael: „Suchmaschinen sind auch nicht mehr das, was sie einmal waren“, WRP 2005, 826 ff.

Ratzan, Lee: „Mining the Deep Web: Search strategies that work“, abrufbar unter http://www.computerworld.com/s/article/9005757/Mining_the_Deep_Web_Search_strategies_that_work

Ring, Wolf-Dieter, Gummer, Andreas: „Medienrechtliche Einordnung neuer Angebote über neue Übertragungswege (z. B. IP-TV, Mobil-TV etc.)“, ZUM 2007, 433 ff.

Roggenkamp, Jan Dirk: „Das neue Telemediengesetz (Teil 3) - Verantwortlichkeit der Diensteanbieter“, jurisPR-ITR 6/2007 Anm. 7

Roggenkamp, Jan Dirk: Anm. zu BGH - I ZR 35/04, jurisPR-ITR 11/2007 Anm. 2

Roßnagel, Alexander: „Das Telemediengesetz - Neuordnung für Informations- und Kommunikationsdienste“, NVwZ 2007, 743 ff.

Ruess, Peter: „Just google it? - Neuigkeiten und Gedanken zur Haftung der Suchmaschinenanbieter für Markenverletzungen in Deutschland und den USA“, GRUR 2007, 198 ff.

Sack, Rolf: „Folgeverträge unlauteren Wettbewerbs“, GRUR 2004, 625 ff.

Sack, Rolf: „Vom Erfordernis der markenmäßigen Benutzung zu den Markenfunktionen bei der Haftung für Markenverletzungen“, WRP 2010, 198 ff.

Schack, Haimo: „Urheberrechtliche Gestaltung von Webseiten unter Einsatz von Links und Frames“, MMR 2001, 9 ff.

Schack, Haimo: Anm. zu OLG Jena, 2 U 319/07, MMR 2008, 414 ff.

Schaefer, Matthias: „Kennzeichenrechtliche Haftung von Suchmaschinen für AdWords - Rechtsprechungsüberblick und kritische Analyse“, MMR 2005, 807 ff.

Scherer, Inge: „Zur Frage der Schutzgesetzqualität von §§ 1, 3 UWG für Verbraucher“, WRP 1992, 607 ff.

Scherzer, Robert: Anm. zu LG Hamburg - 308 O 42/06, jurisPR-ITR 5/2009 Anm. 2

Schmidt-Bogatzky, Florian: „Zeichenrechtliche Fragen im Internet“, GRUR 2000, 959 ff.

Schmitz, Peter / Dierking, Laura: „Inhalte- und Störerverantwortlichkeit bei Telekommunikations- und Telemediendiensten“, CR 2005, 420 ff.

Schneider, Jürgen: „Urheberrechtsverletzungen im Internet bei Anwendung des § 5 TDG“, GRUR 2000, 969 ff.

Schulz, Dennis: „Die Haftung von Internetauktionshäusern für den Vertrieb von Arzneimitteln“, WRP 2004, 1347 ff.

Schünemann, Wolfgang: „Die wettbewerbsrechtliche „Störer“-Haftung“, WRP 1998, 124 ff.

Schuster, Fabian: „Die Störerhaftung von Suchmaschinenbetreibern bei Textausschnitten („Snippets“)“, CR 2007, 433 ff.

Seichter, Dirk: Anm. zu OLG Frankfurt - 6 U 139 / 08, jurisPR-WettbR 4/2009 Anm. 4

Sherman, Chris / Price, Gary: „The Invisible Web“, 7. Auflage 2007, abrufbar unter http://books.google.de

Sieber, Ulrich / Liesching, Marc: „Die Verantwortlichkeit der Suchmaschinenbetreiber nach dem Telemediengesetz“, MMR-Beil. 2007 Heft 8, 1 ff.

Sobola, Sabine / Kohl, Kathrin: „Haftung von Providern für fremde Inhalte“, CR 2005, 443 ff.

Spieker, Oliver: „Verantwortlichkeit von Internetsuchdiensten für Persönlichkeitsrechtsverletzungen in ihren Suchergebnislisten“, MMR 2005, 727 ff.

Spindler, Gerald / Volkmann, Christian: „Die zivilrechtliche Störerhaftung der Internet-Provider“ WRP 2003, 1 ff.

Spindler, Gerald, „Hyperlinks und ausländische Glücksspiele - Karlsruhe locuta causa finita?“, GRUR 2004, 724 ff.

Spindler, Gerald, „Verantwortlichkeit und Haftung für Hyperlinks im neuen Recht“, MMR 2002, 495 ff.

Spindler, Gerald: Anm. zu BGH - „Internetversteigerung II“, JZ 2005, 37 ff.

Splittgerber, Andreas: „Google France und Google - Klärung bei Markenrechtsverletzungen“, NJW 2010, 2014 ff.

Stadler, Thomas: „Proaktive Überwachungspflichten der Betreiber von Diskussionsforen im Internet“, K&R 2006, 253 ff.

Stadler, Thomas: „Sperrungsverfügung gegen Access-Provider“, MMR 2002, 343 ff.

Stadler, Thomas: „Verantwortlichkeit für Hyperlinks nach der Neufassung des TDG“, JurPC Web-Dok. 2/2003

Starck, Joachim: „Markenschutz - Bemerkungen zum Schutz gegen Rufausnutzung und Rufbeeinträchtigung“, MarkenR 2000, 73 ff.

Steinberg, Jens: „Segeln im Kielwasser des Konkurrenten - Ist die Schaltung von Adword-Anzeigen bei Google unter Angabe von „Keywords“ zulässig, die für Mitbewerber kennzeichenrechtlich geschützt sind?“, MarkenR 2009, 185 ff.

Steinle, Thomas: Anmerkungen zu LG München I - 7 O 16341/05, MMR 2006, 180 ff.

Thiele, Clemens: „Keyword-Advertising - lauterkeitsrechtliche Grenzen der Online-Werbung“, RdW 2001, 450 ff.

Ullmann, Eike: „Wer sucht, der findet - Kennzeichenverletzung im Internet“, GRUR 2007, 633 ff.

Ullmann, Eike: Anm. zu OLG Stuttgart, jurisPR-WettbR 11/2007, Anm. 2

Varadinek, Brigitta: „Trefferlisten von Suchmaschinen im Internet als Werbeplatz für Wettbewerber- Zugleich ein Beitrag zum Erfordernis des kennzeichenmäßigen Gebrauchs nach neuem Markenrecht“, GRUR 2000, 279 ff.

Vassilaki, Irene: „Strafrechtliche Verantwortlichkeit der Diensteanbieter nach dem TDG - Eine Untersuchung unter besonderer Berücksichtigung der Einordnung des § 5 TDG im Strafrechtssystem“, MMR 1998, 630 ff.

Verweyen, Urs: „Grenzen der Störerhaftung in Peer to Peer-Netzwerken“, MMR 2009, 590 ff.

Voigt, Paul: „Datenschutz bei Google“, MMR 2009, 377 ff.

Volkmann, Christian: „Haftung für fremde Inhalte: Unterlassungs- und Beseitigungsansprüche gegen Hyperlinksetzer im Urheberrecht“, GRUR 2005, 200 ff.

Volkmann, Christian: „Verkehrspflichten für Internet-Provider“, CR 2008, 232 ff.

Von Gierke, Cornelie: „Grenzen der wetttbewerbsrechtlichen Störerhaftung“, WRP 1997, 892 ff.

Wäßle, Florian: „Rechtliche Zulässigkeit von Bilder-Suchmaschinen im Internet“, K&R 2008, 729 ff.

Weitenauer, Hermann: „Persönlichkeitsschutz und Pressefreiheit“, DB 76, 1413 ff.

Wiebe, Andreas: „Suchmaschinenmonopole und Kartellrecht“, MR-Int 2007, 179 ff.

Wimmers, Jörg / Heymann, Britta: „Wer stört? - Zur Haftung der Internetprovider für fremde Inhalte“, MR-Int 2007, 222 ff.

Zeuner, Albrecht: „Gedanken über Bedeutung und Stellung des Verschuldens im Zivilrecht“, JZ 1966, 1 ff.

Lehrbücher / Monografien / Kommentare:

Ahrens, Hans-Jürgen et al (Hrsg.): Festschrift für Willi Erdmann, 2002

Bamberger, Heinz Georg / Roth, Herbert (Hrsg.): Beck‘scher Online-Kommentar BGB, Edition 18, 2010

Baumann, Wolfgang / von Dickhutz-Harrach, Hans-Jürgen, Marotzke, Wolfgang (Hrsg.): Gesetz Recht Rechtsgeschichte - Festschrift für Gerhard Otte zum 70. Geburtstag, 2005

Bengen, Wolfgang: Die Systematik des § 823 I BGB im Deliktsrecht - Zugleich ein Beitrag zu den Verkehrspflichten, 2000.

Blaurock, Uwe / Bornkamm, Joachim / Kirchberg, Christian (Hrsg.): Festschrift für Achim Krämer zum 70. Geburtstag, 2009

Bullinger, Martin: „Kommunikationsfreiheit im Strukturwandel der Telekommunikation", 1980

Busse-Muskala, Veit: Strafrechtliche Verantwortlichkeit der Informationsvermittler im Netz, 2006

Callies, Christian / Ruffert, Matthias (Hrsg.): Das Verfassungsrecht der Europäischen Union mit Europäischer Grundrechtecharta, 3. Auflage 2007

Dauses, Manfred (Hrsg.): Handbuch des EU-Wirtschaftsrechts, 26. EL 2010

Deutsch, Erwin / Ahrens, Hans-Jürgen: Deliktsrecht: Unerlaubte Handlungen, Schadensersatz, Schmerzensgeld, 4. Auflage 2001.

Dittmann, Armin / Fechner, Frank / Sander, Gerald: „Der Rundfunkbegriff im Wandel der Medien" - Symposion zum 65. Geburtstag von Prof. Dr. Dr. h.c. Thomas Oppermann, 1997

Dörr, Dieter / Schwartmann, Rolf: Medienrecht, 3. Auflage 2010

Dörr, Dieter / Kreile, Johannes / Cole, Mark (Hrsg.): Handbuch Medienrecht, 2. Auflage 2011

Dreier, Thomas / Schulze, Gernot: Urheberrechtsgesetz, 3. Auflage 2008

Ekey, Friedrich / Klippel, Diethelm / Bender, Achim (Hrsg.): Markenrecht Band 1, 2. Auflage 2009

Elger, Reinhard: Bereicherung durch Eingriff, 2002

Epping, Volker / Hillgruber, Christian (Hrsg.): Beck'scher Online-Kommentar GG, 8. Edition 2010

Ernst, Stefan / Vassilaki, Irini / Wiebe, Andreas: Hyperlinks, 2002

Fechner, Frank: Medienrecht, 10. Auflage 2009

Fezer, Karl-Heinz (Hrsg.): Kommentar zum Gesetz gegen den unlauteren Wettbewerb (UWG), 2. Auflage 2010

Hager, Johannes: „J. von Staudingers Kommentar zum Bürgerlichen Gesetzbuch mit Einführungsgesetz und Nebengesetzen" Buch 2, Recht der Schuldverhältnisse, Unerlaubte Handlungen 1 - Teilband 2, 2009, zitiert als „Hager in Staudinger"

Hahn, Werner / Vesting, Thomas (Hrsg.): Beck'scher Kommentar zum Rundfunkrecht, 2. Auflage 2008

Harte-Bavendamm, Henning / Henning-Bodewig, Frauke (Hrsg.): Gesetz gegen den unlauteren Wettbewerb, 2. Auflage 2009

Härting, Niko: Internetrecht, 4. Auflage 2010

Hartstein, Reinhard / Ring, Wolf-Dieter / Kreile, Johannes / Dörr, Dieter / Stettner, Rupert (Hrsg.): Rundfunkstaatsvertrag, 48. EL 2010

Heermann, Peter / Hirsch, Günther (Hrsg.): Münchener Kommentar zum Lauterkeitsrecht, 2006

Heidrich, Joerg / Forgó, Nikolaus / Feldmann, Thorsten (Hrsg.): Heise Online-Recht, 2009

Heldrich, Andreas / Prölss, Jürgen / Koller, Ingo (Hrsg.): Festschrift für Claus-Wilhelm Canaris zum 70. Geburtstag, 2007

Hoeren, Thomas / Sieber, Ulrich (Hrsg.): Handbuch Multimedia-Recht, 25. EL 2010

Hüsch, Moritz: Keyword advertising und keyword buying, 1. Auflage 2006.

Ingerl, Reinhard / Rohnke, Christian: Markengesetz, 3. Auflage 2010

Joecks, Wolfgang / Miebach, Klaus (Hrsg.): Münchener Kommentar zum Strafgesetzbuch, 2003

Keller, Erhard / Plassmann, Clemens / von Falck, Andreas (Hrsg.): Festschrift für Winfried Tilmann zum 65. Geburtstag, 2003

Kilian, Wolfgang / Heussen, Benno (Hrsg.): Computerrechts- Handbuch, 28. EL 2010

Kleindiek, Detlef: Deliktshaftung und juristische Personen: zugleich zur Eigenhaftung von Unternehmensleitern, 1997

Köhler, Helmut / Bornkamm, Joachim: Gesetz gegen den unlauteren Wettbewerb, 28. Auflage 2010

Lackner, Karl / Kühl, Kristian (Hrsg.): Strafgesetzbuch, 25. Auflage 2007

Larenz, Karl / Canaris, Claus-Wilhelm: Lehrbuch des Schuldrechts 13. Auflage 1994

Larenz, Karl / Canaris, Claus-Wilhelm: Methodenlehre der Rechtswissenschaft", 3. Auflage Berlin 1995

Leupold, Andreas / Glossner, Silke: Münchener Anwalts Handbuch IT-Recht, 2008

Lewandowski, Dirk (Hrsg.): Handbuch Internet-Suchmaschinen - Nutzerorientierung in Wissenschaft und Praxis, 2009

Löffler, Martin / Ricker, Reinhart: Handbuch des Presserechts, 4. Auflage 2005

Machill, Marcel / Beiler, Markus (Hrsg.): Die Macht der Suchmaschinen; The Power of Search Engines, 2007

Müller-Glöge, Rudi / Preis, Ulrich / Schmidt, Ingrid (Hrsg.): Erfurter Kommentar zum Arbeitsrecht, 11. Auflage 2011

Nettesheim (Hrsg.): Das Recht der Europäischen Union, 40. EL 2009, zitiert als: „Grabitz / Hilf, Recht der EU".

Ohly, Ansgar (Hrsg.): Perspektiven des Geistigen Eigentums und Wettbewerbsrechts: Festschrift für Gerhard Schricker zum 70. Geburtstag, 2005.

Ohly, Ansgar / Sosnitza, Olaf: Gesetz gegen den unlauteren Wettbewerb mit Preisangabenverordnung, 5. Auflage 2010

Palandt, Otto (Begr.): Bürgerliches Gesetzbuch, 69. Auflage 2010

Paschke, Marian / Berlit, Wolfgang / Meyer, Claus (Hrsg.): Hamburger Kommentar Gesamtes Medienrecht, 2008

Prinz, Matthias / Peters, Butz: Medienrecht - Die zivilrechtlichen Ansprüche, 1999

Rauscher, Thomas / Wax, Peter / Wenzel, Johannes (Hrsg.): Münchener Kommentar zur Zivilprozessordnung mit Gerichtsverfassungsgesetz und Nebengesetzen, 2004
Rebmann, Kurt / Säcker, Franz Jürgen / Rixecker, Roland (Hrsg.): Münchener Kommentar zum Bürgerlichen Gesetzbuch, 5. Auflage 2009.

Schack, Haimo: Urheber- und Urhebervertragsrecht, 2. Auflage 2007

Schlegelmilch, Günter (Hrsg.): Der Haftpflichtprozess, 25. Auflage 2008, zitiert als „Geigel, Haftpflichtprozess“

Schmidbauer, Franz: „Tour de link“, abrufbar unter http:www.i4j.at/link/tour.htm

Schönke, Adolf / Schröder, Horst (Begr.): Strafgesetzbuch, 28. Auflage 2010

Schricker, Gerhard / Loewenheim, Ulrich: Urheberrecht, 4. Auflage 2010

Schwartmann, Rolf (Hrsg.): Praxishandbuch Medien-, IT- und Urheberrecht 2008

Sieber, Ulrich: Verantwortlichkeit im Internet, 1999

Soehring, Jörg: Presserecht, 4. Auflage 2010

Spindler, Gerald / Schuster, Fabian (Hrsg.): Recht der elektronischen Medien, 1. Auflage 2008

Spindler, Gerald / Schmitz, Peter / Geis, Ivo: TDG, 2004

Stadler, Thomas: Haftung für Informationen im Internet, 2. Auflage 2005

Ströbele, Peter / Hacker, Franz (Hrsg.) Markengesetz, 9. auflage 2009

Volkmann, Christian: Der Störer im Internet, 2005

Von Bar, Christian: Verkehrspflichten, 1980

Von Caemmerer, Ernst / Fischer, Robert / Nüßgens, Karl / Schmidt, Rainer (Hrsg.): Festschrift für Fritz Hauß, 1978

Von Heintschel-Heinegg, Bernd (Hrsg.): Beck'scher Online-Kommentar StGB, 12. Edition 2010

Wandtke, Artur-Axel (Hrsg.): Medienrecht Praxishandbuch, 2008
Wandtke, Arthur-Axel, Bullinger, Windfried: Praxiskommentar zum Urheberrecht, 2006

Wenzel, Karl: Das Recht der Wort- und Bildberichterstattung, 5. Auflage 2003

Kapitel 1: Einführung

A: Die Strukturierung des Ungeordneten

Das World Wide Web wächst. Im Takt von Sekundenbruchteilen gehen zu jeder Nacht- und Tageszeit Nachrichten, Foreneinträge, Fachartikel, Programme, Blogs, Bilder, Videos, Musik sowie entsprechende Kommentare in Text, Bild und Ton „on line", von denen nur ein überschaubarer Teil das Netz in absehbarer Zeit wieder verlässt. Das auf diese Weise dynamisch wachsende Netz ist zudem dezentral, d.h. obschon Ballungsräume der Nutzeraufmerksamkeit und Datendichte existieren, sind Informationen im World Wide Web nicht systematisch angeordnet sondern auf einer unübersehbaren Vielzahl von Webseiten verstreut.

Das effiziente Suchen nach spezifischen Informationen in einer jeden Datenbank, sei sie Bibliothek, Speisekarte oder Versandhauskatalog, erfordert jedoch einen Überblick des Suchenden entweder über die Systematik der Informationsanordnung, oder über den Informationsbestand an sich. Das World Wide Web als ein sowohl in seinem Umfang unüberschaubarer, als auch systematisch ungeordneter und noch dazu dynamischer Informationsbestand stellt seiner effizienten Durchsuchung also erhebliche Hindernisse in den Weg. Daher haben Suchmaschinen übernommen was dem Einzelnen nicht möglich ist: Die Erfassung, Auswertung und inhaltliche Anordnung eines Teils der Elemente des World Wide Web. Sie sind dabei weniger objektiver Wegweiser als wandelbare Wünschelrute, deren Ergebnisse sowohl von ihrer individuellen Eigenart, als auch der Herangehensweise des jeweiligen Benutzers geprägt sind. Suchmaschinen nehmen die Auswahl, Bewertung und Anordnung vor, die ihre Nutzer nicht selbst zu treffen imstande sind und werden dadurch zum Nadelöhr, das für den Einzelnen bestimmt, welche Informationen das World Wide Web in Ansehung seiner Suchanfrage zu bieten hat. Sie sind die subtilen „Gatekeeper" eines Großteils des Informationsflusses im World Wide Web, katalysieren als Mittler zwischen Inhaltsanbietern und einer vom Nischen- bis zum weltweiten Massenpublikum reichenden Vielzahl von Rezipienten die Reichweite von Fakten, Theorien und Meinungen aller Arten und sind in dieser Funktion für die Nutzung des World Wide Web unverzichtbar und daher evident schutzwürdig.

Doch eben die Funktion als faktisches Nadelöhr bei der Vermittlung von Inhalten macht die Betreiber der großen Suchmaschinen aus Sicht derer, die sich durch Inhalte des World Wide Web in ihren Rechten verletzt sehen, zu attraktiven Passivlegitimierten: objektiv involviert, namentlich bekannt und solvent.

Während der europäische Richtliniengeber, und dessen Vorgaben erst inspirierend[1], dann umsetzend[2] auch der deutsche Gesetzgeber Sonderregeln zur Verantwortlichkeit einer Trias von Informationsvermittlern im Internet geschaffen hat, ist der Betrieb von Suchmaschinen sowohl gemeinschaftsrechtlich als auch national noch ungeregelt. Das schafft die Notwendigkeit und Chance, durch die Anwendung des geltenden Rechts ein Bild der Voraussetzungen und gebotenen Folgen der Schutzwürdigkeit von Suchmaschinenbetreibern zu zeichnen, das als Blaupause einer gesetzlichen Regelung zu dienen geeignet ist. Diese Chance wird mit der vorliegenden Arbeit ergriffen.

B: Ziel und Ansatz der Arbeit

Gegenstand dieser Arbeit ist die zivilrechtliche Haftung von Suchmaschinenbetreibern. Die Bearbeitung hat dabei einen immaterialgüterrechtlichen Schwerpunkt: Im Zentrum der Analyse stehen der gewerbliche Rechtsschutz, insbesondere der Schutz der Marke, sowie Äußerungs- und Urheberrecht. Wenngleich die Rolle von Suchmaschinenbetreibern im Bereich des Kartellrechts sowie des Daten- und Jugendschutzrechts vielfältige und überaus interessante Fragen aufwirft[3], sind diese Gebiete nicht Gegenstand der Arbeit. Auch die vertragliche Haftung von Suchmaschinenbetreibern wird zugunsten eines deliktsrechtlichen Schwerpunkts nicht behandelt.

Im Wesentlichen werden zwei Anliegen verfolgt: Zum einen die überzeugende, wertungsmäßig und systematisch schlüssige Anwendung der gegenwärtig geltenden Vorschriften auf den Suchmaschinenbetrieb, wobei die Problematik der (Nicht-)Anwendbarkeit der Privilegierungsnormen des Telemediengesetzes eine bedeutende Rolle spielen wird, und zum anderen der Entwurf des Vorschlags einer Privilegierungsnorm de lege ferenda.

Es ist angesichts der vermittelnden Natur des Dienstes Suchmaschine wenig überraschend und kann daher ohne vorweg zu greifen festgestellt

---

1 Vgl. Art. 1 § 5 des der ECRL vorausgehenden deutschen „Gesetzes zur Regelung der Rahmenbedingungen für Informations- und Kommunikationsdienste" vom 22.07.1997 (IUKDG).

2 Vgl. Art. 1 Abschnitt 3 des „Elektronischer Geschäftsverkehr-Gesetz" vom 14.12.2001 (EGG).

3 Zur kartellrechtlichen Dimension des Suchmaschinenbetriebs etwa Kühling / Gauß, MMR 2007, 751 ff.; Ott, MMR 2006, 195 ff. mwN; zum Datenschutz Egerman in Kilian / Heussen, Computerrechts-Handbuch, Abschn. 3 Teil VII; Übersicht bei Voigt, MMR 2009, 377 ff. mwN.

werden, dass die Haftung von Suchmaschinenbetreibern in vielen Fällen nicht auf eine solche als unmittelbarer Verletzer von Rechtsgütern, also als Täter, sondern auf eine akzessorische Haftung wegen Mitwirkens an Verletzungen Dritter hinausläuft. Es wird daher auch einigen Problemen nachgegangen, die im Rahmen der unmittelbaren Haftung Dritter bestehen, soweit diese typischerweise den Anknüpfungspunkt für eine akzessorische Haftung von Suchmaschinenbetreibern darstellt.

Dem Betreiber einer Suchmaschine stehen bei der Ausgestaltung seines Dienstes zahlreiche Weichenstellungen offen, welche seine technische und inhaltliche Nähe zu den vermittelten Informationen beeinflussen können, sodass „die Suchmaschine an sich" einer umfassenden rechtlichen Einordnung und Bewertung nicht zugänglich ist. Das macht es unumgänglich, für die rechtliche Einordnung und Bewertung ein konkretes Referenzmodell heranzuziehen. Die Suchmaschine Google[4] wird aufgrund ihrer Marktdominanz in weiten Teilen der westlichen Welt, und jedenfalls in Deutschland völlig zurecht[5] pars pro toto für Suchmaschinen genannt. Aus diesem Grunde wird, wann immer die konkrete technische Ausgestaltung des Betriebs einer Suchmaschine für dessen rechtliche Bewertung ausschlaggebend ist, in dieser Arbeit auf das Modell Googles abgestellt.

C: Untersuchungsgegenstand Suchmaschine

Zur Konkretisierung des Untersuchungsgegenstands Suchmaschine ist zunächst zwischen Suchmaschinen im eigentlichen Sinne und sogenannten Katalogen, auch „Webverzeichnisse" genannt, zu unterscheiden[6]. Beide Dienste leisten auf die Eingabe eines Suchbegriffes durch einen Nutzer hin die Anzeige einer nach vermuteter Relevanz geordneten Liste von Hyperlinks[7]. Während „echte" Suchmaschinen diese Listen anhand der Auswertung automatisiert erstellter Datenbanken zusammenstellen, liegt den Trefferdarstellungen von Katalogen eine redaktionelle Auswertung der verlinkten Internetpräsenzen

4 www.google.com

5 Nach Daten des Informationsdienstes Webhits (www.webhits.de) beherrscht Google den deutschen Suchmaschinenmarkt mit einem Marktanteil von 89.1 % unangefochten. Als stärkste Konkurrenten folgen Microsoft's „bing" mit 2.7 %, und „Yahoo!" mit 2.6 % Marktanteil. Google.com und Google.de belegen nach dem Informationsdienst Alexa (www.alexa.com) Rang 1 und 3 der in Deutschland meistbesuchten Webseiten Rang.

6 Griesbaum / Bekavac / Rittberger in Lewandowski (Hrsg.), Handbuch Suchmaschinen, S. 19; Sieber / Liesching, MMR-Beil. 2007, 1, 11 mwN; Waldenberger in Spindler / Schuster, Elektronische Medien Teil 7, Abschn. III 3 lit.a Rn 90

7 Ausführlich zum Begriff des Hyperlink s.u. Kapitel 2 Abschnitt A.

zugrunde. Diese redaktionelle Auswertung erfordert eine inhaltliche Auseinandersetzung mit den fremden Informationen. Gerade das Fehlen einer solchen inhaltlichen Auseinandersetzung und der daraus resultierende intellektuelle Abstand des Vermittlers zu den verlinkten Angeboten eröffnet aber das Spannungsfeld von neutraler Vermittlungstätigkeit und Verantwortlichkeit, macht also die Haftungsfrage bei Suchmaschinenbetreibern überhaupt erst interessant. Redaktionell betreute Kataloge sind daher ebensowenig wie der jeweils redaktionell gestützte Teil von hybriden Suchdiensten Gegenstand der in dieser Arbeit angestrengten rechtlichen Untersuchung. Soweit im Folgenden von Suchmaschinen die Rede ist, sind darunter ausschließlich solche im eigentlichen, technischen Sinne zu verstehen.

Die Webseiten der größeren Suchmaschinenbetreiber bieten inzwischen eine Vielzahl von Diensten an. Die wichtigsten und bekanntesten dieser Dienste werden im folgenden Abschnitt vorgestellt, und der Untersuchungsgegenstand der Arbeit dabei abschließend umrissen.

I: Websuche

Die Suche nach Webseiten und Textdokumenten - in dieser Arbeit als „Websuche" bezeichnet[8] - stellt den Kern des Angebots von Suchmaschinenbetreibern dar. Im Rahmen der Websuche wird die Eingabe von einem oder mehreren Suchbegriffen verarbeitet und eine Ergebnisliste mit Verweisen auf Webseiten und / oder Textdokumente erstellt, die im Optimalfall den vom Nutzer gewünschten inhaltlichen Bezug zur Eingabe haben. Die Art der Darstellung der Ergebnisliste kann abweichen[9], doch die Marktführer unter den westlichen Suchmaschinen - Google[10], Ask[11], bing[12] und yahoo![13] - haben sich sämtlich für die traditionelle Art der Darstellung entschieden, die sich aus drei Teilen zusammensetzt: Dem Hyperlink, einem Kontextausschnitt („Snippet" genannt[14]) und der genauen Adresse des verlinkten Dokuments („url"[15]). Sowohl

8 Auch wenn die Bildersuche nicht anders als die Suche nach Webseiten und Textdokumenten eine Suche nach aus dem Netz geschürften Informationen ist, soll die insofern unscharfe Bezeichnung der letzteren Suchart als „Websuche" die Sucharten auseinander zu halten helfen.

9 Vgl. nur untypische grafische Oberflächen wie die des sog. "SearchCrystal": http://comminfo.rutgers.edu/~aspoerri/searchCrystal/

10 www.google.de

11 www.ask.de

12 www.bing.de

13 www.yahoo.de

14 Snippet (engl. = „Schnipsel")

15 Url (engl. [abbr.]: „Uniform Resource Locator")

das Verlinken der fremden Inhalte, als auch die Trefferdarstellung ist Gegenstand der rechtlichen Untersuchung.

II: Keyword-Advertising

Auf den Ergebnislisten der großen westlichen Suchmaschinen erscheinen neben den so genannten „natürlichen Suchergebnissen“ auch solche, die nicht notwendig aufgrund ihrer inhaltlichen Relevanz in Ansehung der Suchanfrage, sondern aufgrund einer vertraglichen Vereinbarung zwischen Zielseiten- und Suchmaschinenbetreiber angezeigt werden.

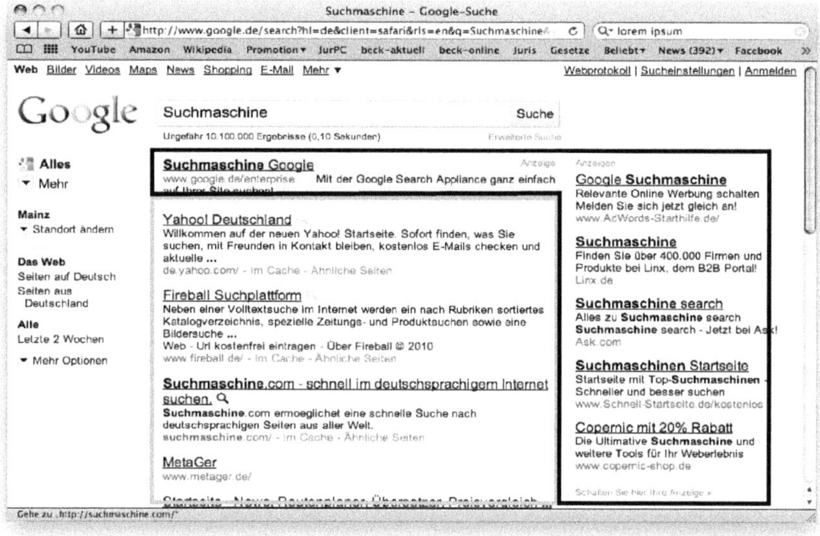

Abb. 1: Ergebnisliste der Google Websuche:

Natürliche Suchergebnisse (grau markiert) und Keyword-Advertising (schwarz markiert)

Bei diesen oft als „Sponsored Links“ bezeichneten Verweisen handelt es sich um kontextsensitive Werbeanzeigen. Ihre Schaltung im Rahmen des so genannten „Keyword-Advertising“[16] ist nicht nur technisch, sondern als Finanzierungsgrundlage der Websuche auch ökonomisch mit dieser verknüpft und deshalb Gegenstand der Arbeit.

16 Keyword Advertising (engl. Keyword = Schlag - / Stichwort; Advertising = Werbung, Reklame)

III: Bildersuche

Alle größeren westlichen Suchmaschinen bieten über die Suche nach Webseiten und Textdokumenten hinaus auch die direkte Suche nach Bilddateien an. Der wesentliche Unterschied zur Websuche besteht dabei in der Art der Trefferdarstellung: Die Ergebnisliste der Bildersuche verwendet statt der Kombination von Hyperlink und Kontextausschnitt verkleinerte Versionen der verlinkten Bilder, sogenannte „Thumbnails“[17], die samt ihrer Adresse angezeigt werden. Diese Darstellungsweise erleichtert das zielgenaue Manövrieren der Ergebnislisten ungemein, bringt aber erhebliche, insbesondere urheberrechtliche Probleme mit sich, die sich daran entzünden, dass Thumbnails anders als Hyperlinks und in stärkerem Maße als Kontextausschnitte den verlinkten Inhalt bereits in sich tragen, und darüber hinaus von Suchmaschinenbetreibern selbst erstellt und vorgehalten werden.

IV: Archivfunktion

Sowohl Google als auch bing und yahoo! beschränken sich nicht auf die automatische Ermittlung und Auswertung von Webseiten, sondern halten Kopien der indexierten Seiten[18] in einer „Cache“ genannten Archivfunktion zum Abruf durch den Nutzer bereit. Diese Archivfunktion von Suchmaschinen ermöglicht ihren Nutzern den Zugang zu Informationen auch solcher Webseiten, die vorübergehend vom Netz getrennt sind. Aufgrund der Erstellung und des Vorhaltens dieser Kopien durch den Suchmaschinenbetreiber selbst und in dessen eigenem Interesse ist das Haftungspotential hinsichtlich rechtswidriger Inhalte im Archiv evident[19].

In dieser Arbeit soll indes lediglich die Haftung für verweisende Tätigkeiten der Suchmaschinenbetreiber untersucht werden. Mag das Spannen eines „doppelten Bodens“ durch die Pflege eines Archivs die Suchfunktionen unterstützen, ist es dennoch kein wesentlicher oder gar notwendiger Bestandteil einer Suchmaschine. Das Anlegen eines sich stetig aktualisierenden Webarchivs ist ein eigenständiger Dienst, der der Beziehung des Suchmaschinenbetreibers zu den vermittelten Inhalten eine andere Qualität verleiht. Die Archivfunktion von Suchmaschinen ist daher nicht Gegenstand der rechtlichen Untersuchung.

---

17 Thumbnails (engl. Thumbnail = Daumennagel; in bildlicher Beschreibung der technisch bedingt begrenzten Größe von massenhaft eingesetzten Vorschaubildern)

18 Zum Index sogleich unten, Kapitel 2, B II.

19 Zur urheberrechtlichen Problematik der Archiv-Funktion Bahr, JurPC Web-Dok. 29-2002 mwN.

V: Sonstige Funktionen

Es ist für Suchmaschinenbetreiber ein nahe liegender Gedanke, die inhaltliche Strukturierungswirkung ihres Dienstes auf das World Wide Web als Hebel zu nutzen, um massenwirksame Portale mit möglichst umfassendem Angebot zu schaffen[20]. Als Ergebnis der Bestrebung, vielseitige Knotenpunkte der elektronischen Informationsstruktur zu werden, umfassen die Seiten der großen Suchmaschinenbetreiber mittlerweile regelmäßig Dienste wie Einkaufs- und Nachrichtenportale, Routenplaner, E-mail Clients, Bilder-Hosting, Foren und Instant-Messaging. Die Aufzählung ließe sich ohne Weiteres mit großer Vielfalt fortführen, doch all diesen Diensten ist gemein, dass sie lediglich die Satelliten sind, die sich um die Suchfunktionen agglomerieren. In der vorliegenden Arbeit werden nur die namensgebenden Kernfunktionen von Suchmaschinen untersucht, sodass die „Satellitendienste" wie auch schon die Archivfunktion nicht Gegenstand der Untersuchung sind.

20 Ausführlich zur Kumulierung der Aufmerksamkeit von Internetnutzern in den „virtuellen Ballungsräumen" insbesondere um Suchmaschinen: Florian Rötzer auf http://www.heise.de/ tp/r4/artikel/5/5227/1.html; vgl. auch Klaes, ZUM 2009, 135, 139.

Kapitel 2: Technische Grundlagen

Die rechtliche Bewertung eines Dienstes der neuen Medien setzt das Verständnis der ihm zugrundeliegenden technischen Abläufe voraus. So hängt die rechtliche Einordnung des Betriebs von Suchmaschinen zentral von der Beziehung des Suchmaschinenbetreibers zu den jeweils haftungsgegenständlichen Informationen ab. Die genauen Parameter dieser Beziehung lassen sich ohne einen Blick auf die Technik des Suchmaschinenbetriebs nicht sinnvoll erfassen. Der deshalb notwendige Ausflug in die Welt der elektronischen Datenverarbeitung soll dabei als Gelegenheit dienen, ein Glossar mit dem zur Handhabung der Thematik nötigen terminologischen Rüstzeug vor die rechtliche Abhandlung zu schalten. Die folgenden Ausführung erschöpfen sich jeweils in einer rein tatsächlichen Darstellung der Vorgänge und Phänomene. Eine wertende Würdigung erfolgt erst im Rahmen der rechtlichen Abhandlung[21].

Es sei an dieser Stelle vorauseilend um Nachsicht für die erhebliche Anzahl von Anglizismen gebeten: Ließen sich auch manche der technischen Begriffe ohne nennenswerten Verlust an Bedeutungsschärfe ins Deutsche übertragen, könnte ein solcher Ansatz jedenfalls nicht konsequent durchgehalten werden. Es bleibt daher beim englisch geprägten Fachdialekt und der damit verbundenen, wenig eleganten deutschen Großschreibung und Konjugation auch dem Englischen entlehnter Begriffe.

A: Hyperlinks

„Hyperlinks", auch schlicht „Links" (engl. „Link" = Verknüpfung) genannt, sind anwählbare Verknüpfungen zwischen online ausgewiesenen Dokumenten. Sie stellen Reiseanweisungen für das die Webseiten anzeigende Programm - den Browser[22] - dar, und eröffnen damit die Möglichkeit, durch Aktivierung der Verknüpfung von einem Dokument zum nächsten zu springen. Die Verwendung von Hyperlinks mittels einer entsprechenden Auszeichnungssprache[23] macht herkömmlichen Text zu „Hypertext". Über die Bedeutung von Links für die Nutzung des World Wide Web sind viele eingängige Formulierungen gefunden worden: Das Rückgrat, der Grundstein[24], oder das Herzstück des World Wide Web[25]. Dem sei kein weiterer Ansatz hinzugefügt, sondern

---

21 Vgl. Kapitel 3-7

22 „To browse" (engl. = durchblättern / durchstöbern)

23 Zumeist die sog. „hypertext markup language", kurz HTML.

24 Schmidbauer, „Tour de link", Abschn. 2.1: http://www.i4j.at/link/tour.htm

25 Kochinke / Tröndle, CR 1999, 190

lediglich festgestellt, dass es sich bei Links um eine ganz erhebliche Erleichterung der Nutzung des World Wide Web handelt. Die einzige Alternative zum Linking ist die Eingabe der genauen Adresse („url“ [abbr] = „Uniform Resource Locator“) der jeweiligen Zielseite bei jedem Wechsel der Webseite. Linking ist daher technisch gesehen ein nicht zwingend notwendiges Komfortmerkmal, das sich jedoch faktisch zur alternativlosen Grundbedingung der effizienten Nutzung des World Wide Web entwickelt hat[26]. Abhängig davon, ob das Ziel eines Links selbst Bestandteil der Internetpräsenz des Linksetzers ist oder nicht, spricht man von internen oder externen Links. Darüber hinaus werden Links nach ihrer Funktionsweise in verschiedene Gruppen unterteilt[27].

I: Surface-Links

Von Surface-Links (engl. „Surface“ = Oberfläche) ist die Rede, wenn ein Link auf die so genannte Homepage einer Internetpräsenz verweist. Die Homepage (auch als „Frontpage“ bezeichnet) ist die zentrale Eingangsseite für die Navigation der jeweiligen Internetpräsenz. Die Daseinsberechtigung des Begriffes Surface-Link erschließt sich erst aus der Abgrenzung zu seinem Gegenstück: Dem Deep-Link.

II: Deep-Links

Deep-Links (engl. „Deep“ = tief) verweisen nicht auf die Homepage als Eingangsseite, sondern unmittelbar auf ihr nachgelagerte Seiten oder Dokumente. Durch einen Deep-Link markierte Inhalte werden also an der Navigationsstruktur der jeweiligen Internetpräsenz vorbei vermittelt. Da je nach Umfang und Aufbau einer Internetpräsenz die Verweisung durch Deep-Links ein erhebliches Komfortmerkmal bei der Suche nach konkreten Informationen darstellen kann, verwenden Suchmaschinen auch Deep-Links. Der Anteil von Deep-Links auf einer Ergebnisliste hängt dabei vorrangig von der Spezifität der Suchanfrage ab[28].

---

26 Die faktische Alternativlosigkeit des Hyperlinking erkennen klar BGH NJW 2003, 3406 - „Paperboy“, Ott, WRP 2004, 52, 57; Rath, WRP 2005, 826

27 Hilfreiche Übersicht bei Schmidbauers „Tour de link“ vgl. Fn 24

28 So fördert die Google-Suche nach dem generischen Begriff „Schuhe“ auf der ersten Seite der Ergebnisliste ausschließlich Surface-Links zutage, während auf willkürliche Spezifizierungen wie „Schuhe unter Fichten“ hin ausschließlich Deep-Links erscheinen.

III: Inline-Links, Frame-Links / Framing

Deep- und Surface-Links teilen die Gemeinsamkeit, dass bei ihrer Aktivierung der verlinkte Inhalt in der Art und Weise dargestellt wird, wie er vom Anbieter des Inhalts vorgesehen ist. Bei Inline- und Frame-Links ist eben das nicht der Fall.

Unter Inline-Linking versteht man die Einbettung von Inhalten, meist Bild- und Tonmedien, in eine HTML - Webseite, ohne dass eine Aktivierung durch den Nutzer der Webseite nötig wäre. Per Inline-Link verlinkte Inhalte wirken wie natürliche Bestandteile der angezeigten Webseite, werden aber tatsächlich von der verlinkten Seite geladen. Beim externen Inline-Linking ist für den Nutzer daher oberflächlich nicht erkennbar, dass Inhalte einer anderen als der angezeigten Webseite eingebettet werden, da sich die url der angezeigten Webseite nicht auf den eingebetteten Inhalt bezieht. Erst der in HTML geschriebene Quelltext gibt Aufschluss über die Herkunft des Inhalts.

Frame-Links (engl. „Frame" = Rahmen) betten nicht nur audiovisuelle Inhalte ein, sondern integrieren vollständige Webseiten. Das geschieht, indem die verweisende Seite sich selbst zu einem Rahmen reduziert, innerhalb dessen die verlinkte Seite angezeigt wird. Die url bezieht sich dabei auf den Rahmen, also die verweisende, nicht die integrierte Seite. Im Unterschied zum Inline-Linking ist beim Framing durch den sichtbaren Rahmen für den Nutzer grundsätzlich erkennbar, dass die angezeigten Inhalte von anderen Webseiten herrühren als der Verweisenden.

Inline-Links finden bei den großen westlichen Suchmaschinen keine Verwendung und werden deshalb in dieser Arbeit nicht weiter berücksichtigt. Framing dagegen dürfte dem durchschnittlichen Internetnutzer am ehesten von der Google - Bildersuche bekannt sein: Dort führen die als Thumbnails dargestellten Suchtreffer per Frame-Link zu der das jeweilige Bild enthaltenden Webseite.

B: Technische Abläufe des Suchmaschinenbetriebs

Die nach außen hin sichtbare Tätigkeit von Suchmaschinenbetreibern beschränkt sich auf die Ausgabe einer Ergebnisliste auf die Eingabe einer Suchanfrage hin. Wie diese Ergebnisliste zustande kommt, ist Gegenstand dieses Abschnitts. Zusammengefasst lässt sich sagen, dass Suchmaschinen arbeiten, indem sie die ihnen zugänglichen Webseiten kartieren, aus den so gewonnen Daten eine Datenbank schaffen und deren Einträge in Anwendung von besonderen Relevanzkriterien gewichten. Erfolgt eine Nutzeranfrage, wird die Datenbank auf Einschlägigkeit des eingegebenen Suchbegriffs abgefragt. Die Funktionsweise von Suchmaschinen lässt sich also in drei Schritte gliedern:

Die Ermittlung von Rohdaten, das Anlegen einer Datenbank und deren Nutzung in Ansehung einer Suchanfrage. Diese drei Schritte werden im Folgenden genauer beleuchtet.

I: Roboter im Netz: Crawling

Die zur Bildung einer hinreichend umfangreichen Datenbank notwendigen Rohdaten werden dem Netz nicht manuell, sondern durch zu diesem Zweck entwickelte Programme, „Robots" genannt[29], entnommen. Suchmaschinen-Robots besuchen selbständig Webseiten und folgen dort systematisch allen zugänglichen internen wie externen Links. Auf diese Weise eröffnet sich kaskadenartig mit jedem Link eine Vielzahl weiterer Verweise, denen der Robot wiederum automatisch folgt. Von jeder besuchten Webseite wird dabei eine Kopie erstellt. Dieser Vorgang des Durchforstens von Internetpräsenzen wird als „Crawling" (engl. "To crawl" = krabbeln, kriechen) bezeichnet. Robots lassen bereits kopierte Webseiten dabei nicht endgültig hinter sich, sondern kehren abhängig von der Dauer ihres spezifischen Aktualisierungszyklus regelmäßig zurück, um die ermittelten Daten angesichts der stetigen Veränderungen des dynamischen Netzes aktuell zu halten. Die Erst- und Wiederkartierung von Webseiten durch Suchmaschinen-Robots verursacht einen nicht unerheblichen Anteil des gesamten Datenverkehrs im World Wide Web[30].

Anzunehmen, die Robots der Suchmaschinen kartierten auf diese Weise „das gesamte Internet", entspräche dennoch nicht den Tatsachen. Der Umfang der Erfassung durch Robots ist durch zwei Faktoren begrenzt: Die Ökonomie der Crawling-Tiefe und die Zugänglichkeit der Inhalte. Ersteres bedeutet, dass Robots selten eine erschöpfende Auswertung von Internetpräsenzen leisten, d.h. jede mögliche Option, wie beispielsweise die Darstellung ein und desselben Bildes in unterschiedlichen Formaten und Auflösungen wahrnehmen. Die Tiefe des Crawling-Vorgangs ist mitunter abhängig von der Popularität der jeweiligen Internetpräsenz[31].

Die Zugänglichkeit der Inhalte hingegen ist ein grundsätzlicheres Hindernis. Suchmaschinen-Robots identifizieren sich zwar im Regelfall als solche gegenüber den besuchten Internetpräsenzen und gelangen dadurch oftmals auf

---

29 Ebenfalls übliche Bezeichnungen sind „Spider" oder „Crawler". Der Robot der Suchmaschine Google nennt sich „Googlebot" und durchsucht täglich mehrere Milliarden Webseiten.

30 Stefan Karzaunikat, Die Suchfibel S. 154, spricht von 7 % des Gesamtdatenvolumens. Online abrufbar unter http://www.suchfibel.de.

31 Stefan Karzaunikat, Die Suchfibel http://www.suchfibel.de/5technik/suchmaschinen-roboter.html

zum Crawling optimierte Versionen der Webseiten, doch passwortgeschützte Mitgliederbereiche sowie anmelde- oder kostenpflichtige Angebote bleiben ihnen ebenso verborgen wie Informationen, die dynamisch aus Datenbanken generiert werden. Die durch Robots ermittelbaren, frei zugänglichen Bereiche des World Wide Web werden als „Surface Web" oder „Visible Web" bezeichnet, der übrige, durch Robots nicht erfassbare Bereich als „Deep Web"[32] (alternativ „Invisible Web" „Hidden Web", oder nicht ganz ohne Pathos „Dark Web"). Um von vornherein der Auffassung zu begegnen, Suchmaschinen bildeten das World Wide Web zumindest halbwegs umfassend ab, sei an dieser Stelle darauf hingewiesen, dass das Ausmaß des Deep Web dasjenige des Surface Web ganz erheblich übersteigt. Das genaue Verhältnis ist nicht bekannt. Nach einer älteren Studie von „Bright Planet" (2001) sollte der Umfang des Deep Web etwa das 500-fache des Surface Web betragen[33], andere Stimmen sprechen von einem Gesamtanteil von 20% des Surface Web am gesamten Datenvolumen[34].

Möchte ein Webseitenbetreiber nicht auf die automatische Erfassung seiner Webseite durch die Robots der Suchmaschinen warten, kann er im Regelfall alternativ über die „Add"-Funktion (engl. „To add" = addieren, hinzufügen) einer Suchmaschinen-Präsenz auf zielgerichteten Besuch des jeweiligen Robots hinwirken. Ist umgekehrt eine Indexierung einer Webseite nicht erwünscht, kann dazu der so genannte „Robot Exclusion Standard" (engl. „Exclusion" = Ausschluss) genutzt werden: Durch einen Sperrhinweis in der Datei „robots.txt" im Stammverzeichnis der jeweiligen Internetpräsenz kann dem Crawling pauschal oder seitens bestimmter Robots entgegengewirkt werden. Den Robots wird durch Sperrhinweise in der robots.txt dabei keinerlei technisches Hindernis bereitet. Es handelt sich beim „Robot Exclusion Standard" lediglich um eine Übereinkunft, die an die Bereitschaft der Suchmaschinenbetreiber appelliert, den Inhalt der Datei robots.txt Datei zu respektieren. Man unterscheidet deshalb in „Polite" (engl. = „höflich") Robots, d.h. solche, die den Robot Exclusion Standard respektieren, und „Impolite" Robots, die die

---

32 Der Begriff geht wohl auf Michael Bergman und Thane Paulsen zurück: Dazu Berman, The Journal of Electronic Publishing 7 / 2001 (abrufbar unter http://quod.lib.umich.edu/cgi/t/text/textidx?c=jep;view=text;rgn=main;idno=3336451.0007.104); Er wird teilweise nach den Gründen der mangelnden Erfassbarkeit weiter unterteilt, etwa in „Private Web", „Opaque Web" oder „Truly Invisible Web", vgl. Sherman / Price, The Invisible Web S. 70.

33 Michael Bergman aaO

34 Lee Ratzan, Computerworld 2006, abrufbar unter http://www.computerworld.com/s/article/9005757/Mining_the_Deep_Web_Search_ strategies _that_work

Hinweise der robots.txt ignorieren. Googles „Googlebot“ ist als sehr umgänglich bekannt und respektiert den „Robot Exclusion Standard“.

II: Informationsgewinnung: Der Index

Die vom Robot durch das Crawling erstellten Kopien der besuchten Webseiten stellen Rohdaten dar, die durch eine sog. „Information Retrieval Software“ zur zentralen Datenbank der Suchmaschine raffiniert werden: Dem Index.

Ziel des „Information Retrieval“ (engl. = Informationsgewinnung) genannten Verarbeitungsprozesses ist die automatisierte inhaltliche Auswertung der vom Robot kopierten Webseiten. Dazu wird ein „invertiertes Dateisystem“ aus den Rohdaten erstellt, indem unter Auflösung des semantischen Zusammenhangs jedes einzelne Wort katalogisiert und ihm seine Position auf der Seite sowie seine absolute und relative Häufigkeit im Text zugewiesen wird. Auf diese Weise ist bei gehäuft oder an prominenter Stelle vorkommenden Schlüsselwörtern deren inhaltliche Relevanz für das Gesamtdokument indiziert. Zusätzlich umfasst der Index Bestandteile des Quellcodes von Webseiten, die Aufschluss über den Inhalt der Seite geben, beispielsweise die „Content“- und „Title- Tags“[35].

Es entsteht also eine Datenbank, die den Inhalt der vom Robot erfassten Webseiten strukturiert aufschlüsselt. Zwar geht der sich aus den semantischen Verknüpfungen der einzeln verarbeiteten Wörter ergebende Sinn verloren, doch auf diese Weise werden komplexe Dokumente maschinell vergleichbar. Der so erstellte Index bildet die Datenbank, auf die für alle getätigten Suchanfragen zurückgegriffen wird.

III: Suchen und finden: Der Query Processor

Der Index einer Suchmaschine wird auf die Suchanfrage eines Nutzers hin von einem Programm bearbeitet, das sich „Query Processor“ (engl. „Query“ = Anfrage) nennt. Dieses hat zur Aufgabe, die Suchanfrage zu analysieren, ihren Sinn zu ermitteln und zu dessen größtmöglicher Geltung auf der Ergebnisliste zu bringen. Zur Erfüllung dieser Aufgabe greift der Query Processor auf den Index zu und erstellt anhand der Übereinstimmungen von Suchanfrage und Indexdatei eine automatisierte Einschätzung der Relevanz, d.h. der Qualität des inhaltlichen Bezuges jedes einschlägigen Dokuments zur Suchanfrage.

Über die Relevanz nach den im Index enthaltenen, sich auf den Inhalt der Webseiten beziehenden Informationen hinaus nimmt der Query Processor eine übergeordnete, qualitative Wertung über die Webseite selbst vor. Diese

35 „Tags“ (engl. = Marke, Auszeichner): Festgelegte Funktionen beschreibende Elemente einer HTML-Webseite.

Wertung hat signifikante Bedeutung für die konkrete Rangfolge der für inhaltlich relevant befundenen Webseiten auf der Trefferliste und wird durch einen Algorithmus bestimmt, dessen Faktoren sich je nach Suchmaschine unterscheiden. Es gibt dabei eine Vielzahl möglicher Ansätze zum Treffen einer Aussage über die Qualität einer Webseite. Googles ursprüngliches Erfolgsrezept etwa war die erstmalige Einbeziehung der Menge und Qualität der externen Verweise auf eine Seite zur Bestimmung ihrer Qualität (Bestimmung der „Linkpopularität" nach dem "Page Rank Verfahren"[36]). Es kann jedoch gleichermaßen auf die objektive Anzahl der Klicks, der internen Verweise oder auf Weiterempfehlungen im Rahmen von sozialen Netzwerken[37] abgestellt werden[38]. Die genaue Zusammensetzung der Faktoren, auf die der Algorithmus zur Einschätzung der Qualität einer Webseite abstellt, kann illustrativ als die Coca-Cola Formel der Suchmaschinenbetreiber bezeichnet werden[39]: Sie ist aufgrund ihres prägenden Einflusses auf das sich dem Nutzer bietende Ergebnis ausschlaggebend für den Erfolg am Markt, und daher als Geschäftsgeheimnis grundsätzlich intransparent.

Zusammenfassend ist festzuhalten: Der Query Processor nimmt automatisierte Einschätzungen von inhaltlicher Relevanz und Qualität der indexierten Webseiten vor, um die Liste der Suchergebnisse der Anfrage entsprechend zu sortieren[40].

C: Die Provider im Sinne des Telemediengesetzes

Anbieter von Diensten und / oder Inhalten im Internet werden gemeinhin als „Provider" bezeichnet (engl. „To provide" = bereitstellen / anbieten). In Abgrenzung zu Anbietern von originär eigenen Inhalten - den „Content-Providern" (engl. „Content" = Inhalt) - spricht man bei Anbietern von Diensten, die in vorwiegend technischer Vermittlung von Informationen bestehen von Intermediären.

Das Telemediengesetz sieht in den §§ 7 - 10 TMG zur Verantwortlichkeit von Informationsvermittlern im Internet einige Grundregeln und drei besonde-

36 Benannt nach Larry Page, zusammen mit Sergei Brin Erfinder des Verfahrens und Mitgründer des Unternehmens Google.

37 Sog. „Social bookmarks"; vgl. nur facebooks „Like button" (zu Deutsch: „gefällt mir" Funktion) oder die „digg" Funktion der Webseite www.digg.com.

38 Vgl. dazu Griesbaum et al. in Lewandowski (Hrsg.), Handbuch Suchmaschinen S. 34 ff.

39 Google zieht nach eigenen Angaben mehr als 200 Faktoren zur Beurteilung der Relevanz einer Webseite heran.

40 Zur Meinungsqualität dieser automatisierten Einschätzungen s.u. Kapitel 3 A II.

re Privilegierungen vor. Begünstigte der Privilegierungsvorschriften sind drei Gruppen von Intermediären, deren Tätigkeit sich unter den normierten Voraussetzungen als schutzwürdig erweist. Je nach Art des angebotenen Dienstes werden dabei unterschieden:

I: Access-Provider

Access-Provider (engl. „Access" = Zugang) sind Dienstleister, die den Zugang zum Internet ermöglichen indem sie die fernmeldetechnischen Voraussetzungen schaffen, die zur Nutzung des Internet erforderlich sind. Zu den in Deutschland bekanntesten Access-Providern zählen u.a. T-Online, Vodafone und 1&1.

II: Cache-Provider

Caching (engl. „Cache" [comp] = Zwischenspeicher) bezeichnet die Erstellung von flüchtigen Pufferkopien zur Gewährleistungen einer ökonomischen und effizienten Übermittlung von Daten im Internet. Um den Datenverkehr zum Vorteil von sowohl Datenanbietern als auch Nachfragern ökonomisch effizient zu gestalten, ist die vorübergehende Pufferspeicherung von Dokumenten sinnvoll, da auf diese Weise der Aufwand einer stets neuen Abfrage jedes Dokuments vom Ursprungsort vermieden wird.

III: Host-Provider

Unter Hosting (engl. „To host" = ausrichten / Veranstalter sein / beherbergen) versteht man das im Regelfall entgeltliche Zurverfügungstellen von Speicherplatz mit Netzwerkanbindung („Webspace") für das Hochladen von Dateien („Upload"). Für Host-Provider hat sich die Bezeichnung „Webhost", oder kürzer und auch häufiger schlicht „Host" eingebürgert.

Kapitel 3: Rechtliche Einordnung von Suchmaschinen

A: Verfassungsrechtliche Dimension

I: Rundfunkfreiheit, Art. 5 Abs. 1 S. 2 GG

Dass der Betrieb von Suchmaschinen dem verfassungsrechtlichen Rundfunkbegriff unterfällt, wird kaum vertreten[41], doch die Ablehnung einer solchen Einordnung ist weniger selbstverständlich als der erste Anschein es vermuten lässt, wenn man sich anhand der vom BVerfG zum Rundfunkbegriff des Art. 5 Abs. 1 S. 2 GG aufgestellten Kriterien der Aktualität, Breitenwirkung und Suggestivkraft[42] orientiert.

Die Aktualität des Dienstes Suchmaschine lässt sich nicht pauschal bestimmen, da sie von der Popularität der jeweiligen Internetpräsenz abhängt[43], doch sie ist potentiell enorm. Die Indexeinträge stark frequentierter Webseiten scheinen jedenfalls von den großen Suchmaschinen mit kaum zu steigernder Frequenz aktualisiert zu werden. Die Breitenwirkung von Suchmaschinen als den meistgenutzten Diensten des World Wide Web[44] ist der des klassischen Rundfunkmediums Fernsehen inzwischen wohl ebenbürtig. Probleme bereitet allein das inhaltlich geprägte Merkmal der Suggestivkraft: Es wirkt zunächst zweifelhaft, ob Suchmaschinen eine „Darbietung" im Sinne der Rechtsprechung des BVerfG erbringen, da die Ergebnisliste nicht redaktionell zusammengestellt oder bearbeitet, sondern automatisiert vom Query-Processor aus dem Index erstellt wird. Eine Suchmaschine kommuniziert nicht eigene Inhalte ihres Betreibers, sondern vermittelt vielmehr fremde Inhalte und drückt damit lediglich aus, dass sich die Suchliste aus Treffern zusammensetzt, die nach dem Dafürhalten des Suchmaschinenbetreibers in Ansehung der Suchanfrage

---

41 Dafür scheinbar einzig Schulz / Held in Machill / Beiler, Die Macht der Suchmaschinen S. 76 f.; nicht explizit, doch grundsätzlich weit Schüller in Dörr / Kreile / Cole, Handbuch Medienrecht B III Rn 161.

42 BVerfGE 31, 314, 424; 97, 228 (255 f.); 103, 44 (74); 114, 371 (387); 90, 60 (87); 119, 181 (215); Vgl. Hartstein / Ring / Kreile / Dörr / Stettner, RStV, B 5 § 2 Rn 12.

43 S.o. Kapitel 2 B I

44 Bumke / Schulz in Hahn / Vesting, Rundfunkrecht, § 20 RStV Rn 66; Nach dem Statistik-Dienst „Alexa" (www.alexa.com/topsites) stellt mit Google, Yahoo!, Windows Live, Baidu und MSN das Lager der Suchmaschinen fünf der zehn weltweit meistbesuchten Webseiten.

relevant sind[45]. Es fehlt die Übermittlung eigener Inhalte mit Suggestivkraft, die andere Dienste des World Wide Web, etwa Livestreams, Podcasts oder Video-Portale[46] funktional so stark an klassischen „offline-“ Rundfunk heranrückt[47].

1: Abstellen auf die Suggestivkraft der vermittelten Inhalte

Eine „Darbietung“ im Rahmen des Betriebs einer Suchmaschine könnte sich aus der Suggestivkraft der verlinkten Fremdinhalten ergeben: Es ließe sich argumentieren, dass durch den Dienst von Suchmaschinen eine Vielzahl suggestiver, da audiovisuell ausdrucksstarker Inhalte für ein Massenpublikum faktisch erst erreichbar gemacht wird. Suchmaschinen als potente Meinungsmittler aus dem verfassungsrechtlichen Rundfunkbegriff herauszunehmen hieße deshalb, ein mittleres, aber notwendiges Glied der Kette von Meinungsäußerer zu Rezipient zu sprengen, d.h. ohne Schutz nach Art. 5 Abs. 1 S. 2 GG zu lassen.

Allerdings stammen die durch Suchmaschinenbetreiber vermittelten Inhalte erstens nicht aus einer homogenen Quelle, und sind zweitens stets vom eingegebenen Suchbegriff abhängig. Deshalb fehlt dem beschriebenen Wirkungskomplex von Suchmaschine und Content-Providern der konzentrierte Suggestionseffekt, der Dienste wie das Fernsehen und den Hörfunk verfassungsrechtlich regelungsbedürftig macht: Es wird nicht einer Vielzahl von Rezipienten der gleiche Inhalt auf die gleiche Weise vermittelt, sondern der Rezipient bestimmt die Inhalte, sodass diese keine den offline-Medien vergleichbare, gebündelte Schlagkraft entwickeln. Tatsächlich fällt die Suggestionswirkung des Dienstes Suchmaschine im Vergleich zu den klassischen Rundfunkarten ungleich subtiler aus: Aufgrund der Tatsache, dass auf Informationen verwiesen wird, die erkennbar nicht aus der Feder des Suchmaschinenbetreibers stammen, und überdies die Suchergebnisse von der jeweiligen Suchanfrage abhängig sind, kann sich dem Nutzer ein Eindruck von Objektivität vermitteln, der denjenigen von Fernsehsendungen weit übersteigt. Schließlich hat der Nutzer scheinbar selbst recherchiert.

---

45 Zur Meinungsqualität dieser Äußerung s.u. Kapitel 3 A II.

46 zu deren Rundfunkqualität Ring / Gummer, ZUM 2007, 433 ff mwN.

47 Klaes ZUM 2009, 235, 141; Bumke / Schulz in Hahn / Vesting, Rundfunkrecht § 20 RStV Rn 67.

2: Abstellen auf das Treffen einer Auswahl

Tatsächlich hat der Nutzer nicht recherchiert, sondern auf eine Auswahl zugegriffen, die ihrerseits Ergebnis einer Recherche des Suchmaschinenbetreibers in dessen eigener Datenbank und nach dessen eigenen Relevanzkriterien ist. Naheliegend ist daher, schon das Schaffen und stetige Aktualisieren des Index in Verbindung mit der Bewertung seiner Einträge anhand einer individuellen Kombination von Relevanzkriterien im Rahmen des Query Processing als eine eigene Darbietung des Suchmaschinenbetreibers ausreichen zu lassen.

Dem entgegenzusetzen, Suchmaschinen seien als bloßer Wegweiser das online-Äquivalent einer Fernsehprogrammzeitschrift, und eine solche nicht schon deshalb Rundfunk, weil sie den Weg zu Rundfunkangeboten weist, griffe zu kurz, denn der zunächst plausibel wirkende Vergleich hinkt erheblich: Suchmaschinen nutzen erstens eben dasjenige Medium, dessen Inhalt sie kartieren, sodass vielmehr der Vergleich mit einer Fernsehsendung zuträfe, die das Fernsehprogramm zum Inhalt hat[48], und deren Qualifikation als Rundfunk sich erheblich schwerer bestreiten ließe. Zweitens besteht die Leistung der Suchmaschinen eben nicht in der schlichten Darstellung eines objektiv festgelegten Programms, sondern im Treffen einer qualifizierten Auswahl. Diese individuelle Eigenart des Dienstes verbietet nicht nur eine Gleichbehandlung des Suchmaschinenbetriebs mit rein fernmeldetechnischen Tätigkeiten, deren Betrieb als Bereitstellung der zur Nutzung von Kommunikationsnetzen notwendigen Infrastruktur keinen Rundfunk im Sinne des Art. 5 Abs. 1 S. 2 GG darstellt[49]. Sie begründet darüber hinaus die für die verfassungsrechtliche Einordnung als Rundfunk nötige Suggestivkraft.

3: Kritik an einem engen Kriterium der Darbietung

Nach hier vertretener Ansicht fällt der Betrieb von Internet-Suchmaschinen in den Schutzbereich der Rundfunkfreiheit, auch wenn nicht gebündelt eigene Inhalte verbreitet, sondern nutzerabhängig zusammengestellt Verweise auf Drittinhalte ausgegeben werden. Ausschlaggebend für die Annahme des Schutzes nach Art. 5 Abs. 1 S. 2 GG ist der einzigartige Charakter der Rundfunkfreiheit als „dienender Freiheit" im Verhältnis zu Informations- und Meinungsfreiheit[50]. Es hat bisher keinen den Suchmaschinen vergleichbaren Dienst gegeben, der das Auffinden von mitunter enorm speziellen Informationen,

---

48 So verweist www.google.com bei Suche nach „google.com" auf www.google.com.

49 BVerfGE 12, 205, 263 - „Deutschland Fernsehen"; Schemmer in Beck'schem Online-Kommentar, Art. 5 GG Rn 69.

50 BVerfGE 57, 295, 319 f.; BVerfGE 59, 231, 245; Schüller in Dörr / Kreile / Cole, Handbuch Medienrecht B III Rn 151; Bruns RdA 2008, 135, 137.

handle es sich dabei um Nachrichten oder Triviales, Akademisches, Tatsachen oder Meinungen, weltweit und in einer Vielzahl von Sprachen ermöglicht hätte. Die Segnungen des World Wide Web sind tatsächlich zu nicht unerheblichem Teil den Suchmaschinenbetreibern zu verdanken, denn auch der umfangreichste Datenbestand - gerade der umfangreichste - erlangt erst mit seiner effizienten Durchsuchbarkeit praktischen Nutzen. Nicht nur wird der Zugriff auf eine enorme Datenvielfalt durch Suchmaschinen erleichtert, realistisch gesehen erst eröffnet, und damit die Meinungsbildung katalysiert; eben diese Erleichterung des Zugriffs potenziert gleichzeitig die Reichweite von Meinungsäußerungen. Unter Berücksichtigung der in naher Zukunft abgeschlossenen Entwicklung der Internetanbindung zur Selbstverständlichkeit ist der Dienst von Suchmaschinen an Meinungs- und Informationsfreiheit deshalb so erheblich, dass ein Verständnis der Rundfunkfreiheit als der Meinungs- und Informationsfreiheit dienender Freiheit seinen Namen nicht wert wäre, würde man den großen Suchmaschinen die Einordnung als Rundfunk verwehren.

Den Schutz nach Art. 5 Abs. 1 GG unter Hinweis auf das Fehlen einer eigenen „Darbietung“ des Suchmaschinenbetreibers abzulehnen, überzeugt aus mehreren Gründen nicht. Schon die Pflege des Index und der bewusst gewählten Relevanzkriterien ist als hinreichende redaktionelle Tätigkeit zu werten. Lehnt man ein solch weites Verständnis des Kriteriums der Darbietung ab, hat man es von der gebotenen Fortentwicklung des Rundfunkbegriffs abgeschnitten: Das Kriterium der Darbietung in seiner Funktion als Gradmesser für die Suggestivkraft eines Dienstes als Faktor zur Bestimmung der Meinungsbildungsrelevanz wäre an althergebrachte Technologien gebunden. Es mag so für den klassischen offline-Rundfunk noch tauglich sein, doch zur Anwendung auf das dezentrale, ungeordnete World Wide Web würde es untauglich und müsste schließlich aufgegeben werden. Eben dafür sind Suchmaschinen der vielleicht beste Beweis: Als den strukturverleihenden Diensten des Mediums kommt ihnen eine für sowohl Meinungsbildung als auch Pluralismussicherung überragend wichtige Funktion zu, sodass ein Festhalten an einem streng redaktionell verstandenen Erfordernis der Darbietung dem damit eigentlich verfolgten Schutzgedanken, nämlich der Bestimmung meinungsbildungsrelevanter Dienste, zuwider laufen würde.

Der Einordnung des Betriebs von Suchmaschinen als Rundfunk kann auch nicht aus der Perspektive der Praxis entgegengehalten werden, dass unangemessene Zulassungs- oder Anmeldepflichten entstünden, da derartige Verpflichtungen an den einfachgesetzlichen, nicht aber den verfassungsrechtlichen

Rundfunkbegriff anknüpfen[51]. Ob und inwiefern der Gesetzgeber zur einfachgesetzlichen Ausgestaltung des verfassungsrechtlich geschützten Phänomens Rundfunk konkrete Regelungen schafft, die für einzelne Gruppen von Diensten im Sinne des Art. 5 Abs. 1 S. 2 GG zum Wohle der Meinungsbildung den medialen Pluralismus sichern[52], ist von der grundsätzlichen Einordnung eines Dienstes als Rundfunk im Sinne des Art. 5 Abs. 1 S. 2 GG unabhängig[53]. Ein Übergreifen der mitunter wenig liberalen einfachgesetzlichen Rundfunkordnung auf Suchmaschinen schon über den Schutz nach Art. 5 Abs. 1 S. 2 GG ist daher nicht zu befürchten. Im Gegenteil ist die Funktion der Rundfunkfreiheit als Abwehrrecht gegenüber staatlicher Einflussnahme gerade am Nadelöhr des Informationsflusses, also für „Gatekeeper" wie Suchmaschinenbetreiber elementar[54]: Wo staatlicher Einfluss am schwersten wiegt, tut entsprechender Schutz am ärgsten Not, und eine Beeinflussung der medialen Gatekeeper hat im Vergleich zu der Beeinflussung einzelner Teilnehmer des Meinungsmarktes erheblich schwerere Auswirkungen auf die Freiheit der Meinungsbildung.

Möchte man das anders sehen, wird sich freilich materiell nichts ändern: Ob man das Betreiben einer Suchmaschine auch über die subjektivrechtliche Komponente der Rundfunkfreiheit, oder lediglich über die Berufs- und Meinungsfreiheit des Suchmaschinenbetreibers schützen möchte, oder von der anderen Seite anhebt und die Informationsfreiheit der Internetnutzer sowie das Interesse der im World Wide Web anbietend Tätigen betont; die mittlerweile unverzichtbare Strukturierungswirkung der Suchmaschinen wird unabhängig von der dogmatischen Konstruktion in all ihren Facetten in die gebotenen Abwägungen einzubeziehen sein. Nach Ansicht des Verfassers jedoch wäre eine Ablehnung der Qualifikation von Suchmaschinen als Rundfunk zugunsten einer behelfsmäßigen Subsumtion unter Meinungs- und / oder Berufsfreiheit Ausdruck eines Formalismus, der die Eröffnung des nächstliegenden verfassungsrechtlichen Schutzbereiches aufgrund eines an längst zurückgelassenen Zuständen entwickelten Systems blockiert. Da das BVerfG überzeugend die dynamische und entwicklungsoffene Auslegung des Rundfunkbegriffes vertritt[55], verbietet sich auch übermäßige Ehrfurcht vor den eigenen Kriterien des Gerichts, welche noch in Ansehung der herkömmlichen Arten von

51 Dazu unten, C I; anschaulich Kitz, ZUM 2007, 368, 370 f.; kritisch Bullinger, ZUM 2007, 337, 343.

52 Vgl. Dörr in „Rundfunkbegriff im Wandel der Medien" S. 127 mwN.

53 Zu den Voraussetzungen und Anforderungen der einfachgesetzlichen Rundfunksausgestaltung: Hartstein / Ring / Kreile / Dörr / Stettner, RStV, B 5 § 2 Rn 17.

54 Dazu Kühling ZUM 2007, 881, 882 f.; Hartstein / Ring / Kreile / Dörr / Stettner, RStV, B 5 § 2 Rn 16.

55 BVerfGE 83, 238, 302; BVerfGE 74, 297, 350; BVerfGE 73, 297, 351 f.

Rundfunk entwickelt wurden[56]. Die Lösung des Problems der sich hybridisierenden Medienlandschaft liegt nicht im Erarbeiten von Abgrenzungskriterien, die die Schutzbereiche der hergebrachten Massenkommunikationsgrundrechte zementieren und atypische Dienste zwischen die Stühle fallen lassen, sondern in der aktiv gestaltenden Akzeptanz der tatsächlich gewandelten Gegebenheiten: Die Konvergenz der Medientypen muss durch eine synchrone Konvergenz auch der verfassungsrechtlichen Schutzrechte begleitet werden, die die hybridisierte Medienlandschaft nicht künstlich zerteilt, sondern zumindest verfassungsrechtlich auf ein einheitliches Fundament stellt. Der verfassungsrechtliche Schutz der Massenkommunikation sollte sich vom tradierten Schubladendenken der Presse- und Rundfunkfreiheit lösen und zu einem monistischen Verständnis der Medienfreiheit gelangen[57]. Bis dieser dem Gesetzgeber vorbehaltene Schritt getan ist, sollte die Anwendung der bestehenden Massenkommunikationsgrundrechte wie der Rundfunkfreiheit von einem funktionalen, wandlungsoffenen Verständnis geprägt sein.

II: Meinungsfreiheit, Art. 5 Abs. 1 S. 1 GG

Der Gedanke der Annahme einer Meinungsäußerung im von Automatisierung und intellektueller Distanz geprägten Betrieb einer Suchmaschine befremdet zunächst, doch den Suchergebnissen auf einer Ergebnisliste liegt immerhin die Überzeugung des Suchmaschinenbetreibers zugrunde, dass die dort verlinkten Webseiten inhaltliche Relevanz in Bezug auf die Suchanfrage besitzen.

Voraussetzung eines nach Art. 5 Abs. 1 S. 1 GG geschützten Werturteils ist eine wertende Stellungnahme im Sinne eines Dafür- oder Dagegenseins, welche sich für Suchmaschinenbetreiber durchaus annehmen lässt: Abzustellen ist dabei auf die Auswahl der Relevanzkriterien des Query Processors durch den Suchmaschinenbetreiber, denn in jeder Ergebnisliste schwingt die Überzeugung mit, dass die zur Bewertung der Relevanz herangezogenen Eigenschaften der indexierten Dokumente eine valide Aussage über den inhaltlichen Zusammenhang mit Suchanfragen erlauben. Nicht der Rang der einzelnen Webseiten als Ergebnis des Algorithmus, sondern die zutage

---

56 Holznagel / Kibele in Hoeren / Sieber, Multimedia-Recht Teil 5 Rn 24 f.

57 Mit Weitblick und einigen Bedenken fordert bereits Bullinger, AfP 1996, 1, 5; eine „übergreifende Kommunikationsfreiheit"; derselbe, Kommunikationsfreiheit im Strukturwandel, S. 59 ff. mwN.

tretende Auswahl der Kriterien, aus denen dieser sich zusammensetzt, ist Meinungsäußerung[58].

1: Exkurs: Suchmaschinenoptimierung als Grundrechtseingriff

Diesen Ansatz verfolgte auch ein US-amerikanisches Gericht in seiner Entscheidung in Sachen „Google vs Searchking"[59]. Es ging um den Fall eines professionellen Suchmaschinenoptimierers namens Searchking. Der Begriff des Suchmaschinenoptimierers ist dabei missverständlich, da durch einen solchen Dienst nicht Suchmaschinen, sondern Webseiten im Hinblick auf ihr Ranking durch Suchmaschinen-Algorithmen optimiert werden. Dieser Suchmaschinenoptimierer hatte den Betreibern reputierlicher Webseiten Geld geboten, damit diese im Gegenzug Links auf die inhaltlich unverbundenen Seiten seiner Kunden setzten. Auf diese Weise wurde der „Page-Rank" Faktor des Google-Algorithmus ausgenutzt, indem stark gewertete Links ohne Bezug zum Inhalt der verlinkenden Seite geschaltet wurden. Google erkannte die Manipulation, setzte den Rang der auf diese Weise begünstigten Webseiten manuell herab und verteidigte dieses Vorgehen erfolgreich als Schutz der in der Relevanzeinschätzung enthaltenen Meinungsäußerung vor Verfälschung.

Indes zu unrecht, denn tatsächlich zeigt sich im Ausnutzen von bekannten Relevanzkriterien lediglich die Schwäche des jeweiligen Kriteriums (im Falle Searchking das „Page-Rank" Kriterium). Das Bewertungssystem des Suchmaschinenbetreibers arbeitet bestimmungsgemäß, erweist sich jedoch als nicht lückenfrei. Die Meinungsäußerung Google's hinsichtlich der Validität der gewählten Relevanzkriterien wird durch das Treiben von Suchmaschinenoptimierern also nicht verfälscht, sondern es wird lediglich der Tatsachengehalt der Äußerung widerlegt, indem Lücken im auf Objektivität bemühten Algorithmus aufgedeckt und ausgenutzt werden. Suchmaschinenoptimierung stellt daher keine Verfälschung einer Meinungsäußerung von Suchmaschinenbetreibern dar, die eine eventuell wettbewerbs- oder kartellrechtlich relevante, manuelle Zurückstufung des Stellenwerts rechtfertigen könnte[60].

---

58 Pfeiffer in FS Schricker, 137, 146; Zur Konkurrenz der einzelnen Kommunikationsfreiheiten vgl. Dietrich / Schmidt in Erfurter Kommentar, Art. 5 GG Rn 15; Schemmer in Beck'scher Online-Kommentar, Art. 5 GG Rn 96 mwN.

59 Entscheidung des District Court for the Western District of Oklahoma: Case 5:02-cv-01457-M; abrufbar unter http://www.internetlibrary.com/pdf/Search-King-Google-WD-Okla.pdf.

60 aA Pfeiffer aaO, 147.

III: Berufsfreiheit, Art. 12 Abs. 1 GG

Dass die Betreiber von Suchmaschinen sich auf die Berufsausübungsfreiheit nach Art. 12 Abs. 1 GG berufen können versteht sich von selbst, und sei an dieser Stelle nur um der Vollständigkeit der Skizzierung des verfassungsrechtlichen Rahmens willen erwähnt.

B: Gemeinschaftsrechtliche Dimension

I: Dienstleistungsfreiheit, Art. 56 - 57 AEUV

Als Erbringer von Leistungen, die sich auf unkörperliche Gegenstände beziehen, können die Betreiber von Suchmaschinen bei gegebenem innereuropäischem Auslandsbezug unter die Dienstleistungsfreiheit nach Art. 56 AEUV fallen. Da der gemeinschaftsrechtliche Dienstleistungsbegriff nach Art. 57 AEUV zumindest regelmäßige Entgeltlichkeit der erbrachten Leistung fordert[61], stellt sich für die Vermittlung der natürlichen Suchergebnisse die Frage, ob der werbevermittelte Finanzierungszusammenhang der Suchmaschinen dem Entgeltlichkeitskriterium genügt. Der Entgeltlichkeitsbegriff des Art. 57 AEUV verlangt lediglich das Fließen einer Kompensation, ohne dass es von Belang ist, ob eine solche vom Empfänger der Leistung oder einem Dritten gezahlt wird[62]. Der EuGH hat die teilweise Werbefinanzierung einer Rundfunksendeanstalt für das Entgeltlichkeitskriterium der Dienstleistungsfreiheit ausreichen lassen[63], sodass kein Grund besteht, am gleichen Ergebnis für die Werbefinanzierung von Suchmaschinen zu zweifeln. Der Betrieb der für den Nutzer kostenfreien Websuche ist ebenso wie die entgeltliche Werbeschaltung, für die erstere die Plattform schafft, von einer grundsätzlichen, einheitlichen Absicht der Gewinnerzielung getragen und damit entgeltlich im Sinne des Art. 57 AEUV.

---

61 EuGH NJW 1975 1093 ff. - „Walrave“ stellt sehr weit darauf ab, ob eine Tätigkeit „als Teil des Wirtschaftsleben“ zu betrachten sei.

62 EuGH Urteil vom 26.06.2003 - C-422/01 - „Ramstedt“; Kluth in Callies / Ruffert, Verfassungsrecht der EU, Art. 49 EGV Rn 11; Roth in Dauses, EU-Wirtschaftsrecht E.I Rn 131.

63 EuGH GRUR Int 1989, 665 Rn 16 - „Bond van Adverteerders“ noch zu Art. 59, 60 EWG.

II: Dienst der Informationsgesellschaft nach Art. 2 ECRL

Als Erbringer von regelmäßig entgeltlichen, auf individuellen Abruf elektronisch erbrachten Dienstleistungen handelt es sich bei Suchmaschinenbetreibern um Anbieter von Diensten der Informationsgesellschaft im Sinne des Art. 2 a der E-Commerce Richtlinie (ECRL)[64] iVm Art. 1 Nr. 2 der Normen-Info-Richtlinie[65].

C: Einfachgesetzliche Dimension

I: Der einfachgesetzliche Rundfunkbegriff

Von der verfassungsrechtlichen Einordnung als dem Schutzbereich der Rundfunkfreiheit unterfallend zu unterscheiden ist die Subsumtion unter den sogenannten einfachgesetzlichen Rundfunkbegriff des Rundfunkstaatsvertrags der Länder (RStV)[66]. Der RStV liegt aktuell in der 13. Fassung vor und bestimmt Rundfunk in § 2 Abs. 1 zum Sammelbegriff für lineare audiovisuelle Medien und Hörfunk. Der einfachgesetzliche Rundfunkbegriff setzt seit der Neuordnung der rundfunkrechtlichen Terminologie durch die 12. Fassung des RStV in Reaktion auf die Audiovisuelle-Mediendienste-Richtlinie[67] Linearität des Dienstes, also das Senden von Inhalten anhand eines festgelegten Programmablaufs voraus, sodass schon aus diesem Grunde eine Einordnung des Betriebs von Suchmaschinen als Rundfunk im Sinne des § 2 Abs. 1 RStV ausscheiden muss[68].

II: Suchmaschinen als Telemedien

Da der Betrieb von Suchmaschinen keinen Rundfunk im Sinne des RStV darstellt, sind Suchmaschinen als elektronische Informationsdienste Telemedien im Sinne des § 1 Telemediengesetz (TMG)[69], soweit sie nicht reine Telekom-

---

64 Richtlinie 2000/31/EG des Parlaments und des Rates.

65 Richtlinie 98/34/EG in der Fassung der Richtlinie 98/48/EG.

66 Dörr / Schwartmann, Medienrecht Rn 138 mwN;

67 Richtlinie 2007/65/EG des Parlaments und des Rates .

68 Danckert / Mayer, MMR 2010, 219 f.; Zur Einordnung von Suchmaschinen nach dem einfachgesetzlichen Rundfunkbegriff älterer Fassung: Kühling / Gauß, ZUM 2007 881, 886.

69 Instruktiv zum Telemedienbegriff Keber in Dörr / Kreile / Cole, Handbuch Medienrecht, M V Rn 40 ff.

munikationsdienste nach § 3 Nr. 24, 25 des Telekommunikationsgesetztes sind[70].

Auf den ersten Blick scheint sich aus der Privilegierung der rein technisch tätigen Access-Provider in § 8 TMG ein argumentum maiore ad minus für die Einordnung von Suchmaschinen als Telemedien zu ergeben. Der Schluss bedarf indes genauerer Prüfung, denn schon die Einordnung der Access-Provider als Telemedienbetreiber ist nicht unproblematisch, da sich bei Access-Providern die Annahme eines Telekommunikationsdienstes im Sinne des § 3 Nr. 24 / 25 TKG durchaus anbietet. Die Regelung der rein passiv-technischen Vermittler (Cache- und Access-Provider) ist genuin telekommunikationsrechtliche Materie und müsste daher dem Grunde nach im Telekommunikationsgesetz zu finden sein[71]. Die Zielsetzung der Privilegierungsnormen, nämlich der Ausschluss der Haftung für Inhalte Dritter ist es, die den Standort im TMG rechtfertigt, denn letztlich muss die Entscheidung zur Trennung von Telekommunikationsrecht und Recht der medialen Inhalte auf Kompromisse bei der Einordnung der Mischmaterie hinauslaufen. Die Haftung von Anbietern passiv-technischer Dienste für Inhalte, mit denen sich die technischen Vorgänge befassen im TMG zu regeln, ist deshalb zwar nicht zwingend oder vorteilhaft, aber grundsätzlich unbedenklich. Fehl geht dagegen der Ansatz, die Einordnung von Access-Providern als Telemedien damit zu begründen, dass sie mitunter auch Hosting und originär eigene Inhalte, etwa im Rahmen von Nachrichtenportalen und dergleichen anbieten[72]. Diese Angebote sind separat zu würdigen, und in dieser Würdigung ist ein Access-Provider mit entsprechendem Service eben nicht länger als solcher, sondern je nach betrachtetem Dienst als Host- oder Content-Provider einzuordnen. Alles andere würde sachwidrig auf den Tätigkeitsbereich „des Internet-Service-Providers“ (ISP) abstellen, und nicht auf den des privilegierten Access-Providers. Der Begriff des „ISP“ ist dem Gesetz nicht bekannt und für die Rechtsfindung überflüssig, da nur Sammelbegriff für rechtlich separat zu würdigende Dienste.

Da Suchmaschinenbetreiber anders als fernmeldetechnisch geprägte Access-Provider bei genauer Betrachtung ihrer Funktionsweise selbständige Angebote mit dem erstellten Index als eigener Ressource vorhalten[73], deren

70 Zur grundsätzlichen Abgrenzung Keber aaO Rn 44.

71 OVG Münster MMR 2003, 348, 351 mwN; Stadler, MMR 2002, 344; Hoeren, NJW 2007, 801 f.

72 So Leupold / Glossner, IT-Recht, Teil 2 Abschnitt 2 C III Rn 148.

73 Rath, Suchmaschinenhaftung S. 68; vgl. dazu schon oben Kapitel 2 B III; Kapitel 3 A I 2

auswählende Aktivität über die telekommunikative Tätigkeit der Access-Provider hinausgeht, ist ihre Einordnung als Telemedium überzeugend[74].

III: Das System der Provider-Verantwortlichkeit nach dem TMG

Das Telemediengesetz sieht zur Umsetzung der Art. 12 - 15 der E-Commerce Richtlinie (ECRL) in seinem „Verantwortlichkeit" betitelten Abschnitt 3 Regelungen zur Haftung von Diensten der Informationsgesellschaft vor[75]: Auf den allgemeine Grundsätze festschreibenden § 7 TMG folgen mit den §§ 8 - 10 TMG Privilegierungsnormen für drei Arten von Intermediären, namentlich Access- Cache- und Host-Provider. Sowohl die Natur und Wirkung der Privilegierungsvorschriften, als auch ihre Anwendbarkeit auf Suchmaschinenbetreiber sind umstritten.

1: Grundsatz des § 7 Abs. 1 TMG

§ 7 Abs. 1 TMG stellt deklaratorisch die Haftung von Diensten der Informationsgesellschaft nach den allgemeinen Gesetzen fest, soweit „eigene Informationen" dieser Diensteanbieter betroffen sind. Lediglich hinsichtlich „fremder Informationen" kommt eine Privilegierung nach den §§ 8 - 10 TMG in Betracht.

Die Fremdheit von Informationen wird dadurch zum zentralen Begriff für die Privilegierung von Diensten der Informationsgesellschaft. Ihre Bestimmung wird indes nicht einheitlich vorgenommen: Von der Rechtsprechung und Teilen des Schrifttums wird zur Bestimmung der Fremdheit von Informationen iSd TMG in Anlehnung an die presserechtliche Zurechnungslehre auf den Empfängerhorizont des durchschnittlichen Nutzers abgestellt[76]. So sollen auch Informationen fremden geistigen Ursprungs eigene des vermittelnden Interme-

---

74 Kühling / Gauß, ZUM 2007, 881, 886; Waldenberger in Spindler / Schuster, Elektronische Medien Teil 7 Abschn. III 3 lit. c Rn 85 ff.; Danckert / Mayer, MMR 2010, 219 f.

75 Wenngleich „Verantwortlichkeit" als sehr weit gewählter Begriff nicht auf zivilrechtliche Haftung beschränkt ist: Guter Überblick bei Hartmann in Wandtke, Medienrecht S. 1432 f.

76 Teils noch zum TDG: OLG Düsseldorf MMR 2004, 315; OLG Brandenburg, MMR 2004, 330; LG Trier 2002, 694 ff.; Ott, ZUM 2008, 556, 563; Köster / Jürgens, MMR 2002, 420 mwN; Stadler, K&R 2006, 253, 254; Schmitz, CR 2000, 124, 125; Busse-Muskala, JurPC Webdoc 30/2005 Abs. 38 f; Leible / Sosnitza, NJW 2004, 3325, 3326.

diärs sein, wenn sie sich von ihm durch mangelnde Betonung des objektiv fremden geistigen Ursprungs „zu eigen gemacht“ wurden[77]. Zum nötigen Maß und Mittel der ein „Zueigenmachen“ ausschließenden Distanzierung existieren zahlreiche Ausführungen in Rechtsprechung und Schrifttum[78]. Zu eigen gemachte Informationen stellen dabei unabhängig von den Voraussetzungen ihrer Annahme keine eigene Kategorie neben fremden und eigenen Informationen dar[79], sondern lediglich einen Unterfall eigener Informationen, an den keine weiteren Konsequenzen geknüpft sind: Der objektive Empfänger ordnet Informationen dem Diensteanbieter entweder zu oder nicht. Es besteht kein Raum für Übergänge, und daher auch nicht für andere Kategorien als fremd oder eigen.

Das Abstellen auf den Empfängerhorizont zur Bestimmung der Fremdheit von Informationen im Sinne des TMG begegnet jedoch grundsätzlichen Bedenken: Fremdheit der Informationen ist ein dem TMG eigener, der ECRL unbekannter Begriff[80]. Die Art. 12 - 14 der ECRL sprechen von „von einem Nutzer eingegebenen Informationen“. Die dahinterstehenden Wertungen lassen sich dahingehend verstehen, dass hinsichtlich der Haftung für Informationen bevorzugte Behandlung verdient, wer erstens nicht geistiger Ursprung der Informationen ist, und zweitens die intellektuelle Distanz zu den Informationen durch Einnehmen einer rein technischen Vermittlerrolle wahrt[81]. Inhaltsneutrales Verarbeiten von Informationen fremden geistigen Ursprungs soll nicht zur Haftung des Mittlers führen. Ausschlaggebend für die Möglichkeit der Privilegierung nach den Art. 12 - 14 ECRL ist daher, das sich ein Intermediär tatsächlich auf die technische, inhaltsneutrale Vermittlung beschränkt, die sein Metier schutzwürdig macht, wie der Blick auf die Voraussetzungen der Privilegierungen zeigt: Dass vermittelte Informationen etwa weder verändert, noch ausgewählt werden dürfen, gewährleistet dass nur solche Intermediäre privilegiert haften, die nicht über die passiv-technische Vermittlungstätigkeit hinausgehen, die der Richtliniengeber für schutzwürdig hält. Eine Beurteilung der Fremdheit nach dem zwar objektivierten, aber

---

77 BGH NJW 2004, 3102, 3103 - „Internetversteigerung“; Urteil des LG Hamburg vom 3.9.2010 - 308 O 27/09; Leible / Sosnitza, NJW 2004, aaO mwN; Schmidt-Bogatzky, GRUR 2000, 959, 965.

78 Dazu nur Leupold / Glossner, IT-Recht Teil 2 Abschn.2 Rn 146 mwN; Hoffmann in Spindler / Schuster, Recht der elektronischen Medien, § 7 TMG Rn 15 -19 mwN; OLG Köln MMR 2002, 548 f. m. Anm. Spindler.

79 Insofern missverständlich OLG Brandenburg MMR 2004, 330

80 Hoffmann in Spindler / Schuster, Elektronische Medien § 7 TMG Rn 6.

81 Vgl. Erwägungsgrund 42 der ECRL: „Diese Tätigkeit ist rein technischer, automatischer und passiver Art, was bedeutet, dass der Anbieter [...] weder Kenntnis noch Kontrolle über die weitergeleitete oder gespeicherte Information besitzt.“

letztlich subjektiven Maßstab des Empfängerhorizonts geht deshalb am Kern der Wertung, nämlich der objektiv gewahrten intellektuellen Distanz zu Inhalten fremden geistigen Ursprungs, vorbei. Mehr noch, führt ein Abstellen auf den „objektiven" Empfängerhorizont zur Bestimmung der Fremdheit von Informationen nach dem TMG in Einzelfällen zu gemeinschaftsrechtswidrigen Ergebnissen: Ergibt der Empfängerhorizont bei einer im Sinne der ECRL von einem Nutzer eingegebenen, also objektiv fremdstämmigen und nur technisch vermittelten Information ein „Zueigenmachen" durch den Intermediär und damit eine eigene Information, bliebe durch die Sperrung des konkreten Sachverhalts für die von der ECRL vorgesehenen Privilegierungen das nationale Recht hinter dem verbindlichen Harmonisierungsstandard der ECRL zurück. Die Bestimmung der Fremdheit iSd TMG nach objektiv technischem Maßstab ist somit ein Gebot gemeinschaftsrechtskonformer, und damit geltungserhaltender Auslegung des TMG[82].

Liegen nach diesem Maßstab eigene Informationen iSd § 7 Abs. 1 TMG vor, spricht indes nichts dagegen, im Rahmen der Haftung nach den allgemeinen Gesetzen für die Zurechnung von Inhalten auf den objektiven Empfängerhorizont abzustellen. Lediglich auf Privilegierungsebene ist dieser Weg versperrt[83].

Nach dem deshalb anzuwendenden, objektiv technischen Maßstab der Fremdheit sind auf von Suchmaschinenbetreibern verlinkten Webseiten befindliche Informationen für Suchmaschinenbetreiber fremd im Sinne des TMG. Nichts anderes gilt für die auf der Trefferliste erscheinenden Kontextausschnitte (Snippets), die nichts als die - wenn auch im Einzelfall in Abstimmung auf die Suchanfrage zusammengestellte[84] - automatisierte Wiedergabe ursprünglich aus fremder Feder stammender Informationen darstellen, welche mangels inhaltlicher Kenntnisnahme keine intellektuelle Annäherung durch den Suchmaschinenbetreiber erfahren.

Eingehend zu begründen ist dieses Ergebnis für die jenseits der natürlichen Suchergebnisse eingeblendeten kommerziellen Werbeanzeigen: Nach dem richtigerweise anzulegenden objektiv technischen Maßstab der Fremdheit im Sinne des TMG bleibt eine geistig fremdstämmige Information für den Suchmaschinenbetreiber fremd, wenn er ihr ausschließlich in seiner passiv neutralen Rolle als technischer Vermittler gegenübersteht. Erwägungsgrund 42 der ECRL führt dazu aus, dass ein solcher Vermittler weder Kenntnis noch Kon-

---

82 Sieber / Liesching, MMR-Beil 2007, 1, 17; Spindler, MMR 2004, 330; derselbe MMR 2004, 440 f. sowie NJW 2002, 929, 923; Rath, Suchmaschinenhaftung S. 298; Schmitz / Dierking, CR 2005, 420, 425; Sobola / Kohl, CR 2005, 443, 445.

83 Harte-Bavendamm / Jürgens in FS Schricker S. 36.

84 Dazu unten, Kapitel 4 B I.

trolle über die Information besitzt. Problematisch ist aber, dass Suchmaschinenbetreiber im Rahmen des kommerziellen Anzeigenprogramms von Nutzern (den Werbetreibenden) eingegebene Informationen nicht nur für diese speichern, sondern die Werbung in ihr eigenes Serviceangebot integrieren. Diese Integration der intellektuell fremden Informationen der Werbeanzeigen ins eigene Angebot könnte eine inhaltliche Annäherung des Suchmaschinenbetreibers zu diesen Informationen bewirken. Er hätte dann die Rolle des technisch-neutralen Vermittlers verlassen und fiele somit nicht unter das Leitbild des schutzwürdigen Intermediärs im Sinne der ECRL.

Das Adwords genannte Werbesystem Googles sieht keine inhaltliche Sichtung oder Kontrolle der Anzeigen vor. Es wird lediglich eine Benutzeroberfläche zum Anmelden von Werbeanzeigen zur Verfügung gestellt. In der automatisierten Schaltung der auf diese Weise von den Werbetreibenden erstellten Anzeigen liegt, auch wenn ein Kontroll-Algorithmus durch „Blacklists"[85] gebannte Wörter oder Wendungen ermittelt und die Schaltung entsprechender Anzeigen verhindert, keine kognitive Beschäftigung des Suchmaschinenbetreibers mit ihrem Inhalt. Eine solche automatisierte Minimalkontrolle könnte zwar im Hinblick auf das Treffen einer Auswahl unter den geschalteten Anzeigen einer Privilegierung nach dem Telemediengesetzes entgegenstehen, doch wie auch der Vorwurf des unmittelbaren Profitierens von rechtswidriger Adword-Werbung senkt dies nur die generelle Schutzwürdigkeit des Suchmaschinenbetreibers, ändert jedoch nichts an der objektiven Fremdheit der Informationen.

Das Ergebnis der Fremdheit von in Werbeanzeigen enthaltenen Informationen für den Suchmaschinenbetreiber wird auch durch einen Blick auf die Anwendung der Privilegierung für Host-Provider in Rechtsprechung und Lehre gestützt: Host-Provider im Sinne des § 10 TMG, also solche Anbieter, die ausschließlich Inhalte intellektuell fremden Ursprungs für ihre Nutzer speichern, ohne daraus ein eigenes Content-Angebot zu erstellen, haben zwar wegen der Beherrschung des Speicherplatzes die technische Möglichkeit, jede von einem Nutzer eingestellte Information zu löschen, aber wegen ihrer passiven, vermittelnden Tätigkeit keine Kenntnis vom Inhalt der jeweiligen Informationen. Deshalb fehlt es in der Praxis an der Möglichkeit kontrollierender Einwirkung auf die Informationen. Diese Privilegierung für Host-Provider wird von der h.M. auch zugunsten von Online-Auktionshäusern hinsichtlich rechtswidriger

85 „Blacklist" (engl. = Schwarze Liste): Eine Sammlung von Kriterien, die für sich oder kombiniert zum Ausschluss des sie enthaltenden Dokuments aus der jeweiligen Datenbank führen.

Auktionen der Nutzer herangezogen[86]. Online-Auktionshäuser gehen jedoch über das entgeltliche Zurverfügungstellen von Speicherplatz hinaus und erstellen aus den Informationen ihrer Nutzer ein eigenes, auf weitere Gewinnerzielung angelegtes Angebot. Wird durch einen Suchmaschinenbetreiber ohne die Ausübung einer Kenntnis begründenden Vorabkontrolle nur die technische Infrastruktur geschaffen, durch die ein Nutzer seine Werbung an den Adressaten bringen kann, steht er dieser Werbung mindestens ebenso neutral gegenüber wie der Auktionshausbetreiber den in seine Plattform eingestellten Angeboten. Es wäre daher aus Sicht der h.M. inkonsequent, die im Rahmen des Keyword-Advertising vermittelten Informationen als eigene des Suchmaschinenbetreibers einzuordnen[87].

Auch im Rahmen von Keyword-Advertising vermittelte Informationen sind folglich für den Suchmaschinenbetreiber fremd im Sinne des TMG, sofern nicht im Rahmen einer Vorabkontrolle Kenntnis vom Inhalt der Anzeigen oder verlinkten Webseiten genommen wird. Eine Privilegierung nach den §§ 8 - 10 TMG kommt damit grundsätzlich in Betracht.

2: Grundsatz des § 7 Abs. 2 S. 1 TMG

§ 7 Abs. 2 S. 1 TMG bestimmt in Umsetzung des Art. 15 ECRL, dass Diensteanbieter im Sinne der §§ 8 - 10 TMG in keinem Falle allgemeine, proaktive Überwachungspflichten treffen. Die genaue Reichweite dieses absoluten Ausschluss ist im Rahmen der Störerhaftung für fremde Verletzungen von einiger Bedeutung und wird deshalb im dortigen Rahmen genau zu untersuchen sein[88]

3: Ausnahme des § 7 Abs. 2 S. 2 TMG

§ 7 Abs. 2 S. 2 TMG beschränkt die Weite der Privilegierungswirkung der §§ 8 - 10 TMG, indem „Verpflichtungen zur Entfernung oder Sperrung nach den allgemeinen Gesetzen“ gegen die Wirkungen dieser Vorschriften imprägniert werden. Die Vorschrift dient der Umsetzung der jeweils letzten Absätze

86 BGH NJW 2004, 3102 - Internetversteigerung I; BGH MMR 2007, 507 - Internetversteigerung II; Fezer, Markenrecht Rn 133, Leible / Sosnitza, NJW 2004, 3325; Schulz, WRP 2004, 1347, 1350 f.; Lement, GRUR 2005, 210, 214 mwN.

87 So nimmt Schmidt-Bogatzky, GRUR 2000, 959, 965, auch nach objektivem Empfängerhorizont kein „zu eigen machen“ von Informationen im Rahmen des Keyword-Advertising durch Suchmaschinenbetreiber an.

88 S.u. Kapitel 4 A II 2 c) cc) bbb) (4), (5)

der Art. 12 - 14 ECRL, und ihre Auslegung ist ebenso umstritten wie ausschlaggebend für die Anwendung der §§ 8 - 10 TMG[89].

4: Die privilegierenden Filter der §§ 8 bis 10 TMG

a) Dogmatische Natur der §§ 8 bis 10 TMG

Die Privilegierungen des TMG bewirken rechtsgebietsübergreifend den Ausschluss der „Verantwortlichkeit" der Privilegierten[90]. Auf welche Weise diese Begünstigung zustande kommt ist aus dem Gesetz nicht ersichtlich, und so wird zur dogmatischen Natur der Privilegierungen seit deren Einführung durch das IuKDG[91] bis heute eine Bandbreite von Ansichten vertreten[92]: Sie können als haftungsbegründendes Merkmal[93], dem Tatbestand vorgeschaltete[94] oder nachgeschaltete[95] Haftungsvoraussetzung, als Rechtfertigungsgrund oder als Modifikation des Verschuldensmaßstabs[96] eingeordnet werden. Die letztgenannte Ansicht bringt den offensichtlichen Nachteil mit sich, dass verschuldensunabhängige Haftung der Wirkung der Privilegierungen zwangsläufig entzogen würde, und auch die fernliegende Annahme einer haftungsbegründenden Wirkung der Privilegierungen ist abzulehnen[97].

Verstünde man die §§ 8-10 TMG als dem Tatbestand nachgeschaltet und damit haftungsausschließend, trügen die Intermediäre die Darlegungs- und Beweislast für die Voraussetzungen ihrer Privilegierungen, was zurecht überwiegend als dem begünstigenden Normzweck zugegenlaufend abgelehnt

---

89 Dazu sogleich unter: 4 b) dd)

90 Vgl. dazu Hartmann in Wandtke, Medienrecht S. 1432 f.

91 „Gesetz zur Regelung der Rahmenbedingungen für Informations- und Kommunikationsdienste" vom 22.07.1997

92 Zum Ganzen: Bedner, JurPC 2007, Abs. 13 ff.

93 Noch zum TDG: BGH GRUR 2004, 74 f.; aA Hoffmann in Spindler / Schuster, Elektronische Medien § 8 TMG Rn 7.

94 Hoeren, MMR 2004, 668, 672; Schneider, GRUR 2000, 969, 971; Fischer, MMR 2004, 675; Fechner, Medienrecht S. 347; Keber in Dörr / Kreile / Cole, Handbuch Medienrecht, M V Rn 55; Sieber, Verantwortlichkeit im Internet, Rn 246; OLG Düsseldorf MMR 2004, 315; Einen tatbestandsintegrierten Vorfilter nimmt Hoffmann in Spindler/Schuster, Elektronische Medien Vor § 7 TMG Rn 28 an; insgesamt vage, doch wohl einen Vorfilter annehmend BGH GRUR 2004, 74 f.

95 Sobola / Kohl CR 2005, 443, 445; mit Zweifeln Hoffmann, MMR 2002, 284; erneut vage BGH GRUR 2007, 724 f.

96 Vassilaki, MMR 1998, 630, 633 f.

97 So schon explizit in der Begründung zum EGG, BT-Drucks 14/6098, 23; ablehnend auch BGH GRUR 2004, 74 f.

wird[98]. Überzeugend ist daher eine Einordnung der §§ 8-10 TMG als dem Tatbestand vorgeschalteter Haftungsfilter.

b) Reichweite der Privilegierungswirkung

Der die Grundregel des § 7 TMG sowie die Privilegierungsnormen der §§ 8-10 TMG enthaltende Abschnitt 3 des TMG orientiert sich an seinem namensgebenden Begriff der „Verantwortlichkeit". Dieser Begriff ist potentiell umfassend, kann also jegliche Art von Rechtsfolge beschreiben, die an die Tätigkeit eines Intermediärs geknüpft wird[99]. Die Unbestimmtheit dieses Ausdrucks ist Quelle des Streits darüber, welche Arten zivilrechtlicher Haftung von den Privilegierungen der §§ 8-10 TMG ausgeschlossen werden. Während die Rechtsprechung sich mit Unterstützung eines Teils des Schrifttums darauf eingependelt hat, Beseitigungs- und Unterlassungsansprüche von der Verantwortlichkeitsbefreiung der §§ 8-10 TMG auszunehmen[100], diese Vorschriften also lediglich als Filter für Schadensersatzansprüche zu verstehen, tritt eine beachtliche Literaturansicht für eine umfassende Privilegierungswirkung der §§ 8-10 TMG ein: Sowohl Ansprüche auf Schadensersatz, als auch solche auf Beseitigung und Unterlassung seien durch die Privilegierungen ausgeschlossen[101].

Es folgt eine Auseinandersetzung mit den Argumenten der beiden entgegengesetzten Ansätze:

aa) § 10 S. 1 TMG: Spezial- und Normalfall

Regelmäßig wird für ein auch Beseitigungs- und Unterlassungsansprüche umfassendes Verständnis der Privilegierungswirkung der Wortlaut des § 10 S. 1 TMG - der Privilegierung für Host-Provider - ins Feld geführt. Diese sieht vor, dass Diensteanbieter nicht verantwortlich sind, soweit „sie keine Kenntnis von der rechtswidrigen Handlung oder der Information haben und ihnen im Falle von Schadensersatzansprüchen auch keine Tatsachen oder Um-

---

98 BGH GRUR 2004, 74 f.; Hartmann in Wandtke, Medienrecht S. 1432; Decker, MMR 1999, 7, 13; Freytag, Haftung im Netz, S. 202 f.; Pichler, MMR 1998, 79, 87; Engel-Flechsig / Maennel / Tettenborn, NJW 1997, 2981, 2984.

99 Spindler / Schmitz / Geis vor § 8 TDG Rn 13; Schmittmann in Schwartmann, Praxishandbuch Medienrecht, 1.6 Rn 64

100 BGH NJW 2004, 3102, 3104 - „Internetversteigerung I"; LG München K&R 2005, 184, 188; LG Berlin MMR 2005, 718, 719; ebenso Jacobs in FS Erdmann, S. 327, 340; Ensthaler / Heinemann, WRP 2010, 309, 312; Fechner, Medienrecht S. 356.

101 Bedner, JurPC Webdoc 94/2007, Abs. 42; Hoeren, MMR 2004, 672; Leible / Sosnitza, WRP 2004, 592, 598; Ott, WRP 2006, 691, 693 mwN; Rath, Suchmaschinenhaftung S. 265 f.; Sobola / Kohl, CR 2005, 443, 449; Stadler, K&R 2006, 253, 254;

stände bekannt sind, aus denen die rechtswidrige Handlung oder die Information offensichtlich wird".

Aus der Sonderregel für Schadensersatzansprüche wird mitunter gefolgert, dass sich die Privilegierung jenseits des Sonderfalls auf Unterlassungs- und Beseitigungsansprüche beziehen müsse. Tatsächlich folgt aus dem Bestehen einer Sonderregel, dass der Gesetzgeber von einem Normalfall ausgegangen ist. Ebenfalls zutreffend ist, dass es einen solchen nur geben kann, wenn auch andere Ansprüche als solche auf Schadensersatz von der Vorschrift erfasst sind. Das allerdings müssen nicht notwendig Unterlassungsansprüche, sondern können auch Ansprüche etwa auf Auskunft über den unmittelbaren Verletzer sein[102]. Angesichts der nicht auf zivilrechtliche Ansprüche beschränkten Breite des Begriffes der „Verantwortlichkeit", die von den §§ 8 - 10 TMG ausgeschlossen wird, kommen auch straf- oder polizeirechtliche Pflichten der Intermediäre in Betracht[103].

Der Schluss vom Sonderfall Schadensersatz auf die Erfassung von Beseitigungs- und Unterlassungsansprüchen ist daher weder unzulässig, noch logisch zwingend und stellt damit allenfalls ein schwaches Argument für eine umfassende Reichweite der Privilegierungen des TMG dar.

bb) § 10 S. 1 TMG: Wertungswiderspruch

Auch von der Gegenseite, d.h. von den Verfechtern einer auf Schadensersatzansprüche beschränkten Privilegierungswirkung, wird mit der oben zitierten Passage des § 10 S. 1 TMG argumentiert: Wenn „Kenntnis der rechtswidrigen Handlung oder Information" die Privilegierung hinsichtlich Beseitigungs- und Unterlassungsansprüchen ausschließe, aber schon „Kenntnis der Tatsachen oder Umstände, aus denen die rechtswidrige Handlung oder Information offensichtlich wird" für einen Ausschluss der Privilegierung für Schadensersatzansprüche ausreiche, trete der Wertungswiderspruch auf, dass Host-Provider der Privilegierung hinsichtlich Schadensersatzansprüchen einfacher verlustig gingen als hinsichtlich Beseitigungs- und Unterlassungsansprüchen. Einfacher ausgedrückt: Schadensersatzhaftung hätte geringere Voraussetzungen als negatorische Haftung[104].

Dieser Widerspruch lässt sich sowohl abmildern als auch auflösen. Einen Teil seiner Schärfe verliert er bereits dadurch, dass die größere Strenge der ne-

102 aA Härting, Internetrecht Rn 1699.

103 Bedner aaO Abs. 40 mwN

104 BGH WRP 2004, 1287, 1290; Leible / Sosnitza, NJW 2004, 3225 f.; Lement, GRUR 2005, 210; Schultz, WRP 2004, 1347, 1350 f.

gatorischen Haftung gegenüber derjenigen auf Schadensersatz nicht die Haftung dem Grunde nach betrifft, sondern lediglich die Ebene der Privilegierung. Wenn die allgemeinen Gesetze, nach denen sich die Haftung bestimmt, für Schadensersatzansprüche anders als für negatorische Haftung zumeist Verschulden fordern, bleibt dies unverändert.

Darüber hinaus lässt sich der Widerspruch durch eine differenzierende Lesart des § 10 S. 1 Nr. 1 TMG vollständig vermeiden: Es ist mit dem Wortsinn vereinbar, die „Kenntnis der rechtswidrigen Handlungen oder Informationen" als tatsächliche Kenntnis der bloßen Existenz konkreter Inhalte, nicht aber von deren Rechtswidrigkeit zu verstehen: Die Formulierung „Kenntnis der rechtswidrigen Handlungen oder Informationen" lässt zwar keinen Zweifel daran, dass die in Rede stehenden Handlungen oder Informationen rechtswidrig sein müssen. Anderenfalls bestünde ohnehin kein Anknüpfungspunkt für eine Haftung des vermittelnden Diensteanbieters. Doch das Verständnis, dass sich die Kenntnis auch auf die Rechtswidrigkeit der Inhalte[105] erstreckt, ist nicht zwingend. Die Entscheidung zwischen den Deutungsarten „Kenntnis von Inhalten, die objektiv rechtswidrig sind" und „Kenntnis von Inhalten sowie von deren Rechtswidrigkeit" wird vom Wortlaut des § 10 S. 1 Nr. 1 TMG nicht vorgegeben. Gerade der hergebrachte und grundsätzlich gebotene Unterschied in der Strenge der Haftungsvoraussetzungen zwischen negatorischer und Schadensersatzhaftung legt nahe, für den Ausschluss der Privilegierung hinsichtlich negatorischer Ansprüche die Kenntnis ausschließlich der Existenz von objektiv rechtswidrigen Informationen zu verlangen, für den Privilegierungsausschluss hinsichtlich einer Schadensersatzhaftung dagegen grob fahrlässige Unkenntnis der Rechtswidrigkeit der Informationen.

Doch eine solche den Wertungswiderspruch auflösende Lesart des § 10 S. 1 Nr. 1 TMG bringt Probleme mit sich: Sperrte ein Host-Provider nach § 10 S. 1 Nr. 2 TMG unverzüglich ab bloß tatsächlicher Kenntnis einer Information, setzte er sich damit im Verhältnis zum Content-Provider der gesperrten Informationen einem Haftungsrisiko aus, da das TMG eine Privilegierung des Host-Providers in diesem Verhältnis nicht vorsieht. Er könnte sich folglich nur durch eine umfassende rechtliche Prüfung aller konkret bekannten Inhalte eine rechtssichere Position schaffen, was die Privilegierung grundsätzlich entwerten würde: Die ihn im Verhältnis zum behaupteten Verletzten privilegierende Handlung erwiese sich im Verhältnis zum behaupteten Verletzer als Falle.

§ 10 S. 1 TMG lässt dem Verständnis des Rechtsanwenders damit die Wahl zwischen zwei suboptimalen Alternativen: Einer nur eingeschränkt taug-

105 Im weiter Verlauf der Arbeit ist der Einfachheit halber nur noch von „Inhalten" statt „Handlungen oder Inhalten" die Rede.

lichen Privilegierung von Host-Providern oder der Inkaufnahme eines zwar nicht fatalen, doch störenden Wertungswiderspruchs[106].

Insgesamt ist das Argument des Wertungswiderspruchs aufgrund eines umfassenden Verständnisses des Privilegierungsumfangs also zwar bedingt angreifbar, doch letztlich stichhaltig.

cc) § 9 S. 1 Nr. 5 TMG; § 10 S. 1 Nr. 2 TMG: Beseitigung als Voraussetzung der Privilegierung

Die Tatsache, dass sowohl § 9 S.1 Nr. 5 als auch § 10 S.1 Nr. 2 TMG als Voraussetzung der jeweiligen Privilegierung bereits die Beseitigung von rechtswidrigen Inhalten vorsehen, ist demgegenüber kein eindeutiges Argument für oder gegen die Erstreckung der Privilegierungswirkung auf Beseitigungs- und Unterlassungsansprüche: Wenn bei Weigerung zur Beseitigung fremder rechtswidriger Informationen die Privilegierung nicht mehr vor den allgemeinen Vorschriften schützt, welche unter anderem zu Beseitigungsansprüchen führen, dann macht die Erstreckung der Privilegierung auf solche Beseitigungsansprüche zwar einerseits keinen Sinn. Doch andererseits ist auch das Herausnehmen der Beseitigungsansprüche aus dem Umfang der Privilegierung wenig sinnvoll, da ab Kenntnis eines rechtswidrigen Inhalts ja ohnehin beseitigt werden muss, um überhaupt in den Genuss der Privilegierung zu kommen. Es besteht also die Wahl zwischen den Alternativen „Beseitige, um nicht beseitigen zu müssen“ und „Beseitige um weiterhin beseitigen zu müssen, was sich aber erübrigt weil Du es bereits getan hast“. Es fehlt beiden Geboten gleichermaßen an Eleganz und Schlüssigkeit. Die Entfernungsmechanismen der §§ 9, 10 TMG schaffen folglich kein Argument für oder gegen einen weiten zivilhaftungsrechtlichen Umfang der TMG-Privilegierungen. Sie nehmen der Frage nach dem Umfang der Privilegierung allerdings einen Teil ihrer Praxisrelevanz, indem klargestellt wird dass die Beseitigung von bekannt rechtswidrigen Inhalten in jedem Fall geschuldet ist. Wirklich interessant bleibt so allein die Frage, ob die Privilegierungen des TMG zivilrechtliche Unterlassungsansprüche erfassen oder nicht.

dd) § 7 Abs. 2 S. 2 TMG: Wortlaut und Gesetzgebungsmaterialien

Von den Verfechtern eines eingeschränkten zivil-haftungsrechtlichen Anwendungsbereiches der TMG-Privilegierungen wird regelmäßig der Wortlaut des § 7 Abs. 2 S. 2 TMG angeführt. § 7 Abs. 2 S. 2 TMG nimmt in Umsetzung der Art. 12 Abs. 3, 13 Abs. 2 und 14 Abs. 3 ECRL die „Entfernung

---

106 Mehr dazu unten, Kapitel 7 B I 4 c) aa)

und Sperrung von Inhalten nach den allgemeinen Gesetzen“ von der Filterwirkung der §§ 8 - 10 TMG aus. Daraus wird mitunter geschlossen, dass weder Beseitigung noch Unterlassung durch die §§ 8 - 10 TMG erfasst werden[107]. Dem wiederum wird entgegnet, dass sich § 7 Abs. 2 nur auf die Reaktion auf Rechtsverstöße ab der diesbezüglichen Kenntnis bezöge, also jedenfalls nicht auf in die Zukunft gerichtete Unterlassungsansprüche[108]. Dieser Einwand hat Substanz, da weder „Entfernung“, noch „Sperrung“ bei natürlichem Verständnis den vorbeugend verhindernden Charakter einer Unterlassungspflicht, sondern nur ein bereinigendes Wirken ex post beschreiben[109].

Gegen eine Aufspaltung des Umfangs der TMG-Privilegierungen hinsichtlich der negatorischen Ansprüche sprechen indes Äußerungen sowohl des deutschen Gesetzgebers, als auch des europäischen Richtliniengebers: Die amtliche Begründung zum TMG lässt erkennen, dass die Vorschriften zur Verantwortlichkeit mit Blick auf die unsichere Rechtslage gerade im Bereich der Unterlassungsansprüche gefasst wurden[110], und die Erwägungsgründe zur ECRL sprechen davon, dass die Richtlinie „Überwachungspflichten“ (in sog. spezifischen Fällen[111]) sowie Pflichten zum „Aufdecken und Verhindern“ rechtswidriger Tätigkeiten nicht entgegensteht[112]. Der Einwand, mit diesen vorbeugenden Pflichten seien gerade nicht zivilrechtliche, sondern solche aus strafprozessualen und polizeilichen Maßnahmen gemeint[113], verfängt nicht, da derartige Anordnungen von Behörden nach den Erwägungsgründen der ECRL lediglich „insbesondere“, aber gerade nicht exklusiv aus der Verbotswirkung der Richtlinie hinausfallen sollen[114].

---

107 BGH NJW 2004, 3102, 3104 - „Internetversteigerung I“ mwN.

108 Leible / Sosnitza NJW 2004, 3225, 3326.; Härting, Internetrecht Rn 1700.

109 Die ECRL spricht in den Art. 12 III, 13 II und 14 III anders als das TMG nicht vom „Entfernen oder Sperren“, sondern vom „Abstellen oder Verhindern“ der Rechtsverletzungen. „Verhindern“ erfasst evident ein Tätigwerden im Vorfeld einer Rechtsverletzung.

110 Vgl. amtliche Begründung zum Telemediengesetz: A II 1 Abschnitte 2, 3 verweisen dazu auf die „Internetversteigerung I“ - Rechtsprechung des BGH.

111 Dazu unten, Kapitel 4 A II 2 c) cc) ddd) (5)

112 Vgl. Erwägungsgründe 46 bis 48 zur ECRL; Hoffmann in Spindler / Schuster, Elektronische Medien § 7 TMG Rn 32.

113 Bedner, JurPC Webdoc 94-2007, Abs. 40.

114 Vgl. Erwägungsgrund 45 zur ECRL

ee) Fazit

Nach alledem ist es vorzugswürdig, die Erstreckung der Privilegierungsreichweite der §§ 8-10 TMG sowohl auf Beseitigungs- als auch auf Unterlassungsansprüche abzulehnen. Dogmatisch solide und normativ vorzugswürdig ist die Möglichkeit der Flankierung von Beseitigungsansprüchen durch hinreichend eng gefasste Unterlassungsansprüche. Durch eine alleinstehende Pflicht zur Beseitigung wäre lediglich kurzfristige Abhilfe geschaffen, ohne dass nachhaltig auf einen Zustand des Rechtsfriedens hingewirkt würde. Es bestünde kein Anreiz etwa für Host-Provider, soeben beseitigte Inhalte nicht schon am nächsten Tag erneut für denselben Nutzer zu speichern. Es drohte eine sich ständig wiederholende Schleife von Beseitigung und Beanstandung, die weder für den Provider, noch für den Rechtsinhaber von Vorteil wäre. Schon ein engstmöglich gefasster Unterlassungsanspruch würde dies unterbinden.

Zur Bestimmung der Reichweite eines solchen Unterlassungsanspruchs muss eine Güterabwägung stattfinden, die sowohl auf das Geschäftsmodell des Intermediärs wie auf die Interessen der Inhaber verletzter Rechte Rücksicht nimmt. Eine umfassende Privilegierung der Intermediäre erwiese sich in Ermangelung einer solchen Abwägung als unflexibel. Die Grundsätze der zivilrechtlichen Störerhaftung bieten diese Flexibilität zur Bestimmung der negatorischen Haftung von Diensteanbietern im Sinne der §§ 8-10 TMG. Sie werden deshalb von den Privilegierungen der §§ 8-10 TMG nicht erfasst.

c) Die Anwendung des § 8 TMG (Access-Providing) auf Suchmaschinen

§ 8 TMG privilegiert das Übermitteln fremder Informationen sowie die Vermittlung des Zugangs zur Nutzung solcher Informationen, und ist damit auf Access-Provider zugeschnitten. Nach zutreffender herrschender Meinung sind Suchmaschinenbetreiber keine Diensteanbieter im Sinne des § 8 TMG[115], da ihre Tätigkeit über die rein telekommunikative Datenvermittlung der Access-Provider hinausgeht[116]. Nach anderer Ansicht[117] liegt in der verweisenden Aktivität der Suchmaschinenbetreiber eine „Vermittlung des Zugangs" im Sinne des § 8 TMG. Unter Berücksichtigung der ausschlaggebenden Rolle von

115 KG Berlin MMR 2006, 393 ff.; Für Hyperlinking im Allgemeinen: BGH GRUR 2004, 639 ff. - Schöner Wetten; Rath, Suchmaschinenhaftung S. 304, 344; v. Wolff in Wandtke / Bullinger, Urheberrecht § 97 Rn 26; Marly in Grabitz / Hilf, Recht der EU, Vorbem. Abschn. 4 Rn 9; Koch, K&R 2002, 125.

116 Siehe dazu oben, Kapitel 3 A I 2

117 Ernst / Vassilaki / Wiebe, Hyperlinks Rn 139; Koch, K&R 2002; Waldenberger in Spindler / Schuster, Elektronische Medien Teil 7 Abschn. III 3 lit. c Rn 93; Fechner, Medienrecht S. 352.

Suchmaschinen für die massenwirksame Erreichbarkeit von Inhalten im World Wide Web dürfte ein solch weites Verständnis der Zugangsvermittlung noch mit dem Wortsinn vereinbar sein.

Indes muss die Privilegierung nach § 8 TMG jedenfalls am Erfordernis der fehlenden Auswahl der vermittelten Informationen nach § 8 Abs. 1 S. 1 Nr. 3 TMG scheitern: Denn abgesehen davon, dass bereits die Erstellung des Index mit dem Einsatz von Blacklists durch die Vornahme einer ersten Auslese gekennzeichnet ist, besteht das Wesen des Dienstes Suchmaschine gerade im Treffen einer qualifizierten Auswahl: Suchmaschinenbetreiber schaffen eine nach ihrem Dafürhalten valide Struktur von Relevanzkriterien, und stellen auf eine Suchanfrage hin eine Auswahl von nach dieser Struktur für einschlägig befundenen Angeboten bereit. Dem Nutzer wird auf diese Weise das für den einzelnen infeffiziente Treffen einer eigenen Vorauswahl erspart. Der Betrieb einer Suchmaschine ist daher jedenfalls nicht nach § 8 TMG privilegiert.

d) Die Anwendung des § 9 TMG (Proxy Caching) auf Suchmaschinen

§ 9 TMG privilegiert das automatische, zeitlich begrenzte Zwischenspeichern zum alleinigen Zweck der Effizienzsteigerung bei der Übermittlung fremder Informationen. Erfasst werden soll damit das sogenannte „Caching", bei dem durch die Erstellung flüchtiger Kopien oft abgefragter Daten die Übermittlungswege verkürzt werden. Durch das Schaffen dieser kurzfristig zwischengespeicherten Kopien wird die Infrastruktur des Netzes erheblich entlastet, da die Ursprungsserver von übermäßigem Datenverkehr verschont bleiben[118].

Suchmaschinenbetreiber erstellen im Rahmen des Crawling ebenfalls automatisch Kopien der erfassten Seiten, die sie ihrem Index zugrunde legen[119], doch handelt es sich bei diesem Kopieren nicht um ein dem Caching entsprechendes „Zwischenspeichern[120]". Auch wenn die Kopien aufgrund des Aktualisierungszyklus der Robots von begrenzter Dauer sind, bleibt es nämlich nicht bei ihrer bloß vorübergehenden Erstellung und Vorhaltung. Sie sind vielmehr Rohmaterial für die Erstellung sowohl des Index als auch der Kontextausschnitte und werden daher durch den Suchmaschinenbetreiber nicht nur gespeichert, sondern aktiv genutzt. Selbst wenn man diese eigene Nutzung außer Acht ließe, wäre schon deshalb kein Zwischenspeichern im Sinne des § 9 TMG gegeben, weil die Speicherung nicht die effizientere Übermittlung be-

118 Allgemein zum Verfahren: Lányi / Swiatek, CMS-Journal 1/2009, 23.

119 Siehe dazu oben, Kapitel 2 B I.

120 aA Soehring, Presserecht S. 353; Zimmermann / Stender-Vorwachs in Spindler / Schuster, Elektronische Medien, Vor § 7 TMG, RN 74.

zweckt, sondern lediglich das Auffinden von Informationen erleichtert[121]. Eine Subsumtion des Suchmaschinenbetriebs unter § 9 TMG ist daher nicht überzeugend. Wollte man das anders sehen, so würde die Privilegierung nach § 9 TMG den Betrieb einer Suchmaschine dennoch nicht vollständig erfassen, da nach ihrem Wortlaut lediglich für die „Speicherung“, nicht aber für eine Vermittlungstätigkeit die Verantwortlichkeit entfiele.

e) Die Anwendung des § 10 TMG (Hosting) auf Suchmaschinen

Suchmaschinenbetreiber sind hinsichtlich der natürlichen Suchergebnisse auch keine Host-Provider im Sinne des § 10 TMG[122]. Soweit fremde Informationen gespeichert werden, geschieht dies nicht „für einen Nutzer“ wie es die Vorschrift verlangt, sondern einzig zur Erstellung des eigenen Angebots. Soweit der BGH im obiter dictum seiner „Thumbnails“-Entscheidung eine Einordnung des Suchmaschinenbetreibers als Host im Sinne des Art. 14 ECRL hinsichtlich der dargestellten Vorschaubilder andeutet[123], kann dem nicht gefolgt werden[124].

Differenziert zu würdigen ist jedoch die Tätigkeit von Suchmaschinenbetreibern als Anbieter von Keyword-Advertising: Das Bereitstellen der Infrastruktur für Keyword-Advertising durch Suchmaschinenbetreiber erschöpft sich nicht im Speichern fremder Informationen für den gezielten Abruf durch den Kunden, und stellt daher jedenfalls kein typisches Hosting da. Zwar werden die durch den Werbetreibenden eingegebenen Daten über die Buchung eines Keywords an den Suchmaschinenbetreiber übermittelt und auch von diesem gespeichert. Es wird jedoch nicht bloß Speicherplatz zur Verwendung durch den Werbetreibenden bereitgestellt, sondern vielmehr darüber hinausge-

---

121 AA Sieber / Liesching, MMR-Beil 2007, 1, 18, die mit einer funktionalen Betrachtungsweise des Begriffs der „Übermittlung“ die Grenzen des Wortlauts strapazieren.

122 Roggenkamp, jurisPR-ITR 6/2007 Anm 7; Rath, Suchmaschinenhaftung S. 276; ders. WRP 2006, 826, 828; Koch, CR 2004, 213 f.; Ruess, GRUR 2007, 198, 200; Waldenberger in Spindler / Schuster, Elektronische Medien Teil 7 Abschnitt III 3 lit. c Rn 91; Volkmann, GRUR 2005, 200; Ott, GRURInt 2007, 14, 16; aA LG Hamburg, MMR 2005, 631, 633 sowie KG Berlin, ZUM-RD 2010, 224, das ohne Umschweife aus der Einordnung von Suchmaschinen als Telemedien die „Haftungsprivilegierung nach §§ 8 - 10 TMG [sic]“ schließt. Insofern bleibt unklar, welche Privilegierung einschlägig sein soll.

123 BGH GRUR 2010, 628, 633 - „Thumbnails“; Erstaunlich ist dabei, dass eine Subsumtion nicht etwa unter § 10 TMG, sondern unmittelbar unter das gemeinschaftsrechtliche Vorbild aus der ECRL angedeutet (und letztlich offen gelassen) wird; im Ergebnis ähnlich schon AG Bielefeld MMR 2005, 556

124 Fahl, K&R 2010, 437, 441.

hend die Anzeige unter den vereinbarten Kriterien an die Nutzer der Suchmaschine verbreitet. Diese zusätzliche Einbindung der für die Kunden gespeicherten Daten könnte der Anwendung des § 10 TMG entgegenstehen[125]. Allerdings setzen auch Internet-Auktionshäuser, die weitgehend als Dienste iSd § 10 TMG anerkannt sind[126], ihr eigenes Angebot aus den gespeicherten Daten der Kunden zusammen. Den Ausschlag für die Einordnung als Dienst iSd § 10 TMG muss geben, ob die der Privilegierung zugrunde liegende technische Vermittlerrolle eingenommen wird oder nicht. So hat der EuGH in seiner Entscheidung „Google-France / Vuitton" festgestellt, dass Suchmaschinenbetreiber abhängig davon, ob ihr Verhalten ein ausreichendes Maß an durch Automatisierung und Passivität vermittelter Neutralität aufweist, durchaus dem Anwendungsbereich des dem § 10 TMG zugrundeliegenden Art. 14 ECRL unterfallen können[127].

Soweit also Suchmaschinenbetreiber so wie Google ihr Keyword-Advertising-System derart gestalten, dass die von den werbetreibenden Kunden eingegebenen Informationen unbesehen übernommen werden, entsteht keine Kenntnis des jeweiligen Suchmaschinenbetreibers von deren Inhalt. Dass der Keyword-Advertising-Dienst über das bloße Bereitstellen von Speicherplatz hinausgeht, führt deshalb zu keiner Intensivierung der inhaltlichen Beziehung zur vermittelten Information. Google legt hinsichtlich Adwords-Anzeigen die gleiche inhaltlich neutrale, automatisierte Handlungsweise an den Tag wie im Rahmen der natürlichen Suchergebnisse, sodass es in beiden Fällen gleichermaßen an Kenntnis der einzelnen Inhalte fehlt.

Ob aufgrund der Entgeltlichkeit des Keyword-Advertising eine Pflicht zur Ermittlung der Rechtswidrigkeit kommerziell vermittelter Angebote besteht, ist dagegen keine Frage der Privilegierungsebene, sondern der von der Privilegierungswirkung nicht erfassten Störerhaftung[128]. Die Entgeltlichkeit der Tätigkeit von Suchmaschinenbetreibern als Anbieter von Keyword-Advertising kann einer Privilegierung nach § 10 TMG schon aus dem Grunde nicht entgegenstehen, dass das Hosting als Normalfall des § 10 TMG regelmäßig einen entgeltlichen Dienst darstellt.

---

125 So Stadler, Haftung für Informationen im Internet S. 249.

126 BGH NJW 2004, 3102 ff. „Internetversteigerung"; Sieber / Liesching, MMR-Beil. 2007, 1, 25 mwN; Schulz, WRP 2004, 1347, 1350 f.; Lement, GRUR 2005, 210, 214 mwN.

127 EuGH NJW 2010, 2029 ff. - „Google France" = EuZW 2010, 419 ff. - „Google France" Rn 114

128 Dazu unten, Kapitel 4 A II 2 c) dd) aaa) (1)

Es ist nach alledem insgesamt überzeugend, Suchmaschinenbetreiber in ihrer Funktion als Anbieter eines Keyword-Advertising Programms als von der Privilegierung des § 10 TMG erfasst zu verstehen[129].

f) Zwischenergebnis

Was die Haftung für die Inhalte der Werbeanzeigen angeht, sind Suchmaschinenbetreiber als Host-Provider nach § 10 TMG privilegiert, nicht jedoch hinsichtlich der natürlichen Suchergebnisse.

g) Analoge Anwendung der Filtervorschriften

Mitunter wird die analoge Anwendung von Privilegierungsnormen des TMG auf den Betrieb von Suchmaschinen vertreten[130]. Die h.M.[131] sieht das mit Recht anders, denn die Voraussetzungen des Analogieschlusses sind nicht erfüllt: Eine Regelungslücke lässt sich im Fehlen einer auf den Betrieb von Suchmaschinen anwendbaren Privilegierung zwar erkennen, doch ihre Planwidrigkeit kann nicht ohne Weiteres aus den europäischen Bestrebungen zur Vollharmonisierung oder aus der Tatsache geschlossen werden, dass der Gesetz- und / oder Richtliniengeber mit TMG / ECRL bestrebt war, alle Informations - und Kommunikationsdienste umfassend zu regeln[132]. Wenig überzeugend ist auch der Verweis von *Sieber / Liesching* auf die Toleranz der Gemeinschaft gegenüber den nationalen Vorstößen einzelner Mitgliedsstaaten zur Privilegierung von Hyperlinking und Suchmaschinen unter Heranziehung der Access - bzw. Caching - Vorschriften, wie sie sich aus dem lediglich interessiert beobachtenden Zwischenbericht der Kommission ergibt[133]. Diese Toleranz zeige nach *Sieber / Liesching*, dass die Gemeinschaft Hyperlinking und den Betrieb von Suchmaschinen als bereits durch die ECRL geregelt ansehe, und so die neuen nationalen Vorschriften als lediglich deklaratorisch und damit unschädlich erachte. Dem kann nicht gefolgt werden, da die Kommission mit an Sicherheit grenzender Wahrscheinlichkeit nicht davon ausgeht, Linking und Suchmaschinenbetrieb seien von „den Art. 12 - 14

---

129 Noch zu § 11 TDG: LG München MMR 2004, 261.

130 Sieber / Liesching, MMR-Beil. 2007, 1, 9 mwN; zustimmend Hartmann in Wandtke, Medienrecht S. 1453 f.; LG München, MMR 2004, 261; Koch, K&R 2002, 120, 126.

131 BGH GRUR 2004, 693 ff. - „Schöner wetten“; Spindler, MMR 2002, 495, 498; derselbe GRUR 2004, 724, 728 mwN; Rath, Suchmaschinenhaftung S. 277 ff. mwN; Koch, CR 2004, 213 f.; Köster / Jürgens, MMR 2002, 420, 422; Stadler, JurPC webdok. 2/2003 Abs. 10 ff.; KG Berlin MMR 2006, 393.

132 So aber Sieber / Liesching aaO s. Fn 130

133 Erster Bericht über die Anwendung der RL 2001/31/EG vom 21.11.03; KOM 2003.

ECRL" als Ganzem geregelt, sodass die Heranziehung unterschiedlicher Vorschriften als Vorbild (Art. 14 in Portugal und Spanien, Art. 12 in Österreich und Liechtenstein) gerade angesichts der Bestrebung zur Vollharmonisierung unbedenklich wäre.

Es ist vielmehr überzeugend, den Grund für die Toleranz der Kommission darin zu erkennen, dass Suchmaschinenbetrieb und Hyperlinking gerade nicht von der Harmonisierungswirkung der ECRL erfasst sind. Es sprechen gewichtige Gründe dafür, dass die Frage nach der Haftung für Hyperlinks im Allgemeinen und Suchmaschinen im Besonderen sowohl vom europäischen Richtlinien- als auch vom deutschen Gesetzgeber bewusst offen gelassen wurde: Art. 21 Abs. 2 ECRL erklärt die Ermittlung von Vorschlägen zur Regelung der Haftung von Suchmaschinen explizit zum Gegenstand der Überprüfungsberichte zur Umsetzung und Anpassung der ECRL. Der erste dieser Berichte (deren zweiter seit Jahren auf sich warten lässt) beobachtet die mitgliedsstaatlichen Vorstöße interessiert, wozu bei Anwendbarkeit der bereits bestehenden Privilegierungsnormen kein Bedarf bestünde, und auch der Beschluss der Kommission zur Einsetzung der Expertengruppe „Elektronischer Geschäftsverkehr" lässt klares Bewusstsein von der Regelungslücke hinsichtlich der Haftung von Suchmaschinen erkennen[134].

Auf Seiten des deutschen Gesetzgebers lässt sich die Annahme einer nicht planwidrigen Regelungslücke nicht länger nur durch die Gegenäußerung der Bundesregierung[135] auf die Stellungnahme des Bundesrates[136] zum Entwurf des EGG stützen, sondern auch auf die inzwischen legislativ erarbeiteten Vorschläge zur Privilegierung von Suchmaschinenbetreibern im abgelehnten Entwurf zur Novellierung des TMG[137].

Sieber / Lieschings Ansatz, trotz allem eine „bewusst offene" Regelungslücke anzunehmen und analog schließen zu wollen[138], sprengt die dogmatischen Grenzen des Analogieschlusses. Schließt man eine bewusste Regelungslücke per Analogie, wird dem Willen des Gesetzgebers Gewalt angetan, indem eine absichtsvoll nicht auf ein bestimmtes Phänomen erstreckte Regel durch den Rechtsanwender eigenmächtig ausgedehnt wird. Überlässt der Gesetzgeber eine Konstellation bewusst der Klärung durch Rechtsprechung und Lehre, so kann für diesen Lückenbereich zwar letztlich das gleiche Ergebnis gefunden

---

134 Beschluss der Kommission v. 24.10.2005, Amtsblatt der Eur. Union vom 26.10.2005, L 282/20, Art. 2.

135 BT-DR 14/6098, S. 37.

136 BT-DR 14/6098, S. 34.

137 BT-DR 16/13278 S. 5.

138 Sieber / Liesching aaO, S. 10 mit Verweis auf Busse-Muskala, Strafrechtliche Verantwortlichkeit der Informationsvermittler.

werden wie für andere, vom Gesetzgeber im gleichen Atemzug mit der bewussten Aussparung geregelte Konstellationen. Um einen Analogieschluss handelt es sich dabei jedoch nicht. Das Beharren auf dem Terminus des Analogieschlusses ist nicht nur methodisch unzutreffend, sondern schränkt den Rechtsanwender unnötig ein: Anstatt den zwischen den privilegierten Provider-Arten stehenden Suchmaschinenbetreibern mit der nötigen Flexibilität eine Behandlung mit dem „Besten aller Welten“ angedeihen zu lassen, bietet die Analogie zu einem der §§ 8 - 10 TMG nur die Wahl zwischen drei unterschiedlich unpassenden Vorschriften.

Die bewusste Regelungslücke ist mit den Instrumenten des geltenden Rechts zu lösen. Deren Anwendung muss den Eigenarten der zu regelnden Materie gerecht werden, also auch solche einschlägigen Wertungen des Gesetzgebers berücksichtigen, die in nicht anwendbaren Vorschriften enthalten sind[139]. Gerade die Haftung des Mittlers einer Rechtsgutsverletzung (sei es als Teilnehmer oder Störer) bietet im Rahmen der notwendigen Zurechnung und des Verschuldens bzw. der Zumutbarkeit komfortablen dogmatischen Spielraum für die Einarbeitung derartiger Wertungen, d.h. in concreto: der Wertungen der §§ 7 - 10 TMG zur Schutzwürdigkeit technisch vermittelnder Intermediäre. Dass diese nämlich dem Grunde nach für das Geschäftsmodell Suchmaschine einschlägig sind, lässt sich nicht sinnvoll bestreiten. Sowohl in der Technizität der Tätigkeit als Intermediär und der damit gewahrten inhaltlichen Distanz zu den vermittelten Inhalten, als auch in der sozialen Nützlichkeit des Dienstes ist der Betrieb einer Suchmaschine etwa dem nach § 10 TMG privilegierten Hosting mindestens ebenbürtig. Die Vergleichbarkeit der Interessenlagen ist klar ersichtlich; allein die Bewusstheit der Regelungslücke sperrt den Analogieschluss und zwingt den Rechtsanwender, der Schutzwürdigkeit des Geschäftsmodells Suchmaschine im Rahmen der allgemeinen Gesetze Geltung zu verschaffen, was sich aber tatsächlich nicht als Nachteil, sondern als Befreiung vom methodischen Korsett des Analogieschlusses erweist.

---

139 Vgl. Rath, Suchmaschinenhaftung S. 330.

Kapitel 4: Haftung für die Websuche

Eine mögliche Haftung des Suchmaschinenbetreibers für die Websuche kann grundsätzlich an zwei unterschiedliche Gegenstände anknüpfen: An das Verlinken fremder rechtswidriger Inhalte einerseits, oder die Darstellung der Suchtreffer andererseits.

A: Haftung für verlinkte Inhalte

I: Täterhaftung

Die Annahme unmittelbarer Haftung der Suchmaschinenbetreiber als Täter für in verlinkten Angeboten enthaltene Rechtsverletzungen liegt angesichts ihrer lediglich vermittelnden Tätigkeit tendenziell fern, und eine Subsumtion des Suchmaschinenbetriebs unter die einschlägigen Verletzungstatbestände scheitert im Urheber- und Markenrecht dementsprechend schnell: So haben für den Bereich des Urheberrechts die Entscheidungen „Paperboy[140]“ und „Schöner Wetten[141]“ des BGH überzeugend geklärt, dass das Verlinken von Inhalten weder ein urheberrechtlich relevantes Vervielfältigen nach § 16 UrhG, noch ein öffentliches Zugänglichmachen nach § 19 a UrhG darstellt. Markenrechtlich kommt die Annahme einer eigenen Benutzungshandlung durch den linksetzenden Suchmaschinenbetreiber nicht in Frage, und eine Einordnung als Teilnehmer der auf verlinkten Webseiten enthaltenen Verletzungen muss am entsprechenden Teilnehmervorsatz scheitern, der ohne die Kenntnis der Rechtswidrigkeit, geschweige denn der bloßen Existenz fremder Angebote nicht zu begründen ist[142].

Problematisch sind im Hinblick auf die Haftung für verlinkte Fremdinhalte allein Äußerungs- und Wettbewerbsrecht, da auf diesen Gebieten mit unterschiedlichen Konstruktionen schon die Mitwirkung an fremden Verletzungen zur unmittelbaren Täterschaft erhoben wird.

---

140 BGH GRUR 2003, 958 ff. - „Paperboy“ = MMR 2003, 719 ff.

141 BGHZ 158, 343 - „Schöner Wetten“ = GRUR 2004, 693 ff.

142 Rachlock, MMR 2005, 328; Hartmann in Wandtke / Medienrecht Teil 5 Kapitel 1 Rn 278; Zu den Voraussetzungen des Teilnehmervorsatz von Intermediären BGHZ 173, 188 - „Jugendgefährdende Medien bei ebay“ = GRUR 2007, 890, 892.

1: Äußerungsrecht

Eine äußerungsrechtliche Haftung des Suchmaschinenbetreibers als Täter kommt in Betracht, soweit ein Verbotstatbestand als Tathandlung „Behaupten" oder „Verbreiten" von Informationen vorsieht, also nach § 824 Abs. 1 BGB, sowie § 823 Abs. 2 BGB iVm §§ 186 f. StGB. Darüber hinaus ist in eine Haftung als Täter einer Verletzung des allgemeinen Persönlichkeitsrechts nach § 823 Abs. 1 BGB, Art. 2 Abs. 1 GG iVm Art. 2 Abs. 1 GG oder des Rechts am eingerichteten und ausgeübten Gewerbebetrieb[143] denkbar. Die Prüfung einer solchen Verletzung läuft auf die konkordante Abwägung von Persönlichkeitsrecht und jeweils einschlägigem Kommunikationsgrundrecht hinaus, und orientiert sich dort ohne wesentliche Abweichung zu den speziellen Schutzgesetzen an den Begriffen des Behauptens und Verbreitens[144]. Da „Behaupten" eine Wiedergabe von Informationen aus eigenem Wissen oder eigener Überzeugung bedeutet[145], also durch ein Element des subjektiven Dafürhaltens gekennzeichnet ist, liegt der Schwerpunkt der äußerungsrechtlichen Haftung von Suchmaschinenbetreibern für verlinkte Informationen offensichtlich auf der Tatbestandsalternative des „Verbreitens".

Die Tatbestände, die ein Verbreiten von Informationen sanktionieren, werden herkömmlich unter dem Begriff der „Verbreiterhaftung" zusammengefasst. Es ist wichtig, klar zu sehen, dass die unmittelbare Täterhaftung des Verbreiters, der ja nur fremde Informationen wiedergibt, inhaltlich eine akzessorische Komponente besitzt: Abhängig von dem Grad der intellektuellen Distanz des Verbreiters von der verbreiteten Information verschiebt sich das Gewicht dieser akzessorischen Komponente. Je weniger Distanz der Verbreiter zu ursprünglich fremden Informationen wahrt, desto eher sind ihm rechtswidrige Inhalte zurechenbar. Mit wachsender Distanz zu den verbreiteten Inhalten dagegen nähert sich der Vorwurf dem des lediglich objektiv mitwirkenden Störers an, dessen akzessorische Haftung der eines selbst Behauptenden wertungsmäßig nicht gleichsteht.

---

143 Eine äußerungsrechtliche Verletzung des Rechts am eingerichteten und ausgeübten Gewerbebetrieb ist gegenüber Verletzungen der übrigen Ausprägungen des Persönlichkeitsrechts grundsätzlich subsidiär, vgl. Schulenberg in Schwartmann, Praxishandbuch Medienrecht Abschn. 7 Rn 85; im Folgenden wird daher der einfacheren Formulierung halber allein aufs Persönlichkeitsrecht abgestellt.

144 Vgl. BVerfG NJW-RR 2010, 470 ff. mwN; BGH GRUR 2010, 458 ff.; LG Hamburg ZUM 2010, 274 ff.

145 Heinrich in Wandtke, Medienrecht 7. Teil § 3 Rn 105; Vendt in Hamburger Kommentar zum Medienrecht, 35 Rn 61 mwN; Schulenberg in Schwartmann, Praxishandbuch Medienrecht Abschn. 7 Rn 47; Spieker, MMR 2005, 727, 729.

Leider lassen sowohl Rechtsprechung als auch Literatur bei der Rechtsfindung zur Verbreiterhaftung mitunter die dogmatische und terminologische Präzision vermissen[146]. Dieses Problem hat wohl zwei Wurzeln: Einerseits die magere Regelungsdichte der Materie, sowie andererseits ein allzu bedenkenloses Loslösen vom Wortlaut auch der vorhandenen Vorschriften, das wohl durch den starken Einfluss der Rechtsprechung bei der Ausformung der Störer- und Verbreiterhaftung begünstigt wurde. Der Misstand äußert sich so, dass unmittelbare Verbreiterhaftung (§ 824 BGB; § 823 Abs. 2 BGB iVm §§ 186 ff. StGB; § 823 Abs. 1 iVm Art. 1 Abs. 1, Art. 2 Abs. 1 GG) und akzessorische, rechtsfolgenbeschränkte Störerhaftung (Tatbestand der Haupttat iVm § 1004 analog) scheinbar willkürlich als Anspruchsgrundlage gewählt und mit austauschbaren Voraussetzungen geprüft werden[147]. Die normative Seite der Argumentation ist durchweg gewissenhaft geführt, doch der dogmatische Rahmen zerrinnt dem Betrachter bei genauer Untersuchung zwischen den Fingern.

Deshalb soll hier zunächst der Verbreiterhaftung schillerndes System dargestellt und sinnvoll geordnet werden, um es dann in einem zweiten Schritt auf die Verlinkung von Informationen durch Suchmaschinenbetreiber anzuwenden.

a) Das System der Verbreiterhaftung

Der Begriff des Verbreitens umfasst wie schon dargestellt ein Spektrum an unterschiedlich vorwerfbaren Handlungen, während das Gesetz Verbreiten und Behaupten als gleichwertige Tatbestandsalternativen nebeneinander stellt[148]. Dieser Pauschalität der Tatbestände wird mitunter durch den Gedanken begegnet, dass derjenige nicht eine fremde Tatsachenbehauptung verbreite, der selbst lediglich die richtige Tatsache der fremden Behauptung behaupte[149]. Indes ist

146 So stellt etwa BGH NJW 1997, 1148, 1149 fest, dass schon das Verbreiten fremder Aussagen eine eigene Äußerung darstelle, stellt dabei aber auf § 1004 BGB ab; Burkhardt in Wenzel, Wort- und Bildberichterstattung, Kap 10 Rn 207, schreibt, es sei „der bloße Verbreiter einer Äußerung grundsätzlich ebenso Störer wie der Behauptende.“; Köster / Jürgens, MMR 2002, 420, 423 sind der Ansicht, die „intellektuelle und technische Verbreiterhaftung“ werde „auch als Störerhaftung bezeichnet“; Schuster, CR 2007, 443, 445 verlangt für die Störerhaftung des Suchmaschinenbetreibers hinsichtlich Snippets eine „eigene inhaltliche Aussage“; Präzise dagegen durchgehend Stenzel ZUM 2006, 403 ff.

147 So prüft BGH GRUR 1986, 683 ff. Verbreiterhaftung und stellt dabei auf §§ 823, 1004 BGB ab.

148 BGH GRUR 1957, 352; Burkhardt in Wenzel, Wort- und Bildberichterstattung Kap. 4 Rn 95, Kap. 10 Rn 207; Helle in Hoeren / Sieber, Multimedia-Recht, 8.1 Rn 22.

149 BGH NJW 1970, 187, 189; Weitnauer DB 76, 1413, 1414; Spindler in Beck'scher OK, § 824 Rn 5; ablehnend Helle in Hoeren / Sieber,aaO Rn 20 mwN.

eine sinnvolle Unterscheidung zwischen dem Verbreiten des Inhalts einer Behauptung einerseits und der Behauptung lediglich der Tatsache der fremden Behauptung andererseits ein Ding der Unmöglichkeit, da das Verbreiten sich gerade durch den Mangel eines eigenen Dafürhaltens auszeichnet. Die Tatsache einer fremden Behauptung zu behaupten, ohne dabei automatisch ihren Inhalt zu verbreiten, ist schlicht nicht denkbar, sodass ein ein solcher Ansatz nicht weiterführt.

Andere hergebrachte Konstruktionen zur differenzierten Haftungsgestaltung für das Verbreiten von Informationen sind zwei Gegensatzpaare, die jeweils die unterschiedlichen Pole der intellektuellen Nähe zum verbreiteten Inhalt markieren: Einerseits das Gegenüber des „Sich-zu-eigen-machens“ und „Sich-distanzierens“ von fremden Informationen, andererseits die Aufspaltung des Verbreiterbegriffs in „intellektuelles“ und „technisches“ Verbreiten. Der Sinn dieser Kategorien steht und fällt mit den Konsequenzen, die an sie geknüpft werden, und dazu wird eine erhebliche Bandbreite von Ansichten vertreten:

Bei technischen Verbreitern sei der Maßstab des Verschuldens bzw. der Zumutbarkeit eingeschränkt[150], es fehle bei Klagen gegen sie am Rechtsschutzbedürfnis[151], oder sie seien grundsätzlich keine Verbreiter im Sinne des Gesetzes[152].

Ein hinreichendes Sich-Distanzieren des Verbreiters von verbreiteten Informationen könne sowohl Rechtswidrigkeit als auch Verschulden entfallen lassen; es müsse jedoch kumulativ ein öffentliches Informationsinteresse bestehen[153]. An anderer Stelle ist zu lesen, dass eine Distanzierung die Annahme einer eigenen Äußerung ausschließe, ohne dass vollständig klar wird ob der Begriff der „Äußerung“ in diesem Zusammenhang lediglich das Behaupten oder auch Verbreiten umfasst[154]. Ein „Zu-eigen-machen“ fremder Behauptungen dagegen mache Verbreiten zu eigenem Behaupten[155].

Der Konsens des größten Teils der vertretenen Ansichten ist, dass technische Verbreiter eingeschränkt haften, und Zu-eigen-machen sowie Sich-distanzieren Wege aus der Verbreiterhaftung hinaus sind, die in Haftungsbe-

---

150 Harte-Bavendamm / U. Jürgens, FS Schricker S. 39.

151 Burkhardt in Wenzel, Wort- und Bildberichterstattung Kap. 10 Rn 223; Steffen, Presserecht Rn 281.

152 Für dieses Ergebnis auf generisch fehlendes Verschulden abstellend Soehring, Presserecht § 28 Rn 14, 16.

153 BGHZ 132, 13; LG Frankfurt a.M. AfP 2008, 643, 644.; Löffler / Ricker, Presserecht, 9. Abschnitt RN 16 f.

154 BGH NJW 1996, 1131 f.; BGH NJW 1997, 1148 f.

155 h.M., statt vieler vgl. BVerfG NJW 2004, 590 f.; OLG Hamburg ZUM-RD 2007, 476 ff.

reiche unterschiedlicher Zurechnungsintensität führen. Die Vorzüge und Nachteile jedes Ansatzes einzeln anzuführen wäre ein interessantes und sicherlich lohnendes Unterfangen, würde den Rahmen dieser Arbeit über Suchmaschinenhaftung jedoch sprengen, weshalb hier unter Rückgriff auf die vorgestellten Kategorien ohne Umwege ein schlüssiges System zur Haftung des Verbreiters entworfen werden soll.

aa) Behaupten und Verbreiten

Sowohl das Behaupten, als auch das Verbreiten von Tatsachen im Sinne des § 824 BGB sowie der §§ 186 f. StGB erfüllt den jeweiligen Tatbestand. Mit Rücksicht auf die akzessorische Komponente der Verbreiterhaftung ist die Rechtswidrigkeit der Tathandlung jedoch nur bei Behauptungen nach der Lehre vom Erfolgsunrecht indiziert. Beim Verbreiten ist vergleichbar der Rechtswidrigkeitsprüfung bei der Verletzung von Rahmenrechten[156] eine umfassende Interessenabwägung vorzunehmen. Im Rahmen dieser Abwägung ist neben anderen Faktoren zu berücksichtigen, inwiefern der Verbreiter sich vom Inhalt der verbreiteten Aussagen distanziert hat. Die Entscheidung zur positiven Feststellung der Rechtswidrigkeit ist ein Zugeständnis an die Mittelbarkeit des Rechtsgutsangriffs in der Verbreiterhaftung. Diese Mittelbarkeit führt ein Element des Handlungsunrechts ein, und fordert damit eine differenzierte Lösung mit Blick auf die konkreten Umstände der Vermittlung. An der ohnehin regelmäßig im Rahmen der Verbreiterhaftung durchgeführten Abwägung zur Zumutbarkeit des Andershandelns des Verbreiters mit Rücksicht auf grundrechtsrelevante Faktoren wird die Notwendigkeit einer wertenden Gesamtschau offenbar. Die positive Bestimmung der Rechtswidrigkeit bietet dafür den geeigneten Rahmen und löst darüber hinaus weitere Probleme des Systems der Verbreiterhaftung, wie sich bei dessen weiterer Darstellung zeigen wird.

Sofern ohne Heranziehung eines die „Verbreitung“ verbietenden Schutzgesetzes das allgemeine Persönlichkeitsrecht nach Art. 2 Abs. 1 iVm Art. 2 Abs. 2 GG Schutzgut im Rahmen des § 823 Abs. 1 BGB ist, ist zur Feststellung der Rechtswidrigkeit schon aufgrund der Natur des allgemeinen Persönlichkeitsrecht als Rahmenrecht eine umfassende Abwägung eröffnet, bei der auch die rein technisch vermittelnde Handlungsweise des Suchmaschinenbetreibers zu berücksichtigen ist[157].

---

156 BGH NJW 2004, 766 f.; Spindler in Beck'scher OK, § 823 BGB RN 3 mwN.

157 Daran lässt OLG Hamburg ZUM 2007, 490, 493 überzeugend die Haftung des Suchmaschinenbetreibers scheitern.

bb) Intellektuelles und technisches Verbreiten

Es erscheint überzeugend, den Verbreiterbegriff nicht nur aufzuspalten, sondern zu reduzieren: Bei intellektueller Nähe durch geistige Auseinandersetzung mit dem Inhalt ist intellektuelle Verbreitung gegeben, im Falle der bloßen Wiedergabe ohne gedankliche Beschäftigung mit dem Inhalt technische Verbreitung[158]. Die Einstufung als technischer Verbreiter hat dabei nicht etwa eine Lockerung des Verschuldensmaßstabs zur Folge[159]. Die Ansätze, die Verbreiterhaftung am Verschulden oder durch Subsidiarität der Ansprüche erst an ihrer Durchsetzbarkeit scheitern zu lassen, bergen nämlich das Problem einer resultierenden Sperrung der Störerhaftung: Da Störer nur sein kann, wer weder Täter noch Teilnehmer ist, schließt eine Behandlung technischer Verbreiter als schuldlose oder subsidiär passivlegitimierte Täter im Sinne der Verbreiterhaftung auch die Störerhaftung aus. Bei dieser handelt es sich aber um das funktional passende Instrument zur Erfassung der technischen Verbreiter: Sie eröffnet im Rahmen der Zumutbarkeitsprüfung eine umfassende Güterabwägung, ist rechtsfolgenbeschränkt und wird auf diese Weise am ehesten der starken Ausprägung der akzessorischen Komponente des nur technischen Verbreitens gerecht. Ohnehin sind technische und intellektuelle Verbreitung erste Kategorien der inhaltlichen Distanz, sodass an der generischen Distanz der technischen Verbreiter jedenfalls die Rechtswidrigkeit der Verbreitungshandlung scheitern müsste: Die klar erkennbare, pauschale inhaltliche Distanz des technischen Verbreiters rechtfertigt schon für sich allein den Ausschluss der Täterhaftung als Verbreiter, da der Vorwurf bei vollständiger inhaltlicher Neutralität rein akzessorischen Charakter hat. Vorzugswürdig ist daher die restriktive Auslegung des Verbreiterbegriffs unter Ausschluss der technischen Verbreitung.

Für technisch verbreitende online-Intermediäre wie Access- Cache- und Host-Provider besorgen bereits die den äußerungsrechtlichen Tatbeständen vorgeschalteten Privilegierungsnormen des TMG die gebotene Beschränkung u.a. der äußerungsrechtlichen Haftung auf die negatorische Störerhaftung. Der vergleichbaren Schutzwürdigkeit der nicht auf diese Weise privilegierten Suchmaschinenbetreiber kann im Wege der restriktiven Auslegung des Verbreiterbegriffs Geltung verschafft werden[160].

---

158 Spindler in Beck'scher OK § 824 Rn 4 mwN; Burkhardt in Wenzel, Wort- und Bildberichterstattung, Kap. 4 Rn 99 ff.; Soehring, Presserecht aaO mit Beispielen.

159 Vgl. oben, Fn 150.

160 Vgl. dazu oben: Kapitel 3 C III 4 g) am Ende.

cc) Zueigenmachen und Sich-Distanzieren

Macht sich ein Verbreiter die Behauptung eines anderen zu eigen, ist er nach hergebrachter Ansicht nicht länger Verbreiter, sondern behauptet selbst. Solange Verbreiten und Behaupten dabei als vollständig gleichwertige Tatbestandsalternativen behandelt werden, ist die Kategorie der zu eigen gemachten Behauptungen daher überflüssig. Zwar mag der terminologische Gewinn, die Tathandlung präzise beim Namen nennen zu können, schon rechtfertigen an ihr festzuhalten, doch erst durch die Differenzierung zwischen Behaupten und Verbreiten im Rahmen der Rechtswidrigkeit erhält die Kategorie der zu eigen gemachten Behauptungen normativen Wert.

Die Kategorie des Sich-Distanzierens ist differenzierter zu würdigen: Für technische Verbreiter kommt sie schon deshalb nicht in Betracht, weil diese erstens nach hier vertretener Ansicht nicht der Verbreiterhaftung unterliegen, und sich zweitens ihre inhaltliche Distanz zu den vermittelten Inhalten bereits aus der Technizität der Vermittlungshandlung ergibt. Es ist schwer denkbar, wie sich etwa ein Buchdrucker oder Kabelbetreiber noch weiter von den vermittelten Inhalten distanzieren soll. In Betracht käme einzig ein ebenso pauschaler wie gerade aufgrund seiner Pauschalität sinnleerer „Disclaimer“.

Für intellektuelle Verbreiter dagegen ergibt sich für die Kategorie der Distanzierung ein Problem aus dem Umstand, dass der Gesetzgeber mit der Verbreiterhaftung eine Ausnahme von der beschränkten Haftung des lediglich objektiv Mitwirkenden normiert hat. Diese bewusste Erhöhung grundsätzlich akzessorischer Verantwortlichkeit zur unmittelbaren Haftung des Verbreiters läuft Gefahr, durch die Möglichkeit des intellektuellen Verbreiters zur inhaltlichen Distanzierung ausgehöhlt zu werden. Denn Verbreiten zeichnet sich eben dadurch aus, dass fremde Äußerungen weitergegeben werden, ohne dass sich ihnen angeschlossen wird. Ein Mangel an sich subjektiv anschließendem Dafürhalten des Verbreiters stellt also lediglich sicher, dass eine Äußerung nicht auf dem Wege des Sich-zu-eigen-machens behauptet wird. Ließe jede darüber hinausgehende Distanzierung die Verbreiterhaftung entfallen, wäre die Tatbestandsalternative des Verbreitens eliminiert[161]; Sie würde gleichsam zwischen dem Behaupten und der Störerhaftung zerrieben.

Auch dieses Problem wird durch die Entscheidung zur positiven Rechtswidrigkeitsbegründung im Rahmen der Verbreiterhaftung gelöst. Eine inhaltliche Distanzierung des intellektuellen Verbreiters lässt die Tatbestandsmäßigkeit der Verbreitungshandlung unberührt, ist jedoch in der Abwägung zur Bestimmung der Rechtswidrigkeit zu seinen Gunsten zu berücksichtigen.

161 Ernst, Anm. zu LG Hamburg vom 27.04.2007, jurisPR-ITR 5/2007 Anm.2.

dd) Informationsinteresse der Öffentlichkeit

Der BGH hat schon im Jahre 1970 für den (Rundfunk-)Verbreiter von Äußerungen „das Vorliegen eines Informationsinteresses der Öffentlichkeit" als Haftungsausschlussgrund diskutiert[162]. Dieses wurde als Fallgruppe der Wahrnehmung berechtigter Interessen im Rahmen der Bestimmung der Rechtswidrigkeit eines Eingriffs in das Recht am eingerichteten und ausgeübten Gewerbebetrieb angeführt, also als Argument zugunsten des Art. 5 GG gegenüber Art. 12 GG in der konkordanten Auflösung des zugrundeliegenden Grundrechtskonflikts.

Es wirkt einleuchtend, bei Wahrnehmung berechtigter Interessen in Form eines berechtigten Informationsinteresses der Öffentlichkeit die Rechtswidrigkeit einer Verbreitung abzulehnen. Indes bestimmt § 824 Abs. 2 BGB, dass ein berechtigtes Interesse des Äußernden oder des Empfängers allein Schadensersatzansprüche auszuschließen vermag. Dem widerspräche es, schon die Rechtswidrigkeit der Verbreitungshandlung an einem solchen Interesse scheitern zu lassen. Es überzeugt daher, nicht schon das Vorliegen eines öffentlichen Informationsinteresses zur Rechtfertigung genügen zu lassen, sondern kumulativ weitere den Verbreiter entlastende Umstände zu verlangen, etwa eine zusätzliche inhaltliche Distanzierung[163].

b) Einordnung der Verlinkung durch Suchmaschinenbetreiber

Nach den dargestellten Grundsätzen ist die Verlinkung von Fremdinhalten durch Suchmaschinenbetreiber als rein technische Verbreitung einzuordnen. Es wird weder Kenntnis von vermittelten Äußerungen, noch inhaltlich Stellung zu ihnen genommen. Eine unmittelbare äußerungsrechtliche Haftung von Suchmaschinenbetreibern für die Verlinkung von rechtsverletzenden fremden Inhalten kommt daher nicht in Betracht. Die in der Verlinkung liegende Mitwirkungshandlung ist allein im Rahmen der akzessorischen Störerhaftung zu erfassen.

2: Wettbewerbsrecht

Als gesondert zu behandelnde Materie erweist sich hinsichtlich der unmittelbaren Täterhaftung für die Verlinkung verletzender Inhalte durch Suchmaschinenbetreiber auch das Wettbewerbsrecht. Dort hat die höchstrichterliche

162 BGH NJW 1970, 187, 189; fortgeführt in BGH NJW 1996, 1131 ff.

163 So BGHZ 132, 13; LG Frankfurt a.M. AfP 2008, 643, 644.; Löffler / Ricker, Presserecht, 9. Abschnitt RN 16 f.

Rechtsprechung durch eine Modifikation der Verkehrspflichtenlehre[164] den Bereich der unmittelbaren Täterschaft um eine akzessorische Ebene erweitert: Täter einer unlauteren Wettbewerbshandlung ist danach, wer die eigene Pflicht zur Verhinderung von Wettbewerbsverstößen Dritter verletzt[165]. Nach aktueller höchstrichterlicher Rechtsprechung steht die wettbewerbsrechtliche Haftung von Suchmaschinenbetreibern für verlinkte Inhalte daher grundsätzlich unter dem Vorzeichen einer unmittelbaren Haftung als Täter.

Das dieser Rechtsprechung zugrunde liegende Konzept der „Verletzung wettbewerbsrechtlicher Verkehrspflichten" ist sowohl dogmatisch als auch wertungsmäßig heikel. Seine Problematik erschließt sich indes erst im Konflikt mit der akzessorischen Störerhaftung. Zur stimmigen Darstellung des Problems ist daher zunächst die Störerhaftung von Suchmaschinenbetreibern detailliert zu erörtern, und im Anschluss mit der Lehre der „Verletzung wettbewerbsrechtlicher Verkehrspflichten" auf die wettbewerbsrechtliche Täterhaftung von Suchmaschinenbetreibern zurückzukommen[166].

II: Haftung als Störer

1: Einleitung

Die zivilrechtliche Störerhaftung ist eine Konstruktion zur akzessorischen Erstreckung der negatorischen Haftung auf Personen, die an der Verletzung eines Rechts objektiv beteiligt sind ohne Täter oder Teilnehmer zu sein.

Sie verlangt weder strenge Kausalität im Sinne einer conditio sine qua non, noch ein Verschulden, steht im Niemandsland zwischen Gefährdungs- und Verschuldenshaftung und zudem dogmatisch auf wackeligen Beinen[167]: Rechtsgrundlage aller Ansprüche aus der Störerhaftung ist eine Analogie zum negatorischen Eigentumsschutz des § 1004 BGB, was die Störerhaftung rechtstechnisch zu einem sachenrechtlichen Institut macht[168]. Erstaunlich ist deshalb,

164 Dazu im Detail unten: Kapitel 4 III 2 b)

165 BGHZ 173, 188 ff - „Jugendgefährdende Medien bei ebay" = GRUR 2007, 890 ff.

166 Kapitel 4 Abschnitt III

167 Döring, WRP 2007, 1131, 1133 f. etwa lehnt die Analogievoraussetzungen mit beachtlichen Gründen ab und nimmt Verfassungswidrigkeit von Eingriffen auf Grundlage der Störerhaftung an; der Analogie entgegentretend auch Ahrens in Festschrift für Canaris (2007), S. 3, 5 f; Schünemann, WRP 1998, 120; von Gierke, WRP 1997, 892.

168 v. Petersdorff-Campen in Hamburger Kommentar zum Medienrecht, 31 Rn 57; Schünemann aaO 122; Leible / Sosnitza, NJW 2004, 3325, 3326 gehen nicht von analoger, sondern „entsprechender Anwendung" des § 1004 BGB aus.

dass sie im Wettbewerbsrecht entwickelt wurde[169], das als objektives Marktverhaltensrecht nur Marktteilnehmer und wettbewerblich Handelnde als Normadressaten hat[170]. Insofern leidet die Störerhaftung als Analogie zu einer Norm zum Schutz absoluter Rechte bereits an einem rechtssystematischen „Geburtsfehler“. Es überrascht deshalb wenig, dass die Störerhaftung gerade im Wettbewerbsrecht rückläufig, in der wettbewerbsrechtlichen Rechtsprechung möglicherweise bereits Geschichte ist[171]. Die Stunde der Störerhaftung schlägt in der Rechtsprechung regelmäßig nach Ablehnung der täterschaftlichen deliktsrechtlichen Verantwortlichkeit, und bereits die Anspruchsvoraussetzung des weder Täter noch Teilnehmer Seins verrät, dass die zivilrechtliche Störerhaftung zwar auf einer Analogie zu einer sachenrechtliche Vorschrift fußt, doch funktional letztlich hybrid ist. Tatsächlich hat sie sich zum verlängerten Arm des Deliktsrechts entwickelt[172], wobei ihre Daseinsberechtigung neben den Figuren des Teilnehmers und des mittelbaren Verletzers im allgemeinen Deliktsrecht mitunter bestritten wird[173].

Sie ist zum lückenlosen Schutz insbesondere der gewerblichen Schutzrechte oft überzeugend angewendet worden, doch ihre Stärke, die große Flexibilität, ist durch die Weite und Konturarmut des Tatbestands erkauft und damit gleichzeitig ihre Schwäche: Im allgemeinen Deliktsrecht haben Lehre und Rechtsprechung die Tatbestandsmerkmale zur Haftungsbegründung schrittweise ausdifferenziert, sodass die deliktische Haftung an klare Grenzen stoßen kann[174]. Im Bereich der Störerhaftung dagegen wird zunächst ein enormer Anwendungsbereich eröffnet, um anschließend durch genauere Differenzierung eines Ausschlussmerkmals die Haftung auf ein normativ überzeugendes Maß zu reduzieren.

---

169 Siehe schon BGH GRUR 1957, 352 ff. - „Taeschner“.

170 Fezer, UWG § 1, Rn 17; Köhler WRP 1997, 897; Döring, WRP 2007, 1131, 1134; Wimmers / Schulz in Heise Online-Recht Abschn. B Kap. 3, V 1.

171 „Jugendgefährdende Medien bei eBay“ BGHZ 173, 188 ff. = GRUR 2007, 890 ff. bestimmt die Passivlegitimation für den wettbewerbsrechtlichen Unterlassungsanspruch ausschließlich nach deliktsrechtlichen Maßstäben. Obwohl keine (vielfach geforderte) ausdrückliche Aufgabe der wettbewerbsrechtlichen Störerhaftung, hat sich die Entscheidung als ihr zumindest vorläufiges Ende in der höchstrichterlichen Rechtsprechung herausgestellt.

172 BGH MMR 2007, 507, 510 - „Internetversteigerung II“: „Im deutschen Recht ist die Haftung von „Mittelspersonen“ durch die deliktsrechtliche Gehilfenhaftung, vor allem aber durch die Störerhaftung gewährleistet (so auch Hacker, in: Ströbele/Hacker, Markengesetz, 8. Aufl., § 14 Rdnr. 203)“.

173 Köhler GRUR 2008, 1, 6 f.; Döring aaO S. WRP 2007, 1131, 1133; dazu vertieft s.u. Abschnitt III.

174 Anders im Bereich der Verkehrspflichten, dazu unten, Abschnitt III 2 a).

2: Die Voraussetzungen der Störerhaftung

Dies sind die Voraussetzungen der Störerhaftung, wie die Rechtsprechung sie zu wiederholen nicht müde wird:

„Als Störer haftet derjenige auf Unterlassung, der - ohne Täter oder Teilnehmer zu sein - in irgendeiner Weise willentlich und adäquat kausal zur Verletzung eines geschützten Gutes beiträgt [...]. Weil die Störerhaftung nicht über Gebühr auf Dritte erstreckt werden darf, die nicht selbst die rechtswidrige Beeinträchtigung vorgenommen haben, setzt die Haftung des Störers nach der Rspr. des Senats die Verletzung von Prüfungspflichten voraus. Deren Umfang bestimmt sich danach, ob und inwieweit dem als Störer in Anspruch Genommenen nach den Umständen eine Prüfung zuzumuten ist [...]“.[175]

a) Weder Täter-, noch Teilnehmerschaft

Die lückenfüllende Natur der zivilrechtlichen Störerhaftung als Analogie bringt es mit sich, dass nur derjenige als Störer in Betracht kommt, der nicht bereits als Täter oder Teilnehmer einer Verletzung haftet[176].

Die Abgrenzung der Störerhaftung zur Haftung des Vermittlers einer Rechtsverletzung als mittelbarem Täter iSd Zivilrechts ist kompliziert[177]. Sie ist lange Zeit vermieden worden, indem im „grünen Bereich“ des deutschen Rechts[178] die Haftung des Vermittlers einer Rechtsverletzung stets nur unter dem Vorzeichen der akzessorischen Störerhaftung, und nicht der unmittelbaren Täterhaftung behandelt wurde. Die in der Praxis reibungslose, doch systematisch unbequeme Koexistenz beider Haftungssysteme ist durch die erstmalige ausschließliche Bestimmung der wettbewerbsrechtlichen Passivlegitimation nach allgemeinem Deliktsrecht durch den BGH[179] durchbrochen worden. Die nunmehr notwendige Abgrenzung von Störerhaftung und Haftung des mittelbaren Täters im Sinne des Zivilrechts ist Gegenstand eines eigenen Abschnitts[180].

---

175 BGH MMR 2007, 507, 510 - „Internetversteigerung II“ = BGHZ 172, 119 ff.

176 Erstaunlich offen aber v. Wolff in Wandtke / Bullinger, Urheberrecht § 97 Rn 15.

177 Dazu Köhler, GRUR 2008, 1 ff; Seichter jurisPR-WettbR 4/2009 Anm. 4; Spindler / Volkmann, WRP 2003, 1 ff.; Leistner GRUR-Beil 2010, 1 ff.

178 Begriff nach dem farbigen Einband der Fachzeitschrift GRUR („Gewerblicher Rechtsschutz und Urheberrecht“).

179 BGHZ 173, 188 ff. - „Jugendgefährdende Medien bei ebay“ = GRUR 2007, 890 ff.

180 S.u. Abschnitt III.

b) Mitwirkung an fremder Rechtsverletzung

Als Grundvoraussetzung einer Haftung als Störer wird in Rechtsprechung und Schrifttum stets eine willentliche, adäquat kausale Mitwirkung an einer Verletzung genannt.[181] Willentlichkeit bedeutet dabei nicht ein Wollen der fremden Rechtsverletzung, sondern der eigenen, natürlichen Handlung.

Suchmaschinenbetreiber setzen massenhaft Hyperlinks auf fremde Webseiten, ohne von deren Inhalten Kenntnis zu nehmen. Soweit dabei im Einzelnen auf rechtswidrige Inhalte verwiesen wird, liegt zwar aufgrund der fehlenden inhaltlichen Kenntnis kein Verschulden des Suchmaschinenbetreibers vor[182], doch das eingeschränkte voluntative Element der Mitwirkungshandlung im Sinne der Störerhaftung ist erfüllt, da die Links beim Betrieb einer Suchmaschine zwar automatisiert, aber insgesamt planvoll und absichtlich gesetzt werden.

Diese willentliche Handlung als adäquat kausale Mitwirkung an den Rechtsverletzungen eines Contentanbieters einzuordnen erfordert indes Begründungsaufwand, soweit die Rezeption der vermittelten rechtswidrigen Inhalte durch die Internetnutzer selbst keine Rechtsgutsverletzung darstellt. Denn nur wenn durch einen Internetnutzer, der durch den Verweis einer Suchmaschine zu einem rechtswidrigen Inhalt gelangt, durch Rezeption oder Nutzung des verlinkten Inhalts eine eigenständige Verletzungshandlung begangen wird, liegt dieser Verletzung die Verlinkung durch den Suchmaschinenbetreiber adäquat kausal zugrunde.

Auf fremden Webseiten schlicht enthaltene Rechtsverletzungen bestehen dagegen auch ohne Rücksicht auf eine Verlinkung. Das Verweisen per Hyperlink ist daher nicht kausal für die in ohnehin bestehenden Inhalten liegenden Verletzungen[183]. Kausalität im Sinne einer conditio sine qua non ist indes für eine Mitwirkung im Sinne der Störerhaftung auch nicht vonnöten: Der BGH nimmt ohne nennenswerten Widerspruch des Schrifttums schon bei bloßem Ausnutzen des fremden Verstoßes ein Mitwirken an diesem an[184]. Es reicht bereits ein weniger bestimmter Bezug zur ursprünglichen Verletzung als die strenge Kausalität im Sinne einer conditio sine qua non. Das ist einerseits überzeugend, da selbst die Enge der deliktischen Teilnehmerhaftung nach ge-

181 Vgl. exemplarisch BGH MMR 2008, 823 = NJOZ 2008, 4927, 4937 mit umfangreichen Rechtsprechungsnachweisen; Wiebe / Neubauer in Hoeren / Sieber: Multimedia-Recht Teil 15 Rn 159; v. Wolff in Wandte / Bullinger, UrhR § 97 Rn 15; Schricker / Wild, UrhG § 97 Rn 36 a.

182 Hartmann in Wandtke, Medienrecht Teil 5 Kapitel 1 Rn 278.

183 Rath, Suchmaschinenhaftung, S. 338.

184 BGH GRUR 1997, 313, 315 - „Architektenwettbewerb“; BGH GRUR 1997, 909 ff. - „Branchenbuch-Nomenklatur“; dazu Spindler / Volkmann WRP 2003, 1, 2 mwN.

festigter Rechtsprechung keine Kausalität der Förderungshandlung verlangt[185], andererseits zunächst bedenklich unbestimmt.

Es ist daher sinnvoll, den Gedanken der Risikoerhöhung heranzuziehen, um den nötigen Bezug zur Rechtsgutsverletzung zu konkretisieren. Denn auch ein „Fördern“, wie es bei der strafrechtlichen Beihilfe verlangt wird, setzt selbst nach der weitesten Ansicht zumindest die abstrakte Erhöhung der Gefahr für das bedrohte Rechtsgut voraus[186].

Versteht man den Begriff der „Gefahr“ dabei als „Gefahr der Verletzung“, so liegt bei der Verursachung massenhafter erlaubter Rezeption eines Verstoßes jedoch immer noch keine Mitwirkung an einem Verstoß vor. Es lässt sich allerdings auch die Steigerung des Ausmaßes der freien Rezeption unter ein weites Verständnis der Gefahr fassen. Die quantitative Erhöhung des Verletzungspotentials von gegebenen Verstößen ist als Anknüpfungspunkt für die Risikoerhöhungslehre ausreichend. Dem kann zwar durchaus entgegen gehalten werden, dass die Wertung des Gesetzgebers, die sich in der Legalität der Rezeption einer Rechtsverletzung ausdrückt, nicht durch ein erweitertes Verständnis der Risikoerhöhung unterlaufen werden darf. Doch auch wenn der Gesetzgeber die Rezeption einer Verletzung nicht als eigenen Verstoß wertet, ist die Reichweite der ursprünglichen Verletzung doch mitbestimmend für die Schwere der Beeinträchtigung des Rechtsgutsinhabers.

Überdies lässt sich ein „Ausnutzen“ fremder Verstöße, wie der BGH es für die Mitwirkungshandlung genügen lässt, mit ein wenig gutem Willen auch beim Betrieb einer Suchmaschine annehmen, indem auf die Abhängigkeit des wirtschaftlichen Erfolgs des Suchmaschinenbetreibers vom Umfang des Index abgestellt wird, der auch durch rechtswidrige Inhalte vergrößert wird.

Zusammenfassend ist festzuhalten, dass selbst wenn eine fremde Rechtsverletzung nicht kausal mitbegründet, sondern nur ihre Schwere durch eine Potenzierung der Reichweite quantitativ verschlimmert wird, auch diese objektiv katalysierende Funktion ausreicht, um dem Handelnden die Frage nach der Zumutbarkeit der Verhinderung dieser Mitwirkung zu stellen.

---

185 Statt vieler BGH NJW 2001, 2409, 2410 mwN; aA Heine in Schönke / Schröder, StGB § 27 Rn 8 mwN; Lackner / Kühl, StGB § 27 Rn 2.

186 Herzberg, GA 71, 1, 7; Lackner / Kühl, StGB § 27 Rn 2a; Heine in Schönke / Schröder, StGB § 27 Rn 9 mwN; Joecks in MüKo StGB, § 27 Rn 22.

c) Die Verletzung von Prüfungspflichten

aa) Herkunft und Bedeutung des Merkmals

In seiner „Architektenwettbewerb“ Entscheidung von 1997 schränkte der BGH die „uferlose Reichweite“ der Störerhaftung ein, indem er erstmals annahm, dass die Haftung als Störer eine Verletzung von Prüfungspflichten voraussetze, deren Erfüllung zumutbar sein müsse[187].

Das Erfordernis der Verletzung einer Prüfungspflicht ist den deliktsrechtlichen Verkehrspflichten entlehnt[188] und wird im Rahmen der Störerhaftung überwiegend als haftungsbegründendes Tatbestandsmerkmal eingeordnet[189]. Zwar ist das Kriterium der Prüfungspflichtverletzung funktional gerade zur Beschränkung der Störerhaftung eingeführt worden, sodass möglicherweise wie im allgemeinen Deliktsrecht nach der Funktion des Merkmals im Einzelfall differenziert werden sollte: Dort ist das Erfordernis der Verletzung von Verkehrspflichten für Unterlassungstäter haftungsbegründend, für Begehungstäter jedoch haftungsbeschränkend[190]. Diese Unterscheidung lässt sich indes nicht ohne Weiteres auf Störer übertragen, da es für deren Haftung anders als bei deliktischen Tätern jedenfalls der Verletzung von Prüfungspflichten bedarf. Die dogmatische Einordnung der Prüfungspflichtverletzung iSd Störerhaftung als haftungsbegründendes Tatbestandsmerkmal ist daher in jedem Fall überzeugend.

bb) Kritik am Merkmal der Prüfungspflichtverletzung

Unabhängig von der dogmatischen Einordnung der Prüfungspflichten wird in Rechtsprechung und Schrifttum das Kriterium der Prüfungspflichtverletzung mitunter schlechthin abgelehnt[191]. So hat das LG Hamburg im August 2009 für (bzw. gegen) Host-Provider Erstaunliches entschieden:

„Nach Kenntnis [...] war die Ag verpflichtet, auf die Löschung hinzuwirken, ohne dass es darauf ankäme, ob sie zuvor Prüfungs- und Überwachungspflichten verletzt hat. Da der Unterlassungsanspruch kein Verschulden voraus-

---

187 BGH NJW 1997, 2180 -“Architektenwettbewerb“ = GRUR 1997, 313 = MDR 1997, 677 = WRP 1997, 325. Bis dahin war lediglich ab und an eine Rechtsfolgenkorrektur vorgenommen worden, so etwa in BGH GRUR 1965, 104 - „Personalausweise“ und BGH GRUR 1984, 54 - „Kopierläden“.

188 Klatt, ZUM 09, 265, 268; Spindler, JZ 05, 39; Volkmann, CR 08, 232; Spindler / Volkmann, WRP 2003, 1, 6.

189 Klatt, aaO, 267; aA v.Wolff in Wandtke / Bullinger, UrhG § 97 Rn 16.

190 Palandt Sprau, § 823 Rn. 45; Döring, WRP 07, 1136; Klatt, ZUM 09, 267.

191 LG Hamburg MMR 2010, 60 ff.; Härting, Internetrecht Rn 1727.

setzt, ist in diesem Zusammenhang ferner ohne Bedeutung, ob die Antragsgegnerin die Rechtswidrigkeit erkannt hat und ob diese offenkundig war."[192]

Das LG Hamburg sieht Prüfungspflichten hier nicht als Voraussetzung, sondern ausschließlich als Folge des Anspruchs aus der Störerhaftung[193]. Das sich daraus ergebende Prozessrisiko des Host-Providers ist unverhältnismäßig und würde das Ende seines Geschäftsmodells bedeuten. Darüber hinaus provoziert ein solcher einen Intermediär schlechthin zur Löschung verpflichtender Ansatz in äußerungsrechtlichen Fällen ein Löschverhalten „in dubio contra Meinungsfreiheit". Das LG Hamburg trifft eine einseitige Wertung und beraubt die Störerhaftung mit dem Kriterium der Prüfungspflichtverletzung jeder Kontur, obwohl solche für ihre dogmatische Legitimation dringend erforderlich ist.

Nicht schlüssig ist auch die Ablehnung des Zumutbarkeitskriteriums unter Verweis auf das fehlende Verschuldenserfordernis beim Unterlassungsanspruch. Richtig ist, dass Zumutbarkeit und Verschulden verwandte Kategorien sind[194]. Wird Verschulden als Vorverwerfbarkeit verstanden, so muss es stets entfallen, wenn ein Andershandeln unzumutbar ist. Doch das Erfordernis der Zumutbarkeit von Prüfungspflichten hat eine andere Funktion als das Verschulden: Es soll nicht die subjektive Haltung des Handelnden zum objektiv rechtswidrigen Geschehen als vorwerfbar identifizieren, wie es beim Verschulden anhand der Kategorien von Vorsatz und Fahrlässigkeit geschieht. Vielmehr ordnet es eine wertende Gesamtschau an, die alle Umstände des Einzelfalls umfasst, darunter auch Elemente des Verschuldens, hauptsächlich jedoch die Aufrechnung der Gefährlichkeit der Mitwirkungshandlung in Ansehung der ursprünglichen Verletzung mit normativen Boni des Mitwirkenden bezweckt, um die Angemessenheit des Eintretens der Rechtsfolge sicherzustellen.

Das Zumutbarkeitserfordernis ist dem Verschulden dogmatisch nicht gleichzusetzen: Während Verschulden ein eigener Bestandteil des Delikts ist, begrenzt das Zumutbarkeitserfordernis der funktional hybriden, doch technisch sachenrechtlichen Störerhaftung die Tatbestandsvoraussetzung der Verletzung einer Prüfpflicht. Während sich also die Rspr. um die Einschränkung der Störerhaftung bemüht[195], weitet das LG Hamburg sie auf zweifelhafte Weise aus

---

192 LG Hamburg MMR 2010, 60 ff.; inzwischen aufgehoben durch Urteil des OLG Hamburg vom 12.02.2010, AZ 7 U 88/09, online Veröffentlicht unter http://openjur.de/u/32137-7_u_88-9.html.

193 Ebenso Lehment in Anm. zu BGH Internetversteigerung I, GRUR 2007, 713.

194 Dazu mehr s.u. Abschnitt III 4 a)

195 Rachlock, MMR 2005, 328; v. Petersdorff-Campen in Hamburger Kommentar zum Medienrecht, 31 Rn 59.

und setzt sich damit in Widerspruch zur ständigen Rechtsprechung des BGH, der die Funktion der Prüfungspflichten als Einschränkung der weit angelegten Störerhaftung regelmäßig betont[196].

Mit einem anderen Gedankengang hat das KG Berlin im Urteil vom 10.07.2009 das Kriterium der Prüfungspflichtverletzung abgelehnt: Lägen eigene Inhalte im Sinne des § 7 I TMG in Form von nach dem Empfängerhorizont zu eigen gemachten Inhalten vor, dann greife die Einschränkung der Störerhaftung durch das Erfordernis der Verletzung einer Prüfungspflicht nicht[197]. Eine Haftung als Täter wurde nicht geprüft.

Der Ansatz des KG ist in mehrerlei Hinsicht unschlüssig: Erstens ist die Einstufung einer Information als eigen oder fremd nach § 7 TMG lediglich für die Privilegierungsebene relevant[198]. Sie schlägt nicht auf die Voraussetzungen der allgemeinen Gesetze durch, sondern betrifft ausschließlich die vorgeschaltete Privilegierung, die das KG zutreffend ablehnt.

Zweitens leuchtet nicht ein, warum bei der Einordnung einer Information als eigen (auf Tatbestands-, nicht auf Privilegierungsebene; das KG scheint nicht zu differenzieren) die Störerhaftung keine Prüfpflichtverletzung verlangen sollte. Richtig ist, dass es der Einschränkung der Störerhaftung bedarf, um dem Umstand gerecht zu werden, dass der Störer nicht selbst Verletzer ist. Ein Irrweg ist es jedoch, beim Angebot von eigenen Informationen nicht auch eine eigene Verletzung durch den Anbieter anzunehmen, sondern die Störerhaftung als weit gefasstes und wenig bestimmtes Institut zur Begründung der Haftung von mittelbar Beteiligten noch zu erweitern. Die konsequente Wahl wäre die deliktische Täter- oder Teilnehmerhaftung gewesen. Der vom KG beschrittene Weg ist aus systematischer Sicht fernliegend und macht die ohnehin leicht schillernden Voraussetzungen der Störerhaftung unnötig undurchsichtig.

cc) Zwischenergebnis

Das Kriterium der Verletzung von Prüfungspflichten ist erstens zur Wahrung der Bestimmtheit der Störerhaftung, also aus Gründen der Rechtssicherheit, und zweitens zur Sicherstellung der Verhältnismäßigkeit der Rechtsfolge unverzichtbar. Es ist neben dem grobporigen Filter der Adäquanz das einzige Merkmal mit normativem Gehalt, und damit „Sitz der Seele der Störerhaf-

---

196 Die Störerhaftung solle „nicht über Gebühr auf Dritte erstreckt werden“: BGHZ 148, 13, 17 - „ambiente.de“; BGH GRUR 1997, 313, 315 f. - „Architektenwettbewerb“; BGHZ 158, 236, 251 - „Internetversteigerung I“; BGHZ 172, 119, 122 - „Internetversteigerung II“.

197 KG Berlin GRUR-RR 2010, 7 f.

198 Harte-Bavendamm / Jürgens, FS Schricker, 33, 36.

tung". Das zeigt sich bereits an der Anzahl höchstrichterlicher Entscheidungen, in denen für eine Haftung als Störer eben das Merkmal der Prüfpflichtverletzung ausschlaggebend war.[199]

dd) Mehrdeutigkeit des Begriffs

Der Begriff der Prüfungspflichten ist mehrdeutig[200]: Er kann sowohl Pflichten zur rechtlichen Prüfung von verlinkten Inhalten auf deren Rechtswidrigkeit, als auch solche zur tatsächlichen Prüfung auf das Vorliegen von rechtswidrigen Inhalten meinen. Zu unterscheiden ist also zwischen der Pflicht zur lediglich rechtlichen Prüfung konkret bekannter Inhalte (rechtliche Prüfungspflicht), und der Pflicht zur Ermittlung problematischer, aber noch nicht konkret bekannter Inhalte (investigative Prüfungspflicht). Wenn eine investigative Prüfungspflicht besteht, muss sich an die Ermittlung eines bedenklichen Sachverhalts dessen rechtliche Prüfung anschließen[201]. Zuerst werden deshalb die in jedem Falle einschlägigen Pflichten zur rechtlichen Prüfung untersucht.

aaa) Pflicht zur rechtlichen Prüfung von Inhalten ab Kenntnis

Eine Pflicht zur rechtlichen Prüfung von vermittelten Inhalten entsteht grundsätzlich erst mit der Kenntnis, oder zumindest grob fahrlässigen Unkenntnis von der Existenz des konkret zu prüfenden Inhalts[202]. Ein Suchmaschinenbetreiber muss also zunächst darüber in Kenntnis gesetzt werden, dass er auf einen Inhalt verweist, dessen Rechtswidrigkeit behauptet wird. Das wird regelmäßig durch einen Hinweis des jeweiligen Rechtsinhabers oder in Fällen von Verstößen gegen Wettbewerbsrecht durch klagebefugte Verbände geschehen. Erlangt ein Suchmaschinenbetreiber Kenntnis von einem Sachverhalt, nach dem von ihm verlinkte Inhalte möglicherweise Rechte Dritter verletzen, sieht er sich dem Problem gegenüber, dass er nur in Fällen offenkundiger Rechtswidrigkeit des Inhalts ohne tiefergehende Prüfung feststellen kann, ob das eigene Handeln tatsächlich einem Rechtsbruch Vorschub leistet. Ist die Rechtslage nicht offenkundig - und das wird sie gerade im Bereich der gewerblichen Schutzrechte, insbesondere des Markenrechts mit seiner recht komple-

---

199 Döring WRP 07, 1133; vgl. BGH WRP 2005, 205; BGH WRP 2004, 899 ff.; BGH WRP 2004, 769.

200 Härting, Internetrecht Rn 1714; Spindler / Volkmann, WRP 2003, 1, 6.

201 Die Pflicht zu sowohl investigativer als auch rechtlicher Prüfung wird kombiniert als „Überwachungspflicht" bezeichnen.

202 Spindler / Volkmann aaO S. 3 f.; zu den investigativen Prüfungspflichten unten, lit. bbb)

xen Rechtsprechung zur kennzeichenmäßigen / markenmäßigen Benutzung und Verwechselungsgefahr, ganz zu schweigen von der Unmöglichkeit für einen Außenstehenden, ein Lizenzgefüge zu durchschauen, nur selten sein - dann bieten sich dem Suchmaschinenbetreiber unbefriedigende Optionen: Entweder er unterlässt die Verweisung und setzt sich dadurch möglicherweise einem wettbewerbsrechtlichen, im Falle Googles eventuell auch kartellrechtlichen Anspruch des gesperrten Content-Providers aus, oder er sperrt nicht, kommt damit aber möglicherweise nicht dem eventuell bestehenden Beseitigungsanspruch nach.

In beiden Fällen ist zwar eine Schadensersatzforderung nur bedingt zu befürchten, da ein solcher Anspruch meist Verschulden voraussetzt, woran es gerade in Fällen undurchsichtiger Rechtslage regelmäßig fehlen wird. Doch droht jeweils das Tragen der Kosten für den verlorenen Prozess um die Beseitigungsverpflichtung oder Beendigung der Sperrung. Hier greift nun die Konstruktion des BGH ein, nach der nur die Verletzung solcher Prüfungspflichten die Störerhaftung auslöst, deren Wahrung zumutbar ist. Es fragt sich, welche Prüfungstiefe einem Suchmaschinenbetreiber hinsichtlich der Pflicht zur rechtlichen Prüfung verlinkter Inhalte zumutbar ist.

(1) Die Prüfungstiefe

Die für einen mittelbar an einer fremden Verletzung Beteiligten zumutbare Tiefe rechtlicher Prüfung ist anhand einer Abwägung der auf Seiten des möglichen Störers und des Verletzten berührten Interessen und Rechtsgüter zu bestimmen[203]. In seiner „Schöner Wetten" - Entscheidung hat der BGH eine Pflicht zur „eingehenden rechtlichen Prüfung" verlinkter Inhalte für einen Pressesuchdienst für nicht zumutbar gehalten[204]. Dieser sei nicht schon deshalb zur Unterlassung von Linksetzung verpflichtet, weil er nach zumutbarer Prüfung nicht ausschließen könne, dass damit im Inland strafbares Tun unterstützt wird[205]. Eine derartige Einschränkung der Prüfungstiefe erweist sich für Suchmaschinenbetreiber grundsätzlich als überzeugend, wie eine genaue Betrachtung der Schutzwürdigkeitsmomente des Geschäftsmodells Suchmaschine belegt:

Das stärkste Argument für einen engen Rahmen der Zumutbarkeit, und damit eine eingeschränkte Prüfungstiefe, ist die enorme Nützlichkeit von

---

203 BGH BGHZ 148, 13, 17 - „ambiente.de"; = MMR 2001, 671, 674; BGH GRUR 2004, 396; BGH GRUR 2003, 969; Härting, Internetrecht Rn 1712.

204 BGHZ 158, 343 - „Schöner Wetten" = GRUR 2004, 693 ff.

205 Spindler, Anm. zu BGH GRUR 1004, 639 ff. - „Schöner Wetten".

Suchmaschinen. Sie kann schlechterdings nicht überschätzt werden. Suchmaschinen geben dem Visible Web inhaltliche Struktur und machen den größten Teil seiner Inhalte für die Mehrheit aller Internetnutzer erst erreichbar, denn ohne den Dienst der Suchmaschinen könnten lediglich in Buchstabe und Zeichen bekannte URLs aufgerufen werden[206]. Bildung, Wirtschaft und Kultur gleichermaßen profitieren erheblich von der Möglichkeit des Einzelnen, schnell und gezielt Informationen aus den unstrukturierten Weiten des World Wide Web filtern zu lassen. Diese Nützlichkeit des Dienstes Suchmaschine wird meist ebenso kühl wie unangemessen als „Sozialadäquanz" bezeichnet. Diese nüchterne Wortwahl birgt die Gefahr der Verschleierung der Tatsache, dass die Strukturierungswirkung von Suchmaschinen auf das Netz nicht nur adäquat, d.h. angemessen, unbedenklich oder zweckdienlich ist, sondern ein handfester Gewinn für die Informationsgesellschaft als Ganzes. Es handelt sich um einen Dienst, der sich aufgrund der Mannigfaltigkeit der von ihm profitierenden Felder des Wirtschafts- und Privatlebens durch ganz erhebliche Grundrechtsrelevanz auszeichnet, nicht nur angesichts seiner Einordnung als Rundfunk iSd Art. 5 Abs. 2 S. 2 GG[207], sondern insbesondere betreffend die Informations-, Meinungs- und Berufsfreiheit der Internetnutzer[208].

Treffender als die Feststellung bloßer Adäquanz ist es daher, bei nicht nur unschädlichen, sondern schlicht unersetzlichen, auf mehrerlei Ebenen wünschenswerten Angeboten von sozialmeritorischen Diensten zu sprechen. Die Nützlichkeit von Suchmaschinen allein ist nach hier vertretener Ansicht schon Grund genug, um im Rahmen der Störerhaftung eine erhebliche Einschränkung der Prüfungstiefe für Suchmaschinenbetreiber zu rechtfertigen, und tatsächlich ziehen andere Argumente für die Schutzwürdigkeit von Suchmaschinenbetreibern, wie die Masse der verarbeiteten Daten, ihren Gehalt im Kern aus dieser Nützlichkeit.

Die Menge der beim Betrieb von Suchmaschinen verarbeiteten Daten legt ebenfalls eine Einschränkung der zumutbaren Prüfungstiefe nah[209], denn mit der Anzahl der möglichen Verweise steigt der potenzielle Gesamtaufwand zur rechtlichen Prüfung von durch Rechtsinhaber behaupteten Verletzungen. Dass der Umfang des Index vom Suchmaschinenbetreiber selbst verursacht und für

206 Ott, MMR 2006, 195

207 s.o.; Von einem „Allgemeininteresse" an der Leistungsfähigkeit strukturrelevanter Internetdienste spricht Freytag, Haftung im Netz, S. 235.

208 Zur Auswirkung der Grundrechte auf die Weite von Prüfungspflichten im Rahmen Störerhaftung: BGH GRUR 1999, 418 ff. - Möbelklassiker; Spindler / Volkmann, WRP 2003, 1, 8 f. mwN; Steinle MMR 2006, 180; Breyer, MMR 2009, 14 ff.

209 In vergleichbarer Weise auf große Datenvolumina abstellend BGHZ 148, 13, 17- „ambiente.de" = MMR 2001, 671, 674.

ihn auch nützlich ist, trifft zwar zu, lässt sich aber nicht sinnvoll getrennt von der Nützlichkeit des Suchmaschinenbetriebs anführen. Gerade die hohe Erfassungsrate von Suchmaschinen macht diese in der Ausübung ihrer objektiven Strukturierungswirkung effizient und damit nützlich. Die Wirksamkeit eines sozialmeritorischen Dienstes darf sich nicht zu dessen Lasten auswirken, soll seinem Wert nicht Hohn gesprochen werden.

Auch die Tatsache, dass die Betreiber von Suchmaschinen die verlinkten Inhalte automatisiert erfassen, also nicht inhaltlich zur Kenntnis nehmen, spricht für eine geringe zumutbare Prüfungstiefe[210]. Je strikter ein objektiver Vermittler von Inhalten die Neutralität wahrt, als desto schutzwürdiger erweist er sich[211]. Auch wenn Suchmaschinen gerade durch eine Auswertung des Inhalts der zu verlinkenden Angebote funktionieren[212], wird zurecht ihre intellektuelle Neutralität gegenüber den vermittelten Inhalten für einen engen Rahmen der Zumutbarkeit ins Feld geführt: Suchmaschinenbetreiber beschäftigen sich nicht intellektuell mit den Inhalten, die sie verlinken. Zwar erstellt das Information-Retrieval-System aus den Daten der Robots invertierte Datenbanken, deren Bestimmung es gerade ist, den Inhalt einer Webseite schematisch aufzuschlüsseln. Diese automatisierte Auswertung der Webseiten zur Erstellung des Index bedeutet jedoch keine kognitive Beschäftigung des Suchmaschinenbetreibers mit den Umständen, die einen derart ausgewerteten Inhalt rechtswidrig machen können. Das invertierte Dateisystem, welches als Ergebnis der Auswertung entsteht, enthält die auf einer Webseite verwendeten Begriffe sowie deren absolute und verhältnismäßige Häufigkeit, um den automatisierten Abgleich der invertierten Datei mit eingegebenen Suchbegriffen technisch zu ermöglichen. Die derartige Aufschlüsselung ist notwendig, um einen handhabbaren Maßstab der Übereinstimmung von Suchanfrage und Dokument zu schaffen.

Die von Menschen ohne weiteres wahrgenommenen Bedeutungen und Zusammenhänge, die sich aus dem Zusammenspiel der auf einer Webseite verwendeten Worte ergeben, entstehen erst durch ihre semantische Verknüpfung und entgehen daher der Information-Retrieval-Software. Es findet deshalb trotz der Erstellung des Index unter Gewichtung und Bewertung der indexierten Webseiten keine intellektuelle Beschäftigung des Suchmaschinenbetreibers

---

210 Rath, Suchmaschinenhaftung S. 362 mwN; Ernst / Vassilaki / Wiebe, Hyperlinks Rn 149; Hoeren MMR 2004, 643, 648; LG München MMR 2004, 261 f. lässt das Argument des Automatisierten Betriebs sogar beim entgeltlichen Keyword-Advertising durchschlagen.

211 So der Grundgedanke der Provider-Privilegierungen der ECRL: vgl. dazu oben, Kapitel 3 III 1 sowie 4 f).

212 Zum Information Retrieval: s.o. Kapitel 2 B II.

mit den verlinkten Inhalten statt. Die durch die bloß technische Raffination seiner Bestandteile gewahrte Distanz zum verlinkten Inhalt löst den Schutzwürdigkeitsgedanken aus, der den Privilegierungen des TMG und der ECRL zugrunde liegt: Je enger die Beziehung zum Inhalt, desto strenger soll ein Intermediär haften, und vice versa. Wenn auch die Privilegierungen des TMG nicht auf den Betrieb einer Suchmaschine anwendbar sind, ergibt sich aus der Erfüllung dieser Wertung dennoch ein starkes Argument für eine Einschränkung der Suchmaschinenbetreibern zumutbaren Prüfungstiefe.

Zudem ist bei der Bestimmung der zumutbaren Prüfungstiefe zugunsten des Suchmaschinenbetreibers zu berücksichtigen, dass für die berührten Rechtsgüter bei einer Inanspruchnahme des Suchmaschinenbetreibers keine rechtliche, sondern stets nur eine faktische Rettungschance besteht:

Von einem Schutzrechtsinhaber zur Beseitigung eines Verweises aufgefordert, ließe sich vom lediglich vermittelnden Suchmaschinenbetreiber entgegnen, dass nur der Verweis auf einen rechtswidrigen Inhalt gelöscht würde, der Inhalt selber jedoch weiterhin erreichbar wäre. Es handelt sich dabei um die gleiche Problematik, wie sie bei der Prüfung einer adäquat kausalen Mitwirkungshandlung des Suchmaschinenbetreibers an Verletzungen Dritter auftritt[213]. Kern des Problems ist also, dass das betroffene Rechtsgut mitunter nur durch das Veröffentlichen durch den Content-Anbieter verletzt wird, nicht aber durch einen Abruf durch Internetnutzer. Nur wenn ein Inhalt so beschaffen ist, dass der Abruf durch die Nutzer für sich genommen ein eigener Verstoß ist, kann das jeweilige Rechtsgut vor einer unbestimmten Zahl rechtswidriger Handlungen der Nutzer geschützt werden. Für andere, also rezeptionsfreie rechtswidrige Inhalte bleibt es bei der quantitativen Erhöhung der Zugriffe auf den einen, vom Suchmaschinenbetreiber nicht beeinflussbaren Verstoß.

Im Rahmen der „adäquat kausalen Mitwirkungshandlung“ wurde die immerhin quantitative Vertiefung einer fremden Verletzung als ausreichende Mitwirkungshandlung eingestuft. Die fehlende Kausalität des Handelns von Suchmaschinenbetreibern für die Verletzung selber ist jedoch zu ihren Gunsten in der Abwägung zur Prüfungstiefe zu berücksichtigen, da bei rezeptionsfreien Verletzungen durch eine Entfernung des Links kein Rechtsgut vor seiner Verletzung gerettet werden kann. Dass die Verletzungswirkung der ursprünglichen unerlaubten Handlung eines Dritten durch den Link einer Suchmaschine außerordentlich vertieft wird, schafft zwar einen ausreichenden Anknüpfungspunkt für die Störerhaftung, denn es ist normativ überzeugend, die Eröffnung eines massenhaften Verkehrs zur freien Rezeption rechtswidriger Inhalte nicht pauschal freizustellen. Der Umstand, dass keine rechtliche Rettungschance,

213 S.o. Teil 2 b) dieses Abschnitts.

sondern nur die Chance der Minderung des von Dritten angerichteten Schadens besteht, schnürt aber die Grenzen der Zumutbarkeit rechtlicher Prüfungen für Suchmaschinenbetreiber enger[214].

Ein von der Rechtsprechung für Intermediäre im Internet zurecht haftungsschärfend berücksichtigtes Kriterium ist dagegen das mit der Entgeltlichkeit eines Vermittlungsdienstes verbundene wirtschaftliche Profitieren von fremden Rechtsverletzungen. So wurde bei der Abwägung zur Zumutbarkeit von Prüfungspflichten zulasten von „eBay“ zutreffend angeführt, dass das Auktionshaus unmittelbar vom Verkauf von Piraterieware profitiere[215]. Der Domainvergabestelle DENIC dagegen wurde gerade ihre fehlende Gewinnerzielungsabsicht in der Abwägung zugute gehalten[216].

Suchmaschinenbetreiber nehmen eine für die Nutzung des World Wide Web wesentliche, mittlerweile unverzichtbare Funktion wahr, die zwar für den Nutzer nicht kostenpflichtig, aber doch von wirtschaftlicher Motivation geleitet ist. Sie verdienen jedenfalls im dieser Arbeit zugrunde gelegten Fall der mit Ausnahme der „Sponsored Links“ nicht kollusiv manipulierten Ergebnislisten[217] nicht an den Indexeinträgen, die den natürlichen Suchergebnissen zugrunde liegen. Sie sind allerdings mittelbar von der mit dem Umfang des Index verbundenen Breitenwirkung ihrer Suchmaschine als Faktor für die Wirksamkeit der entgeltlich angebotenen Werbemöglichkeiten abhängig. In weniger direkter Weise als ein am Verkauf von Piraterieware beteiligter Auktionator profitiert damit auch der Suchmaschinenbetreiber wirtschaftlich von rechtswidrigen Inhalten[218].

In seiner Rapidshare-Entscheidung hat das OLG Hamburg überzeugend differenziert, und bei der Abwägung zugunsten eines Host-Providers berücksichtigt, dass dieser „nicht in besonderer Weise durch die konkrete Art der beanstandeten Rechtsverletzungen“ profitierte[219]. Es wurde also auf die Enge des Finanzierungszusammenhangs im Einzelfall abgestellt.

Der Zusammenhang von Vergütung (im Fall des Dienstes Rapidshare[220] eine inhaltsneutrale Pauschalvergütung für einen im konkreten Fall rechtswidrigen Upload) und Verletzung stellt sich bei Host-Providern wie

---

214 Vgl. Stadler, Haftung für Informationen im Internet, 2002, Rn 178; aA Volkmann, GRUR 2005, 200 Fn 63.

215 BGHZ 158, 236, 239 - „Internetversteigerung I“; BGHZ 172, 119 - „Internetversteigerung II“.

216 BGHZ 148, 13 - „ambiente.de“ = MMR 2001, 671.

217 Begriff nach Rath, Suchmaschinenhaftung S. 84

218 Rath, aaO S. 356

219 OLG Hamburg ZUM-RD 2008, 527, 538 - „rapidshare“.

220 www.rapidshare.com

Rapidshare weitaus unmittelbarer dar als bei werbefinanzierten Suchmaschinen. Denn deren Betreiber profitieren nicht vom Link auf einen einzelnen, konkret rechtswidrigen Inhalt, sondern von der Attraktivität des Gesamtvolumens ihres Index. Suchmaschinenbetreibern das mittelbare Profitieren an rechtswidrigen verlinkten Inhalten haftungsverschärfend entgegenzuhalten, wäre deshalb unter Berücksichtigung des vom OLG Hamburg verlangten, für Rapidshare verneinten „besonderen Zusammenhangs“ von Rechtsverletzung und Profit inkonsequent. Insgesamt ist festzuhalten, dass den Betreibern werbefinanzierter Suchmaschinen für die Websuche einerseits nicht der wertungsmäßige Bonus der rein fremdnützigen „Non-Profit“ Leistungserbringung zugute kommt, sich andererseits wegen des nur sehr mittelbaren Profitierens von verlinkten Inhalten allenfalls ein sehr schwaches Argument gegen einen eingeschränkten Rahmen der Zumutbarkeit ergibt.

Den Argumenten für ein enges Verständnis der Zumutbarkeit steht außerdem das Interesse der Rechtsgutsinhaber oder Wettbewerbsteilnehmer an effizientem Rechtsschutz gegenüber. Wer sich durch einen Netzinhalt verletzt sieht, kann zwar unmittelbar gegen den Verletzer vorgehen, wird aber gerade in Fällen von im exotischen Ausland ansässigen Verletzern mitunter keine wirksame rechtliche Handhabe erlangen[221]. Außerdem behindert die relative Anonymität in Teilbereichen der Internetnutzung die Durchsetzung der Rechte zusätzlich.

Dass es in solchen Fällen aus Sicht der Rechtsinhaber nahe liegt, zum wirksamen Schutz ihrer Rechte gegen Intermediäre wie Suchmaschinenbetreiber vorzugehen, ist so offensichtlich wie nachvollziehbar. Damit ist jedoch nichts darüber ausgesagt, in wessen Pflichtenkreis die Ermittlung der Rechtswidrigkeit von durch Intermediäre vermittelten Inhalten fällt. Die Feststellung, ob das eigene Rechtsgut verletzt ist, obliegt im Verhältnis zwischen dem Rechtsinhaber und dem objektiven Vermittler fremder Verletzungen Ersterem. Es steht ihm offen, nach Erwirkung eines Titels gegen den unmittelbaren Verletzer die derart festgestellte Rechtswidrigkeit des Inhalts dem Intermediär zu offenbaren[222]. Mit der positiven Kenntnis der eigenen Mitwirkung an einer konkreten Rechtsverletzung bleibt dem Intermediär sodann nichts als die Beseitigung der eigenen Mitwirkungshandlung, um einer Haftung als Teilnehmer zu entgehen. Es ist normativ schlüssig, vom jeweiligen Rechtsgutsinhaber zu verlangen, dass er weiß, ob sein Rechtsgut verletzt ist oder nicht. Die dazu notwendige rechtliche Prüfung, und insbesondere das mit ihrem Fehlgehen verbundene Prozessrisiko ist nicht auf den neutral vermittelnden Suchmaschi-

221 So sind einige Webseiten mit der top level domain .to für Tonga in Deutschland zu zweifelhaftem Ruhm gelangt.

222 LG Frankfurt a.M.; GRUR-RR 2002, 83, 85

nenbetreiber abzuwälzen, zumal das Prozessrisiko für diesen sogar zweiseitig, d.h. gegenüber dem Rechtsinhaber einerseits und dem Anbieter des betreffenden Inhalts andererseits besteht. Es wird einem Verletzten gerade durch die Dienste von Suchmaschinenbetreibern in vielen Fällen erst ermöglicht, verletzende Inhalte zu recherchieren, um gegen sie vorgehen zu können.

Aus dem Rechtsschutzbedürfnis der Rechtsinhaber ergibt sich daher kein Argument für die Zumutbarkeit einer abschließenden rechtlichen Prüfung von als verletzend gerügten Inhalten durch Suchmaschinenbetreiber.

Zusammenfassend lässt sich festhalten:

Die für Suchmaschinenbetreiber zumutbare Tiefe der rechtlichen Prüfung eines konkret bekannten Sachverhalts ist entsprechend der erheblichen Schutzwürdigkeit des Suchmaschinenbetreibers beschränkt.

Mit Rücksicht auf das sozialmeritorische Geschäftsmodell Suchmaschine, das seine Effizienz aus der enormen Anzahl der indexierten Fremdinhalte zieht, denen die Suchmaschinenbetreiber inhaltlich neutral gegenüberstehen, und mit Blick auf die „nur" faktische, nicht aber rechtsdogmatische Rettungschance für die verletzten Rechtsgüter und die zwar eingeschränkten, doch bestehenden anderweitigen Rechtsschutzmöglichkeiten der Verletzten ist es Suchmaschinenbetreibern nicht zumutbar, verlinkte Fremdinhalte abschließend auf ihre Rechtswidrigkeit zu überprüfen. Vielmehr ist nur die Prüfung auf offensichtliche, d.h. sich auf den ersten Blick gleichsam aufdrängende Rechtswidrigkeit verlinkter Fremdinhalte zumutbar[223]. Allein diese unkomplizierte, mit nur minimalem Risiko behaftete Art der rechtlichen Prüfung wird der neutralen Vermittlungsposition des Suchmaschinenbetreibers gerecht und lässt das sozialmeritorische Geschäftsmodell intakt.

(2) Zwischenergebnis

Mit Kenntnis von einem konkreten, als verletzend gerügten verlinkten Fremdinhalt entsteht für Suchmaschinenbetreiber eine Pflicht zur Prüfung des Inhalts auf dessen offensichtliche Rechtswidrigkeit.

Fällt diese Prüfung zutreffend negativ aus, trifft den Suchmaschinenbetreiber keine Haftung als Störer. Fällt sie dagegen positiv aus, muss er den Link beseitigen, um sich nicht einem auch Schadensersatz umfassenden Anspruch

---

223 So auch BGHZ 158, 343 - „Schöner Wetten" = GRUR 2004, 693 zum Setzen von Hyperlinks; OLG Nürnberg ZUM 2009, 249 ff. = CR 2008, 654 ff; LG Frankfurt a.M. GRUR-RR 2002, 83, 85; Rath, Suchmaschinenhaftung S. 384; Volkmann GRUR 2005, 200, 205 schlägt eine zusätzliche Beschränkung auf die Ermittlung von Verletzungen hochwertiger Rechtsgüter vor.

als Teilnehmer der fremden Rechtsverletzung iSd § 830 II BGB auszusetzen. Er muss das Linking auf diesen konkreten Inhalt auch für die Zukunft unterlassen[224]. Nur bei fehlender oder unzutreffend negativer Evidenzprüfung durch den Suchmaschinenbetreiber greift die Störerhaftung.

bbb) Pflicht zur investigativen Prüfung

Von der Pflicht zur rechtlichen Prüfung von konkret bekannt gewordenen Inhalten ist die Pflicht zur Kontrolle des Bestands an vermittelten Fremdinformationen auf die Existenz von möglicherweise rechtsverletzenden Inhalten (investigative Prüfung) zu unterscheiden.

(1) Anknüpfende investigative Prüfung

In der Entscheidung „Internetversteigerung I" von 2004 nahm der BGH erstmals eine Pflicht des Störers zur Prüfung nicht nur von Sachverhalten, sondern auch auf Sachverhalte an[225]. Im zu entscheidenden Fall standen sich der Inhaber der Marke „ROLEX" und ein Host-Provider, nämlich das Internetauktionshaus „eBay" gegenüber, auf dessen Plattform Produkte angeboten worden waren, die die Rechte der Klägerin verletzten. Der BGH stellte eine Pflicht des Host-Providers eBay fest, nach Bekanntwerden eines offensichtlich rechtswidrigen Fremdinhalts nicht nur dessen Vermittlung zu beenden und zu unterlassen, sondern überdies Vorsorge zu treffen, „dass es möglichst nicht zu weiteren derartigen Markenverletzungen kommt"[226]. Der Plattformbetreiber wurde damit zur Unterlassung „derartiger Verletzungen" verurteilt[227], wobei der BGH freilich für sich behielt und bis heute behält, wodurch sich „derartige" Verletzungen auszeichnen. Der Gerichtshof zog aus den in der Vergangenheit erfolgten, klaren Markenverletzungen den Schluss, dass eBay diese Fälle zum Anlass nehmen müsse, „Angebote von Rolex-Uhren einer besonderen Prüfung zu unterziehen", dass also eine Überwachungspflicht bestünde.

Da der Vorgang des Einstellens von Auktionen in die Plattform automatisiert, und daher ohne Kenntnisnahme des Inhalts seitens eBay vonstatten geht, bedeutet diese Überwachungspflicht die Überprüfung des gesamten Bestands an Auktionen auf solche mit Bezug zu „ROLEX" im ersten Schritt, und die rechtliche Prüfung der so gefundenen Auktionen im Zweiten. Der Umfang der erststufigen, investigativen Prüfungspflicht umfasst also zwangs-

224 Zu den Rechtsfolgen im Detail s.u. Teil 3 dieses Abschnitts.
225 BGHZ 158, 236 ff. - „Internetversteigerung I" = NJW 2004, 3102 ff.
226 BGHZ 158, 236 ff. = NJW 2004, 3102 ff.
227 Härting, Internetrecht Rn 1716 mwN.

läufig das gesamte Angebot an vermittelten Informationen. Die Tiefe der investigativen Prüfung beschränkt der BGH jedoch nicht schon zur Definition des Pflichtenprogramms, sondern erst auf der Ebene des vollstreckungsrechtlichen Verschuldens, indem er auf § 890 ZPO verweist[228].

Anstatt die Tiefe der Pflicht zur investigativen Prüfung durch eine handhabbare Definition der „derartigen Verletzungen" zu konkretisieren wie es der Grundsatz der Verhältnismäßigkeit gebietet und wie es für die Pflicht zur rechtlichen Prüfung durch die Zumutbarkeitsgrenze geschieht, schafft der BGH zunächst eine materiell konturlose Pflicht, und überlässt dann dem Vollstreckungsgericht die Frage, ob diese verschuldet verletzt worden ist. Ein solches Verlagern des normativen Schwerpunkts der Entscheidung ins Vollstreckungsverfahren ist dogmatisch nicht stimmig[229], da die Bestimmung der Pflichten Teil des haftungsbegründenden Tatbestands der Störerhaftung ist.[230] Zudem ist die Vereinbarkeit einer Pflicht zur proaktiven Kontrolle aller vermittelten Fremdinhalte mit dem Grundgedanken der Privilegierung des § 7 Abs. 2 S. 1 TMG[231] / Art. 15 ECRL eine durchaus diskussionswürdige Frage[232].

(2) Zwischenergebnis

Unter Inkaufnahme dogmatischer Unstimmigkeiten geht der BGH ab positiver Kenntnis eines Intermediärs von der Rechtswidrigkeit eines vermittelten Inhalts von einer Pflicht zum Unterlassen der Vermittlung „derartiger" Verletzungen, also einer investigativen Prüfungspflicht aus.

(3) Vorbeugende investigative Prüfung

Der Bundesgerichtshof hat in seiner Entscheidung „Internetversteigerung II"[233] von 2007 die Störerhaftung über die Pflicht zur investigativen Kontrolle auf mit bekannten Verstößen vergleichbare Verstöße hinaus zu einer vorbeugenden Haftung ab Erstbegehungsgefahr fortgebildet:

„Die Frage, ob der Störer auch dann vorbeugend auf Unterlassung in Anspruch genommen werden kann, wenn es noch nicht zu einer Verletzung des geschützten Rechts gekommen ist, eine Verletzung in der Zukunft aber auf

228 „Geradezu schulterzuckend" nennt den Verweis Härting, Internetrecht Rn 1727.

229 Härting Rn 1716; Jergolla, WRP 2004, 655, 659; Spindler, JZ 2005, 37, 39 f.; derselbe MMR 2007, 512.

230 Jänich LMK 2007, 239931.

231 Zur Zeit der Entscheidung noch § 8 II 1 TDG n.F.

232 Dazu in Kürze unten: (5)

233 BGHZ 172, 119 - „Internetversteigerung II" = GRUR 2007, 708 = AfP 2007, 352, = MMR 2007, 507 m Anm. Spindler.

Grund der Umstände zu befürchten ist [...] ist zu bejahen, wenn der potenzielle Störer eine Erstbegehungsgefahr begründet".[234]

Die Entscheidung ist dafür ausgiebig kritisiert worden[235]. Da die vom BGH entschiedene Konstellation aber eine zu Missverständnissen einladende Besonderheit aufweist, deren genaue Betrachtung der am Urteil geübten Kritik weitgehend den Wind aus den Segeln nimmt, soll zunächst kurz der Sachverhalt nachgezeichnet werden: Beklagt war erneut das Internetauktionshaus eBay, auf dessen Plattform es zum Angebot von gefälschten Uhren gekommen war, was Kennzeichenrechte an der in Deutschland eingetragenen Marke „ROLEX" verletzte. Der klagende Rechtsinhaber verlangte Unterlassung des Angebots der unberechtigt gekennzeichneten Uhren, Auskunfterteilung sowie die Feststellung der Schadensersatzpflichtigkeit eBays. So weit, so bekannt. Doch im Unterschied zu „Internetversteigerung I" hatte sich zwischenzeitlich, d.h. nach Klageerhebung, doch vor dem Urteilsspruch, der Kläger das Zeichen „ROLEX" auch als Gemeinschaftsmarke eintragen lassen.

Der BGH entschied wie folgt: Wegen des automatisierten, ohne Kenntnisnahme von eBay ablaufenden Verfahrens zum Einstellen der Auktionsangebote schied mangels Vorsatz eine Haftung von eBay als Täter oder Teilnehmer einer Markenrechtsverletzung aus. Der BGH ordnete den vermittelnden Host-Provider eBay hinsichtlich der objektiven Mitwirkung an den erfolgten Verletzungen als Störer ein, erstreckte aber die aus „Internetversteigerung I" bekannte, investigative Prüfungspflicht nicht nur auf die bereits in Vergangenheit verletzte nationale Marke „ROLEX", sondern auch auf die gleichlautende Gemeinschaftsmarke, die erst nach diesen Verletzungen entstanden war. Es blieb somit für eBay wegen der Mitwirkung an der unberechtigten Nutzung des Zeichens „ROLEX" bei der Pflicht, in Zukunft Angebote mit hinreichender (wie auch immer bestimmter) Verbindung zu diesem Zeichen zu ermitteln und auf ihre Rechtswidrigkeit zu überprüfen. Dass mit einer zukünftigen, unberechtigten Verwendung dieses Zeichens durch einen eBay-Nutzer nunmehr zwei Schutzrechte verletzt würden, nämlich eine nationale und eine Gemeinschaftsmarke, erweitert gegenüber der Linie des BGH aus „Internetversteigerung I" aber nicht das Pflichtenprogramm für eBay, denn es ist jedenfalls nur auf unberechtigte Verwendung des Zeichens „ROLEX" zu prüfen.

Trotz phänotypischer Identität der Prüfungsgegenstände ist dogmatisch zwischen den beiden Rechten am Begriff zu unterscheiden, und da die Gemeinschaftsmarke nie in Nutzung der Plattform eBay verletzt worden war, lag hinsichtlich eines zukünftigen Verstoßes nicht Wiederholungs-, sondern Erst-

234 BGH MMR 2007, 507, 510 - „Internetversteigerung II".

235 Spindler, MMR 2007, 512 ff.; BT-Drs. 16/11173, S. 5; Kitz, ZUM 2007, 368, 374; Leible / Sosnitza, WRP 2004, 592, 598; Roggenkamp, jurisPR-ITR 11/2007 Anm. 2.

begehungsgefahr vor. Daher das Novum der Entscheidung, nämlich die erstmalige Annahme, dass ein Störer überhaupt ohne vorherige Verletzung eines Rechtsguts schon wegen dessen erstmaliger, hinreichend konkreter Gefährdung in Anspruch genommen werden kann. Darüber, auf welche Weise diese Erstbegehungsgefahr begründet wird - und das ist der springende Punkt! - verliert der Gerichtshof jedoch über den gegebenen Fall hinaus kein Wort. Einzig entschieden wurde, dass bei Identität eines Schutzgegenstandes mit einem bereits in Vergangenheit Verletzten Erstbegehungsgefahr vorliege[236].

Möchte man also den Störer nicht ohne Not strenger behandeln als der BGH, so ergibt sich aus „Internetversteigerung II" keine reale Haftungsverschärfung[237]. Das Risiko für eine echte Ausweitung der Störerhaftung durch die Annahme von Erstbegehungsgefahr unterhalb der vollständigen Identität von Schutzgegenständen in zukünftigen Entscheidungen ist seitdem jedoch in der Welt.

(4) Die Tiefe investigativer Prüfungspflichten

Das Verständnis des Begriffs der „derartigen Verletzungen" bestimmt die Tiefe der investigativen Prüfungspflichten. Ist die Rechtswidrigkeit eines vermittelten Fremdinhalts bekannt geworden, muss der Vermittler nach der Rechtsprechung des BGH „derartige" Verletzungen in Zukunft verhindern, also notwendigerweise zunächst ermitteln. Alles „derartig Verletzende" ist damit Suchkriterium bei der investigativen Kontrolle des gesamten Angebots an vermittelten Fremdinhalten. Die Zumutbarkeit als Verkörperung des Verhältnismäßigkeitsprinzips ist auch Grenze dieser Prüfung[238], d.h. sie beschränkt die mögliche Weite des Begriffs der Gleichartigkeit. Sie ist, wie oben für die Zumutbarkeit rechtlicher Prüfungen geschehen[239], unter Abwägung aller relevanten Rechtsgüter und Interessen, also mit Rücksicht auf die Besonderheiten der Tätigkeit des Störers zu bestimmen und wird daher für Betreiber von Suchmaschinen anders zu bestimmen sein als für andere Vermittler von möglicherweise rechtsverletzenden Inhalten. Daher sind die folgenden Ausführungen, soweit sie sich mit Rechtsprechung zur Störerhaftung von Access- oder Host-Providern beschäftigt, unter dem Vorzeichen der relativen Vergleichbarkeit der Dienste zu lesen.

---

236 Roggenkamp im Ordner; Jürgens, K&R 2007, 392, 393.

237 Ensthaler I Heinemann, WRP 2010, 309, 314.

238 Vgl. Leitsätze des BGH in MMR 2004, 668 - „Internetversteigerung I"; BGH MMR 2007, 507, 513 - „Internetversteigerung II"; OLG Hamburg NJOZ 2008, 4927, 4944; Klatt, ZUM 2009, 265, 272.

239 S.o. dd) aaa) (1)

(a) Ansätze der Rechtsprechung

Der BGH hat sich in keiner seiner Leitentscheidung zur immaterialgüterrechtlichen Störerhaftung zur genaueren Ausgestaltung von „derartigen Verletzungen“ hinreißen lassen, sondern lediglich erkennbar gemacht, dass es sich um eine wie auch immer geartete Form der Vergleichbarkeit von Rechtsverletzungen handeln muss. In „Jugendgefährdende Medien bei eBay“ finden sich Ausführungen des BGH zur Gleichartigkeit von Rechtsverletzungen[240], indes im Rahmen der dort neu eingeführten „wettbewerbsrechtlichen Verkehrspflichten“. In dieser Entscheidung nimmt der BGH über den konkret streitgegenständlichen Inhalt hinaus eine wettbewerbsrechtliche Verkehrspflicht zur Verhinderung weiterer, gleichartiger Rechtsverletzungen an, und verweist dabei interessanterweise[241] auf seine Urteile in Sachen Internetversteigerung I und II, also Entscheidungen zur Störerhaftung.

Der BGH vertritt dabei den Standpunkt, gleichartige Rechtsverletzungen seien „nicht nur Angebote, die mit den bekannt gewordenen Fällen identisch sind, also das Angebot des gleichen Artikels durch den gleichen Versteigerer betreffen.“ Vielmehr sei auch zu verhindern, dass die ihr „konkret benannten jugendgefährdenden Medien durch andere Bieter erneut über ihre Plattform angeboten werden“. [242]

Später heißt es hingegen: „Zur Begründung einer Prüfungspflicht bedarf es eines konkreten Hinweises auf ein jugendgefährdendes Angebot bei einem bestimmten Versteigerer. Für eine solche Konkretisierung hinsichtlich der Gesamtheit der Versteigerer, die die Auktionsplattform der Bekl. nutzen, reicht es nicht aus, dass es in der Vergangenheit bereits derartige Angebote bei anderen Versteigerern gegeben hat“. [243]

Die Aussagen sind nicht vereinbar. Ohne investigative Prüfung des gesamten Bestandes durch einen Host-Provider ist eine Verhinderung von identischen Angeboten anderer Versteigerer nicht denkbar. Weiter heißt es:

„Die Bekl. braucht nicht die Gesamtheit der auf ihrer Auktionsplattform freigeschalteten Angebote daraufhin zu überprüfen, ob sie indizierte Medien betreffen”. [...] „Ebenso wenig trifft sie eine solche Prüfungspflicht für die Angebote derjenigen Versteigerer, die bereits durch ein gegen das Jugendschutzrecht verstoßendes Angebot aufgefallen sind. Eine auf die gesamte Liste bezogene Überwachungspflicht wird durch § 7 II 1 TMG ausgeschlossen, der einer derartigen aktiven Suchpflicht entgegensteht.“ [244]

---

240 BGH GRUR 2007, 890 ff., 894 f. - „Jugendgefährdende Medien bei ebay“.

241 Dazu ausführlich unten, Abschnitt III 4 a).

242 BGH aaO, 894.

243 BGH aaO, 895

244 BGH aaO, 895.

Auch die Kenntnis eines konkreten Verstoßes soll nun offenbar nicht mehr zur Begründung einer auf das Angebot bekannter Verletzer beschränkten investigativen Prüfungspflicht ausreichen.

Die einzig stichhaltige Formulierung des Urteils zur Frage der Gleichartigkeit und der damit verbundenen Reichweite der investigativen Prüfungspflichten ist die Folgende: „Ferner kommen als gleichartig mit einem bestimmten Verstoß gegen das Jugendschutzrecht auch solche Angebote in Betracht, bei denen derselbe Versteigerer auf demselben Trägermedium (z.B. Bildträger, Tonträger, Printmedium, Computerspiel) Inhalte derselben jugendgefährdenden Kategorie (z.B. Verherrlichung der NS-Ideologie, Anreize zur Gewalttätigkeit, Pornografie) anbietet. Einer Pflicht, derartige Angebote zu identifizieren, steht § 7 II TMG ebenfalls nicht entgegen“.[245] Jedenfalls bei Identität des Verletzers, des Rechtsguts sowie der Art und Weise der Verletzung liege Gleichartigkeit vor. Einen weiteren Schritt zur Ausgestaltung des Begriffs der Gleichartigkeit hat der BGH bislang nicht getan.

Auch das Oberlandesgericht Hamburg[246] hat für die Störerhaftung von Host-Providern nur wenig konkrete Ansätze zur Bestimmung der Gleichartigkeit von Rechtsverletzungen unternommen: In seiner „Rapidshare“- Entscheidung stellt es einerseits fest, dass „Gleichartigkeit“ von Verletzungen nicht nur dann vorliegen könne, wenn ein identischer Verstoß, also „das Angebot des gleichen Artikels durch denselben Nutzer“ gegeben sei. Der Betreiber habe vielmehr „unter bestimmten Umständen“ auch zu verhindern, „dass die ihm konkret bekannt gewordenen Angebote erneut - z.B. durch andere Anbieter - über seinen Dienst angeboten werden“[247]. Andererseits stellt das OLG recht stark auf die Identität der Nutzer ab, indem es die Pflicht zur inhaltlichen Kontrolle aller Uploads von notorischen Verletzern für zumutbar und geboten hält, und sogar von „den Nutzern, bei denen ihnen [den Host-Providern] konkrete Prüfungspflichten obliegen“ spricht.

Deutsche Gerichtsentscheidungen, die sich mit der Gleichartigkeit von Verstößen beschäftigen, die nicht von Host-Providern, sondern durch Suchmaschinen vermittelt werden, existieren nicht, obwohl die Störerhaftung von Suchmaschinenbetreibern durchaus bereits die Gerichte beschäftigt hat. Grund dieses Fehlens ist, dass investigative Prüfungspflichten für Suchmaschinenbetreiber von der Rechtsprechung bislang stets abgelehnt worden sind, es deshalb auf das Verständnis einer hinreichenden Vergleichbarkeit von Verstößen nicht ankam.

---

245 BGH aaO, 895.

246 OLG Hamburg NJOZ 2008, 4927 ff. - „Rapidshare“.

247 OLG Hamburg aaO, 4943.

So hat das LG Hamburg für den Betreiber einer Personen-Suchmaschine entschieden, dieser sei nicht verpflichtet, alle Suchergebnis-Positionen nach möglichen Rechtsverletzungen zu durchsuchen. Eine vorbeugende Prüfpflicht bestehe nicht[248]. Auch das OLG Nürnberg geht davon aus, dass für den Betreiber der Suchmaschine Google lediglich eine Pflicht zur rechtlichen Prüfung einer konkret beanstandeten Webseite besteht, nicht aber zur aktiven Überwachung auf weitere Verstöße[249]. Obwohl der im vom OLG Nürnberg zu entscheidenden Verfahren gestellte Unterlassungsantrag weit gefasst war, verzichtete das OLG auf jede Erwähnung einer Pflicht zur Prüfung auf die Existenz gleichartiger Verletzungen.

Ebenso beschränkt das LG Berlin die Störerhaftung von Suchmaschinenbetreibern auf die Beseitigung und Unterlassung der Vermittlung des konkret streitgegenständlichen Verstoßes[250]. Als Grund nennt das LG die Unzumutbarkeit einer nicht automatisierten, manuellen Kontrolle der verlinkten Informationen. Diese Unzumutbarkeit ergebe sich aus der „Schlüsselfunktion der Suchmaschinen als Navigationshilfen, die der breiten Öffentlichkeit den Weg zu Inhalten im World Wide Web erst ermöglichen"[251].

(b) Stellungnahme

Zur Beschreibung der Interessenlage und der überwiegenden Schutzwürdigkeit der Suchmaschinenbetreiber ist den Ausführungen zur Zumutbarkeit als Grenze der rechtlichen Prüfung nichts hinzuzufügen. Suchmaschinenbetreiber dürfen nur in einem Umfang als Mittler einer fremden Verletzung haften, der ihr schutzwürdiges Geschäftsmodell weitestgehend intakt lässt.

Der klare Ansatz des OLG Nürnberg sowie der LGe Hamburg und Berlin, Suchmaschinenbetreiber von jeder investigativen Prüfungspflicht freizusprechen, bietet diesen ein hohes Maß an Rechtssicherheit, nimmt indes nur ein Mindestmaß an Rücksicht auf die Interessen der Verletzten.

Technisch möglich und hinsichtlich des nötigen Aufwands auch zumutbar kann für Suchmaschinenbetreiber einzig eine solche investigative Prüfung sein, bei der sich die Suche nach möglicherweise verletzenden Inhalten auf Seiten beschränkt, deren Angebot sich schon einmal als rechtsverletzend herausgestellt hat. Eine Kontrolle aller verlinkter Seiten ist angesichts der Zielsetzung von Suchmaschinen, das „Visible Web" möglichst vollumfänglich zu erfassen, unmöglich. Allerdings stellt sich angesichts des Umfangs einiger Inter-

---

248 LG Hamburg, Beschluss vom 07.10.2009 - AZ 325 O 190/09.

249 OLG Nürnberg ZUM 2009, 249, 251.

250 LG Berlin, MMR 2005, 785, 786.

251 LG Berlin, MMR 2005, 786.

netauftritte weiter die Frage, ob bei einmaligem Verstoß im Rahmen eines Internetauftritts (Etwa: www.yahoo.com) die gesamte Seite zukünftig in ihrer vollständigen Tiefe überwacht werden, oder nur die individuelle Sparte überwacht werden muss, die den ursprünglichen Verstoß beherbergt hat (etwa www.yahoo.com/news).

Wie auch immer man sich dabei entscheidet, schließt sich an diese erste, zur Wahrung der Zumutbarkeit notwendige Einschränkung die Frage nach den übrigen Vergleichbarkeitskriterien an: Muss für eine Gleichartigkeit im Sinne einer zumutbaren investigativen Prüfungspflicht der gleiche Verletzer handeln, das gleiche Rechtsgut womöglich auf die gleiche Art und Weise verletzt sein?

Für die Websuche erübrigt sich die Beantwortung dieser Fragen, denn es existieren keine Antworten, die eine für Suchmaschinenbetreiber zumutbare investigative Prüfungspflicht zu konstituieren geeignet sind. Darin liegt der Grund für das Fehlen entsprechender Ansätze in der deutschen Rechtsprechung. Das Auferlegen investigativer Prüfungspflichten ist mit der Schutzwürdigkeit des sozialmeritorischen Geschäftsmodells Suchmaschine prinzipiell unvereinbar: Die Datenbanken der Suchmaschinenbetreiber sind Ergebnis des Bemühens um ein näherungsweise objektives Abbild des frei zugänglichen World Wide Web. Die Kontrolle „ihres“ Katalogs möglicher Verweisungen käme deshalb im Ausmaß der wünschenswerten Effizienz der Suchmaschine einer Kontrolle des objektiven Netzinhalts auf Verletzungen bestimmter Rechtsgüter gleich. Eine solche liegt jedoch zuvörderst im Interesse der jeweiligen Rechtsinhaber, und es ist kein Grund ersichtlich, die Überwachung der Integrität des eigenen Rechtsguts einem neutralen Dritten zur Pflicht zu machen, zumal Suchmaschinen den Rechtsinhabern die Ermittlung von Verletzungen ihrer Rechte erheblich erleichtern.

Überdies mehren sich investigative Prüfungspflichten mit jedem zur Kenntnis gelangenden Verstoß, bleiben dabei aber bestehen und können nicht wie die Pflichten zur rechtlichen Prüfung konkret bekannter Inhalte „abgearbeitet“ werden. Der Katalog der zu ermittelnden Fallgestaltungen würde deshalb rasch einen Umfang erlangen, der eine Pflicht zur investigativen Prüfung für Suchmaschinenbetreiber auch bei einem noch so engen Verständnis der Gleichartigkeit mit Rücksicht auf ihr schutzwürdiges Geschäftsmodell unzumutbar macht. Das Konzept der investigativen Prüfungspflicht ist für Suchmaschinenbetreiber daher jedenfalls aufgrund der trotz aller denkbarer Einschränkungen zwangsläufig eintretenden Unzumutbarkeit der Prüfung grundsätzlich unfruchtbar.

Im Vergleich zu Host-Providern, die Inhalte fremden intellektuellen Ursprungs auf eigener Hardware speichern, also selber vorhalten, ist die Beziehung des lediglich verweisenden Suchmaschinenbetreibers zu den fremden Inhalten schon technisch evident lockerer, der Finanzierungszusammenhang mittelbarer und die Sozialadäquanz der Dienste nicht vergleichbar, sodass sich kein Widerspruch zur höchstrichterlichen Rechtsprechung ergibt, die investigative Prüfungspflichten für Host-Provider vorsieht[252]. Die hier vertretene Freiheit von investigativen Prüfungspflichten liegt vielmehr auf der überzeugenden Linie einiger Landgerichte zur Haftung von neutral den Zugang vermittelnden Access-Providern[253].

(c) Zwischenergebnis

Suchmaschinenbetreiber treffen keinerlei investigative Prüfungspflichten.

(5) Gemeinschaftsrechtskonformität investigativer Prüfungspflichten

Die Frage der Vereinbarkeit von investigativen Prüfungspflichten der Provider-Trias der §§ 8 - 10 TMG (Art. 12 - 14 ECRL) mit dem Ausschluss allgemeiner Überwachungs- und Nachforschungspflichten nach § 7 Abs. 1 TMG bzw. Art. 15 Abs. 1 ECRL hat im Schrifttum einige Beachtung gefunden, wird von der Rechtsprechung hingegen oftmals nur kurz und wortkarg abgehandelt, vom BGH mitunter sogar vollständig ignoriert[254].

Da nach hier vertretener Ansicht erstens Suchmaschinenbetreiber weder direkt, noch in analoger Anwendung der §§ 8 - 10 TMG in den Genuss der Privilegierungswirkung dieser Vorschriften kommen, und zweitens für Suchmaschinenbetreiber keine investigativen Prüfungspflichten bestehen, stellt sich die Frage nach der Gemeinschaftsrechtswidrigkeit solcher Pflichten in dieser Arbeit grundsätzlich nicht. Da jedoch in naher Zukunft eine Ergänzung des Katalogs der §§ 8 - 10 TMG um die Kategorien der Linksetzer und Suchmaschinenbetreiber zu erwarten ist[255], und der vollständigen Ablehnung von investigativen Prüfungspflichten für Suchmaschinenbetreiber freilich entgegengetreten werden kann, soll die Annahme solcher Pflichten hier dennoch an den relevanten europäischen Vorgaben, d.h. denen der ECRL gemessen werden.

Die Annahme investigativer Prüfungspflichten für Diensteanbieter im Sinne der ECRL verstieße möglicherweise gegen nationales und Gemeinschafts-

---

252 Vgl. BGH NJW 2004, 3102, 3105 - „Internetversteigerung I"; BGHZ 172, 119 ff. = BGH MMR 2007, 507, 510 - „Internetversteigerung II"; BGHZ 173, 188 ff. = GRUR 2007, 890 ff. - „Jugendgefährdende Medien bei eBay".

253 Etwa LG Düsseldorf, MMR 2008, 189 ff; LG Hamburg ZUM 2009, 587 ff.; LG Kiel, MMR 2008, 123 ff.; inzwischen auch OLG Frankfurt, MMR 2008, 166 ff.

254 Spindler Anm. zu BGH Internetversteigerung II, MMR 07, 512.

255 Vgl. schon den unlängst im Bundestag gescheiterten Entwurf zur TMG-Änderung. Vorlage: BT-Drs 16-11173; Ablehnung: BT-Drs. 16-13278.

recht, indem Diensteanbietern nach einmaliger Störung bereits vor dem Begehungszeitpunkt eines weiteren Verstoßes Pflichten zur Prüfung auferlegt würden. Solche proaktiven[256], investigativen Prüfungspflichten könnten mit Art. 15 ECRL unvereinbar sein, der eine „allgemeine Verpflichtung (...) Informationen zu überwachen oder aktiv nach Umständen zu forschen (...)" ausschließt. Eine Strömung der Literatur bejaht das[257], und auch die Begründung der Gesetzesvorlage zur Änderung des TMG[258] sieht in der entsprechenden Rechtsprechung für Host-Provider mit Verweis auf eine vom Ministerium für Wirtschaft und Technologie veranlasste Evaluierung der Verantwortlichkeitsregelungen des TMG eine „Nichtbefolgung" des Verbots von allgemeinen Prüfungspflichten, wie die ECRL es vorsehe.

Fruchtbar erscheint der Ansatz, von vornherein nicht von einem Totalverbot proaktiver Prüfungspflichten durch Art. 15 ECRL, bzw. § 7 Abs. 2 S. 1 TMG auszugehen, sondern nach dem Konkretisierungsniveau zu differenzieren: So sollen spezifische proaktive Prüfungspflichten vorliegen, wenn die Pflicht sich auf die Ermittlung solcher Verletzungen bezieht, die durch ihre Ähnlichkeit mit einer bereits zum Gegenstand einer Beseitigungs- bzw. Unterlassungspflicht gewordenen Verletzung definiert sind[259]. Ab Kenntnis eines Intermediärs von einem konkret verletzenden Sachverhalt kann also von spezifischen Überwachungspflichten hinsichtlich vergleichbarer Verstöße ausgegangen werden[260]. Diese entsprächen den investigativen Prüfungspflichten der Störerhaftung nach deutscher Rechtsprechung. Alle anderen, nicht durch die Ähnlichkeit mit bereits bekannten Verletzungen konkretisierten proaktiven Prüfungspflichten seien dagegen als allgemeine Überwachungspflichten vom Verbot des Art. 15 ECRL erfasst.

Diese Aufteilung in allgemeine und spezifische proaktive Prüfungspflichten wirkt mit Blick auf § 7 Abs. 2 S. 1 TMG zunächst wenig überzeugend, da dieser Pflichten zur Nachforschung oder Überwachung der Rechtmäßigkeit der übermittelten und gespeicherten Informationen pauschal ausschließt. Der dem

---

256 „Proaktiv" werden solche Pflichten genannt, die kein bloß reaktives, sondern gerade ein Handeln im Vorfeld des Bekanntwerdens einer Verletzung verlangen. Sie sind nicht identisch mit vorbeugenden Pflichten, d.h. solchen, die schon im Vorfeld der Verletzung selbst bestehen. Alle investigativen Prüfungspflichten sind proaktive Prüfungspflichten.

257 Roggenkamp, jurisPR-ITR 11/2007 Anm. 2; Lehmann / Rein CR 2008, 101 mwN; Leible / Sosnitza, NJW 2004, 3226; NJW 2007, 3324; Spindler, MMR 2007, 512.

258 Vgl. BT.Drs 16/11173 S. 5

259 Marly in Grabitz / Hilf, Das Recht der EU, Vor Abschn. 4, Rn 10.

260 BGHZ 172, 119 ff. Internetversteigerung I; Spindler MMR 2007, 512 mwN; Klatt, ZUM 2009, 269 f.; mit Einschränkungen Stadler, Haftung für Informationen im Internet, Rn 30c. Lehment, WRP 2003, 1058, 1065.

§ 7 Abs. 2 S. 1 TMG zugrunde liegende Art. 15 ECRL jedoch spricht in der Tat nur vom Verbot allgemeiner Verpflichtung zur Überwachung oder aktiven Nachforschung. Die Erwägungsgründe 47, 48 der ECRL sprechen sogar explizit von der Zulässigkeit von „Überwachungspflichten in spezifischen Fällen". Es ist deshalb in gemeinschaftsrechtskonformer Auslegung überzeugend, lediglich allgemeine proaktive Pflichten als von § 7 Abs. 2 S. 1 TMG ausgeschlossen anzusehen. Eine vollständige Freistellung der Provider iSd §§ 8 - 10 TMG von proaktiven Prüfungspflichten durch den deutschen Gesetzgeber geriete ohnehin mit dem durch das TRIPS Abkommen gebotenen Mindestschutzniveau in Konflikt[261].

Art. 15 ECRL gewährt demnach absoluten Schutz der privilegierten Provider vor Pflichten, deren Inhalt eine pauschale Kontrolle der vermittelten Informationen auf jegliche Rechtsverstöße ist; also Pflichten zur Sicherstellung, dass „alles in Ordnung" ist. Nicht ausgeschlossen ist dagegen eine Pflicht zur Sicherstellung, dass ein ehemaliges, bereits gebanntes Übel sich nicht erneut manifestiert. Für die Beurteilung einer deutschen Annahme von investigativen Prüfungspflichten für Suchmaschinenbetreiber bedeutet das: Solange ein in der Vergangenheit gelegener Verstoß als Anknüpfungsgegenstand vorliegt, und der Umfang der Überwachungspflicht durch eine hinreichend harte Definition der Vergleichbarkeit klar umrissen ist, sind die Pflichten zur investigativen Prüfung auf gleichartige Verstöße, wie sie die deutsche Rechtsprechung zur Störerhaftung entwickelt hat, nach der Terminologie der ECRL als „spezifische" Überwachungspflichten einzuordnen, und damit nicht wegen Konflikts mit Art. 15 ECRL gemeinschaftsrechtswidrig[262]. Auch die Erstreckung der vom BGH in „Internetversteigerung II" geschaffenen Haftung des Störers ab Erstbegehungsgefahr auf Suchmaschinenbetreiber wäre jedenfalls bei Zugrundelegung des bisher angenommenen, engst möglichen Begriffs der Erstbegehungsgefahr noch mit Art. 15 ECRL vereinbar[263].

(6) Ergebnis

Würden Suchmaschinen in Zukunft in den Anwendungsbereich des § 7 Abs. 2 S. 2 TMG einbezogen, hielte die Auferlegung von investigativen Prüfungspflichten im Rahmen der Störerhaftung den Anforderungen des Art.

---

261 Vgl. Art. 41 Abs.1, Art. 1 Abs. 1 des „Trade Related Aspects of Intellectual Property Rights": Übereinkommen über handelsbezogene Aspekte der Rechte des geistigen Eigentums vom 15.04.1994.

262 aA Stadler aaO.

263 aA Roggenkamp, jurisPR-ITR 11/2007 Anm. 2; Spindler aaO mwN; Jürgens K&R 2007, 392, 393.

15 ECRL stand. Das ändert freilich nichts an der hier vertretenen grundsätzlichen Unverhältnismäßigkeit solcher Pflichten für Suchmaschinenbetreiber. Diese führt bei gegebenem grenzüberschreitendem Kontext zu einer Gemeinschaftsrechtswidrigkeit solcher Pflichten aufgrund einer Verletzung der Dienstleistungsfreiheit nach Art. 56 EUAV.

3: Die Rechtsfolgen der Störerhaftung

Auf Rechtsfolgenseite sieht die Störerhaftung ausschließlich negatorische Ansprüche des Verletzten, d.h. solche auf Beseitigung und Unterlassung vor. Das leuchtet ein, da die Vorschrift des § 1004 BGB, deren analoge Anwendung der Störerhaftung zugrunde liegt, ebenso auf Beseitigung und Unterlassung beschränkt ist. Da § 1004 BGB jedoch als Schutzgesetz i.S.d. § 823 II BGB anerkannt ist[264], reicht der Schutz des Störers vor Schadensersatzansprüchen aber nicht weiter als sein fehlendes Verschulden[265].

a) Beseitigung

Beseitigung bedeutet die Beendigung einer gegenwärtigen Störung[266]. Hat ein Suchmaschinenbetreiber in Kenntnis eines konkreten rechtswidrigen Inhalts seine Prüfungspflichten verletzt oder ist der Inhalt offensichtlich rechtswidrig, stellt sich die Frage, ob Beseitigung bereits dadurch geleistet werden kann, dass nur der Deep-Link auf den verletzenden Inhalt entfernt wird (Beispiel: www.webseite.de/Inhalte/Verletzung), oder ob auch der Surface-Link auf die Homepage zu entfernen ist, unter der der verletzende Inhalt zu finden ist (also im vorangegangenen Beispiel www.webseite.de).

Wenn nur ein Inhalt einer konkreten Webseite verletzend ist, würde durch die Entfernung der Links auch auf die Homepage im Regelfall eine unverhältnismäßig große Menge rechtmäßiger Inhalte nicht mehr verlinkt. Andererseits könnten Nutzer sich immer noch zur verletzenden Information „durcharbeiten", wenn nur der Deep-Link auf die konkrete Seite beseitigt würde. Problematisch ist hier der Bedeutungszusammenhang, der sich durch den vom Suchmaschinennutzer erwarteten, inhaltlichen Bezug der eingegebenen Suchanfrage und dem Inhalt der verlinkten Seiten ergibt: Brächte die Suche nach „Mar-

---

264 Piper / Ohly UWG § 8 Rn 152 mwN; BGHZ 104, 6, 16.

265 Döring, WRP 2007, 1131, 1134 hält die Ablehnung von Schadensersatzansprüchen gegen den Störer für „dogmatisch nicht begründbar", scheint indes nicht klar zwischen den Anspruchsgrundlagen zu trennen.

266 Spindler / Weber in Spindler / Schuster, elektronische Medien, § 1004 BGB, Rn 13; BGHZ 28, 110, 113.

kus Mustermann sagt: Hans Dampf ist ein Betrüger und Sodomist“ den nicht unmittelbar zu eben dieser Äußerung führenden Link auf die vorgelagerte Homepage zutage, so wäre der Anknüpfungspunkt der Störerhaftung des Suchmaschinenbetreibers, nämlich die Vermittlung fremder Rechtsverstöße, intakt: Wenn der Nutzer gezielt nach einer Verletzung sucht, dann ist für seinen Erfolg grundsätzlich unerheblich, ob er einen Link auf die Homepage oder auf die konkret verletzende Unterseite findet. Entscheidend ist für die Effizienz des Rechtsschutzes also, dass die Homepage nicht mehr im Kontext der Verletzung verlinkt wird.

Um den Beseitigungsanspruch zum vollständigen Schutz des verletzten Rechtsguts zu erfüllen, müssten Suchmaschinenbetreiber also einerseits die Verweise auf die konkrete, den Verstoß enthaltene Unterseite entfernen, und andererseits auch Verweise auf die Homepage, wenn sich aus einer Suchanfrage der Zusammenhang der Verletzung ergibt. Die effiziente Ermittlung solcher Zusammenhänge ist indes ein Ding der Unmöglichkeit, und deshalb mangels Zumutbarkeit nicht geschuldet. Eine Filtersoftware, die zuverlässig solche Suchanfragen aufdeckt, die Bezug zum einem verletzenden Inhalt herstellen, um anschließend für solche Suchen den Link auf die Homepage zu sperren, ist mangels semantischer Kompetenz aktueller Software gegenwärtig nicht denkbar.

Die Sperrung aller Links auf die Homepage unabhängig vom Bedeutungszusammenhang ist dagegen (möglicherweise sogar in zweierlei Hinsicht) unverhältnismäßig: Erstens aus Sicht des in Anspruch genommenen Suchmaschinenbetreibers, der durch den Wegfall ganzer Portale an überlebenswichtiger Attraktivität verlöre, und zweitens aus Sicht des Domain-Betreibers, dessen komplettes Angebot wegen nur eines rechtswidrigen Inhalts unerreichbar würde. Zu Letzterem sei zugestanden, dass sich die Schutzwürdigkeit des für seinen gesamten Auftritt selbst verantwortlichen Content-Providers in diesem Zusammenhang durchaus bezweifeln lässt.

Es bleibt also dabei: Verletzt ein Suchmaschinenbetreiber seine rechtliche Prüfungspflicht oder kommt er zum Ergebnis der offensichtlichen Rechtswidrigkeit eines verlinkten Inhalts, so ist nur die konkrete, über ihre individuelle url bestimmte Seite, die den rechtswidrigen Inhalt enthält, aus dem aktiven Index zu entfernen.

b) Unterlassung

Unterlassung bedeutet die Nichtwiederholung einer Störung für die Zukunft. Der Unterlassungsanspruch aus der Störerhaftung setzt Wiederholungs- oder Erstbegehungsgefahr voraus, wobei eine erstmalige Störung regelmäßig Wiederholungsgefahr begründet. Der Umfang des Unterlassungsanspruchs entspricht bei Suchmaschinenbetreibern dem des Beseitigungsanspruchs, sodass auch hier nur das Verweisen auf eine konkret verletzende Seite zu unterlassen ist. Dem Unterlassungsanspruch gegen einen Suchmaschinenbetreiber kann konkret dadurch Folge geleistet werden, dass die im Rahmen der Beseitigung aus dem Index entfernte url durch entsprechende Anweisung der Robots auch für eine erneute Indexierung gesperrt wird, solange die Verletzung unter dieser url erreichbar ist.

Wie schon im Bereich der investigativen Prüfungspflichten aufgezeigt, besteht keine Pflicht für Suchmaschinenbetreiber, die Vermittlung von in irgendeiner Weise ähnlichen oder vergleichbaren Verletzungen für die Zukunft zu unterlassen. Da eine entsprechende Pflicht zur investigativen Prüfung unzumutbar wäre, verschafft die Störerhaftung gegen Suchmaschinenbetreiber nur einen Anspruch auf Beseitigung und Unterlassung der Verlinkung einer konkret bekannten Seite, nicht aber auf Unterlassung vergleichbarer Störungen.

Es bleibt nun, dieses Ergebnis auch auf prozessualer Ebene zu verteidigen: Gegen die sogenannte „Kerntheorie".

c) Prozessuale Reichweite des Unterlassungsanspruchs: Die „Kerntheorie"

Das Vollstreckungsverfahren hat zum Ziel, die materielle Rechtslage in die Wirklichkeit zu tragen, indem es Tatsachen schafft, die dem zu vollstreckenden Titel entsprechen. Deshalb kann die Vollstreckung nicht weiter reichen als der materielle Anspruch, den sie zu verwirklichen sucht. Daraus folgt, dass die Auslegung eines Urteils (sofern diese überhaupt zulässig ist) die Reichweite des materiellen Anspruchs nicht erhöhen, sondern lediglich wiedergeben darf. Die Fixierung eines Anspruchs durch den Titel als Ergebnis eines Urteils birgt für den Inhaber gerade beim Unterlassungsanspruch das Risiko, dass sein Anspruch, auf diese Weise zum Titel „erstarrt", die Flexibilität verliert, die den wirksamen Schutz der Rechtsgüter des Inhabers gewährleistet.

Der Inhaber kann sich davor zu schützen versuchen, indem er bei der Formulierung des Klageantrags verallgemeinernde Wendungen benutzt, anstatt eine konkrete Begehungsform der Verletzung zum Gegenstand des Unterlassungsanspruchs zu machen. Die Rechtsprechung lässt das im Wettbewerbsrecht zu, wenn der Kern der konkreten Verletzungshandlung mit dieser Formulierung richtig erfasst ist.[267] Außerdem soll bei Unterlassungstiteln im Immaterialgüterrecht die Auslegung des Urteils zulässig sein, sodass „solche Änderungen im Verhaltens des Beklagten vom Urteil mitumfasst werden, die

267 Becker / Eberhard, Müko ZPO § 253 Rn 133 mwN (Fn 250); Zur Verfassungsmäßigkeit dieser Praxis BVerfG GRUR 2007, 618 f.

den Kern der Verletzungsform unberührt lassen"[268]. Diese Zugänglichkeit des Urteils zur Auslegung in Verbindung mit der Toleranz der Gerichte bei der Tenorierung der Ansprüche (als Folge der Entscheidung über den abstrakt-allgemein formulierten Klageantrag) wird als „Kerntheorie" bezeichnet[269].

Ihre Folge ist, dass der Unterlassungsanspruch nicht nur in einer seiner Facetten, sondern seinem materiellen Schutzgegenstand entsprechend, eben dem „Kern" nach tituliert werden kann, und bei enger Titulierung jedenfalls danach ausgelegt wird. Fraglich ist, wie dieser „Kern einer Verletzungsform" zu bestimmen ist. Grenze der Bestimmung dieses Kerns soll die Zumutbarkeit für den Anspruchsgegner sein. Die Zumutbarkeitsgrenze wird anhand des Ranges der bedrohten Rechtsgüter, der Erkennbarkeit und Vorhersehbarkeit der jeweiligen Gefahr, Sozialadäquanz, Grundrechtsrelevanz, der technischen Möglichkeit der Gefahrbeherrschung, dem wirtschaftlichen Nutzen aus der Rechtsverletzung und den Rechtsschutzmöglichkeit des Verletzten[270] bestimmt. Das wirkt bekannt: Die Abwägung deckt sich mit derjenigen bei der Feststellung der Gleichartigkeit im Rahmen des materiellen Unterlassungsanspruchs, genauer: im Rahmen der ihn bedingenden investigativen Prüfungspflichten. Tatsächlich liegt eine Doppelung des Ansatzes einer vorbeugenden Haftung in materiellem Recht und Prozessrecht vor. Die Kriterien der Schutzwürdigkeit von Verletztem und Störer sind identisch, sodass die Abwägung im Rahmen der Kerntheorie redundant ist. Einzig konsequent ist deshalb, das in der Abwägung zum materiellen Recht gefundene Ergebnis auch auf die Abwägung im Vollstreckungsverfahren zu übertragen. Alles andere als ein Gleichlauf der Wertungen wäre widersprüchlich.

Der Unterlassungsanspruch eines Rechtsinhabers gegen einen Suchmaschinenbetreiber wegen Verlinkung eines verletzenden Inhalts ist auf die konkret verletzende Seite beschränkt, sodass dem Verletzten durch die Titulierung dieses Unterlassungsanspruchs nichts abgeschnitten wird, was durch die Anwendung der Kerntheorie kompensiert werden müsste. Der titulierte Unterlassungsanspruch erschöpft den Kern[271]. Die Kerntheorie bedarf daher bei Ansprüchen gegen Suchmaschinenbetreiber keinerlei Ausnahme oder Einschränkung; sie ist schlicht nicht einschlägig.

---

268 Müko ZPO aaO.; Hefermehl / Köhler / Bornkamm, UWG § 8 Rn 1.55a

269 Instruktiv Lehment, WRP 2007, 237, 238 f.

270 Vgl. Spindler / Volkmann, ZUM 1009, 265, Fn 73 mwN.

271 aA Lehment, WRP 2003, 1058, 1065;

III: Zum Verhältnis der unmittelbaren wettbewerbsrechtlichen Haftung zur Störerhaftung

Gegenstand der folgenden Ausführungen ist der Konflikt der soeben dargestellten Störerhaftung mit der wettbewerbsrechtlichen Täterhaftung des Verletzungsmittlers nach der Verkehrspflichtenlehre[272]. Dieser Konflikt entzündet sich im Wettbewerbsrecht, ist jedoch von grundsätzlicher Natur. Er bedeutet für Intermediäre wie Suchmaschinenbetreiber nicht weniger als den Unterschied zwischen Täter- und Störerhaftung.

1: Einleitung

Das deutsche Deliktsrecht enthält keine allgemeine Regelung der zivilrechtlichen Verantwortlichkeit solcher Personen, die mittelbar (d.h. unter Dazwischentreten eines Anderen, auch des Verletzten selbst, oder einer Entität ohne Rechtspersönlichkeit, etwa Naturgewalten) oder durch Unterlassen ein Recht verletzen. Dass eine Rechtsverletzung dennoch auch durch Unterlassen begangen werden kann steht außer Frage, und auch die Möglichkeit deliktsrechtlicher Haftung des Mittlers einer Rechtsverletzung begegnet keinen grundsätzlichen Bedenken[273].

Für beide Konstellationen ist jedoch mangels gesetzlicher Vorgaben eine Konkretisierung des Pflichtenkreises nötig. Diese wird durch die Verkehrspflichtenlehre geleistet[274]. Verkehrspflichten[275] sind Gebote zur Gefahrsteuerung, deren Inhalt die Eindämmung von Risiken ist, die fremden Rechtsgütern aus einem Bereich oder aufgrund eines Sachverhalts drohen, der dem Pflichtigen zurechenbar ist. Sie werden dogmatisch § 823 BGB zugeordnet[276]. Wer schuldhaft gegen eine Verkehrspflicht verstößt, ist selbst Täter einer mittelbar

---

272 In Anknüpfung an oben, Abschnitt A I 2.

273 Hager in Staudinger, § 823 BGB E2 mwN.

274 Larenz / Canaris § 76 III 1c; Palandt / Sprau, § 823 RN 45; v. Bar, Verkehrspflichten S. 79; Köhler, GRUR 2008,1, 6 mwN.

275 Mitunter auch „Verkehrssicherungspflichten" genannt. Hinter der uneinheitlichen Terminologie verbirgt sich der Sache nach kein Unterschied, vgl. Bengen, Systematik des § 823 I, S. 292 f.

276 Umstritten ist indest seit jeher der einschlägige Absatz des § 823 BGB. Für § 823 Abs. 1 BGB: BGH NJW 1987, 2671 f.; Bereits RGZ 52, 373; Larenz / Canaris, SR BT 2 Bd. 2 S. 405; Seichter, jurisPR-WettbR 4/2009, Anm. 4; Medicus, JZ 1986, 778, 780; Bengen, Systematik des § 823 I, S. 297; Wagner in MüKo § 823 Rn 59 f. mwN. Für § 823 Abs. 2 BGB: v.Bar, Verkehrspflichten S. 157 ff.; Deutsch / Ahrens, Unerlaubte Handlungen Rn 276.; Deutsch, JZ 1963, 386, 390.

resultierenden Rechtsverletzung und damit unmittelbar deliktsrechtlich verantwortlich.

Die Störerhaftung dagegen bestimmt die akzessorische, rechtsfolgenbeschränkte Haftung solcher Personen, die an einem Verstoß objektiv mitwirken, ohne Täter oder Teilnehmer des Verstoßes zu sein. Störerhaftung und Haftung als Täter oder Teilnehmer haben also per Definition keinerlei überschneidenden Anwendungsbereich.

Im Wettbewerbsrecht ist nun die Störerhaftung von der Rechtsprechung zugunsten der eine Täterhaftung begründenden Konstruktion der „Verletzung wettbewerbsrechtlicher Verkehrspflichten" aufgegeben worden[277]. Dieser Umschwung zugunsten einer Modifikation der Verkehrspflichtenlehre stellt die wettbewerbsrechtliche Verantwortlichkeit gerade von Intermediären wie Suchmaschinenbetreibern vollständig unter das Vorzeichen einer umfassenden Haftung als Täter. Er hält jedoch einer genauen Untersuchung weder dogmatisch noch normativ stand. Um das zu zeigen, wird das Konzept der „Haftung für die Verletzung wettbewerbsrechtlicher Verkehrspflichten" dargestellt, auf Gemeinsamkeiten sowie Unterschiede zur Störerhaftung untersucht und bewertet.

2: Die Haftung für die Verletzung wettbewerbsrechtlicher Verkehrspflichten

a) Verkehrspflichtenlehre

Die Haftung des Mittlers einer Verletzung nach der Verkehrspflichtenlehre hat sich weitgehend vom Verschuldensprinzip gelöst: Schon das tatsächliche Auftreten einer Verletzung in einem aufgrund von Gefährlichkeitsgesichtspunkten zurechenbaren Bereich indiziert als Verletzung der sogenannten äußeren Sorgfalt diejenige der inneren Sorgfalt[278]. Darüber hinaus schwächt die Verkehrspflichtenlehre das Verschuldenserfordernis durch eine Verobjektivierung der Vorwerfbarkeit: Ist bei der unmittelbaren deliktischen Verantwortlichkeit noch ein Verschulden hinsichtlich der Rechtsverletzung selber nötig, bezieht sich nach der Verkehrspflichtenlehre das Verschulden auf die mangelnde Verhü-

---

277 BGHZ 173, 188 ff. - „Jugendgefährdende Medien bei ebay" = GRUR 2007, 890 ff.; seitdem wiederholt bestätigt.

278 BGH NJW 1986, 2757; BGH NJW 1995, 2631, 2632; Wellner in Geigel, Haftpflichtprozess § 823 I RN 20; Larenz FS Hauß S. 229; Leßmann, JuS 1978, 433, 438; v. Bar, Verkehrspflichten S. 319.

tung der Gefahr fremder Rechtsverletzungen[279]. Die Verkehrspflichtenlehre erfasst damit anders als das Verbot der unmittelbaren Verletzung eines Rechtsguts Handlungs-, nicht Erfolgsunrecht[280].

Die Rechtsprechung hat die Haftung wegen der Verletzung von Verkehrspflichten in Einzelfällen bis hin zu einer faktischen Garantiehaftung für die Freiheit von vorsätzlichen Schädigungen durch Dritte erstreckt[281]. Der haftungsrechtlichen Zurechnung des Handelns deliktisch voll verantwortlicher Dritter ist jedoch mit Entschiedenheit Grenzen zu setzen[282]. Ausschließlich dann, wenn sich in den Delikten Dritter gerade die signifikant erhöhte Gefährlichkeit des zurechenbaren Bereiches oder Sachverhalts manifestiert, besteht ein normativer Anknüpfungspunkt für eine Verkehrspflicht. Ob und wie eine vorsätzliche Schädigung durch Dritte hätte verhindert werden können, ist eine Frage des Verschuldens der Verletzung einer Verkehrspflicht. Das Bestehen einer solchen kann durch derartige Erwägungen nicht begründet werden.

b) Die Modifikation der Verkehrspflichtenlehre

Seit „Jugendgefährdende Medien bei ebay“ bestimmt die Rechtsprechung die Passivlegitimation im Wettbewerbsrecht ausschließlich nach allgemeinem Deliktsrecht, d.h. ohne Rückgriff auf die Störerhaftung, dafür unter Heranziehung der Verkehrspflichtenlehre[283]. Die Erstreckung der Verkehrspflichtenlehre auf den ehemaligen Anwendungsbereich der Störerhaftung bringt dabei eine grundlegende Veränderungen ihrer selbst mit sich: Verkehrspflichten sind nunmehr explizit auch darauf gerichtet, von anderen vorsätzlich verwirklichte Schäden im eigenen Einflussbereich nach Kräften zu bekämpfen. Das macht die Besonderheit der Rechtsfigur der „Verletzung wettbewerbsrechtlicher Verkehrspflichten“ als Modifikation gegenüber der herkömmlichen Verkehrspflichtenlehre aus: Das Verhindern schuldhaft von Dritten verwirklichter Rechtsverstöße ist nicht mehr ein ihrer extremen Auslegung vorbehaltener Randbereich, sondern ihre Kernmaterie. Durch die Anknüpfung der Haftung

279 BGH NJW 1995, 2631 f.; v. Bar, Verkehrspflichten S. 65, 160 f. spricht anschaulich von „verkürztem Verschuldensbezug“; Spindler in Beck‘scher OK, § 823 Rn 278; wohl auch Wellner in Geigel, Haftpflichtprozess, § 823 I Rn 20; aA Larenz / Canaris, Schuldrecht II Band 2 S. 426.

280 Larenz / Canaris, Schuldrecht II Band 2, S. 366 f.; Ahrens WRP 2007, 1281, 1287; wohl auch Köhler, GRUR 2008, 1, 7.; v. Bar, Verkehrspflichten S. 158.

281 Vgl. BGH VersR 1976, 149: Unbekannte hatten auf dem Gelände eines Kaufhauses ein metallenes Abdeckgitter entfernt, was zum Unfall einer Beschäftigten führte; Ähnlich BGH NJW 1990, 1236, 1237.

282 aA Hartmann in Wandtke, Medienrecht Teil 5 Kapitel 1 Rn 280.

283 BGHZ 173, 188 ff. -“Jugendgefährdende Medien bei ebay“ = GRUR 2007, 890 ff.

nicht mehr an objektiv natürliche, kraft Sonderbeziehung zu einem bestimmten Bereich zurechenbare Gefahren[284], sondern ausschließlich an die Erhöhung der Gefahr von Delikten selbst haftbarer Dritter wandelt die neue Spielart der Verkehrspflichtenlehre ihre Natur: Die Haftung als Täter einer Verletzung wettbewerbsrechtlicher Verkehrspflichten ist inhaltlich eine akzessorische Haftung, die durch dogmatische Einkleidung in Verkehrspflichten zu unmittelbarer Verantwortlichkeit erhöht wird[285]. Die akzessorische Natur der Haftung zeigt sich darin, dass die Gefahr, deren Beherrschung Inhalt der Verkehrspflichten ist, die Gefahr der Wettbewerbsverstöße Dritter ist[286]. Das überrascht wenig, sollte die Modifikation der Verkehrspflichtenlehre für das Wettbewerbsrecht doch gerade die akzessorische Störerhaftung ersetzen.

Motiv dieses Wechsels dürfte das unbefriedigende dogmatische Fundament der Störerhaftung gewesen sein: Die der Störerhaftung zugrunde liegende sachenrechtliche Analogie ist im Wettbewerbsrecht in der Tat besonders wenig überzeugend, denn anders als im Bereich der Leistungsschutzrechte stellt Wettbewerbsrecht objektives Marktverhaltensrecht mit Geltung nur für einen qualifizierten Adressatenkreis dar und bezweckt gerade nicht den Schutz absoluter Rechte[287].

Die von der Rechtsprechung verfolgte, in der Sache unveränderte Anwendung der Grundsätze der Störerhaftung im neuen Gewand der Rechtsfigur einer „Verletzung wettbewerbsrechtlicher Verkehrspflichten“ ist indes nur oberflächlich sauberer, denn mag das dogmatische Defizit der sachenrechtlichen Störerhaftung auch stören, begegnet ein Abstellen auf die Verletzung von Verkehrspflichten nicht weniger Bedenken: Verkehrspflichten werden überwiegend § 823 Abs. 1, mitunter Abs. 2 zugeordnet[288], und die Anwendung einer jeden dieser Vorschriften zur Begründung wettbewerbsrechtlicher Haftung ist problematisch[289]. Während die abschließende Aufzählung der durch § 823 Abs. 1 geschützten Rechtsgüter den objektiven Schutz des redlichen Leistungswettbewerbs offensichtlich nicht umfasst, ist umstritten inwiefern die

284 So noch das RG in seiner Grundsatzentscheidung RGZ 52, 373 ff. - „Morscher Baum“

285 Insofern Bedenken äußernd Wimmers / Heymann, MR-Int 2007, 222, 223.

286 Leistner, GRUR 2010, 1, 2.

287 Döring WRP 2007, 131, 133 f.; flammend Schünemann WRP 1998, 120; zu diesem dogmatischen Defizit der Störerhaftung schon oben, Abschnitt II 1.

288 vgl. oben, Fn 276.

289 Aus diesem Grunde für eine Beschränkung der wettbewerbsrechtlichen Verkehrspflichten auf schwerwiegende Rechtsverletzungen plädiert Seichter, jurisPR-WettbR 5/2009 Anm. 4.

Vorschriften des UWG als Schutzgesetze im Sinne des § 823 Abs. 2 einzuordnen sind[290].

Obwohl die höchstrichterliche Rechtsprechung seit „Jugendgefährdende Medien bei eBay“ konsequent wiederholt hat, dass jedenfalls soweit es um die Verletzung absoluter Schutzrechte geht, an den Grundsätzen der Störerhaftung festzuhalten sei[291], ist wiederholt gefordert worden, über das Wettbewerbsrecht hinaus auch „im Recht des geistigen Eigentums“ die Störerhaftung entsprechend der wettbewerbsrechtlichen Entwicklung durch eine Modifikation der Verkehrspflichtenlehre abzulösen[292]. Und tatsächlich ist Bewegung in die Rechtsprechung des BGH gekommen: In der „Halzband“ Entscheidung des BGH[293] wurde eine unmittelbare Markenrechtsverletzung durch mangelnde Sorgfalt bei der Verwahrung der Zugangsdaten zu einem ebay-Nutzerkonto angenommen. Diese „Pflichtverletzung“ stelle „einen eigenen, gegenüber den eingeführten Grundsätzen der Störerhaftung und den nach der neueren Senatsrechtsprechung gegebenenfalls bestehenden Verkehrspflichten im Bereich des Wettbewerbsrechts selbstständigen Zurechnungsgrund dar.“[294] Es muss verwundern, dass der BGH angesichts der bestehenden Konkurrenz zweier einschlägiger Haftungsmodelle ohne Not einen systematisch scheinbar völlig freischwebenden dritten Weg erfindet[295].

Glücklicherweise hat der Xa-Zivilsenat des BGH in seinem Urteil vom September 2009 diesen Ansatz nicht weiter verfolgt, und ausgiebig zum Verhältnis der Konzepte von Störerhaftung und „immaterialgüterrechtlicher Verkehrspflichtverletzung“ Stellung genommen[296]. Eine klare Position ist daraus leider nicht hervorgegangen: Der BGH stellt ausführlich die Gemeinsamkeiten beider Konzepte dar, scheut aber den letzten Schritt: Das Zusammenführen beider Haftungskonzepte durch „Hinwegdefinition“ und Trivialisierung ihrer Unterschiede[297].

---

290 Unstrittig bejaht für die §§ 16 ff. UWG; ansonsten überwiegend abgelehnt: BGH GRUR 1975, 150 ff.; Köhler / Bornkamm, UWG § 11 Rn 1.9 mwN; mit Bedenken Schulz in Harte-Bavendamm / Henning-Bodewig, UWG § 11 Rn 44; Scherer, WRP 1992, 607, 612 mwN; aA Augenhofer, WRP 2006, 169, 176 f.; mit Einschränkungen Sack, GRUR 2004, 625, 635.

291 BGH MMR 2004, 668, 671; BGH MMR 2007, 507, 510

292 Ahrens WRP 2007, 1281; Fürst WRP 2009, 378; Köhler GRUR 2008, 1, 6 f. mwN.

293 BGH NJW 2009, 1960 ff. - „Halzband“.

294 BGH aaO, S. 1961

295 Zutreffend erkennt Pfeiffer, jurisPR-WettbR 5/2009 Anm. 1, dass es sich bei den in Rede stehenden Pflichten trotz der explizit entgegengesetzten Formulierung des BGH dogmatisch um Verkehrspflichten handeln muss.

296 BGH GRUR 2009, 1142, 1144 ff.

297 Konsequenter Köhler, GRUR 2008, 1, 6 f.

3: Gemeinsamkeiten

Die Konzepte von Verkehrspflichtenlehre und Störerhaftung ähneln sich darin, dass sie den Verstoß gegen eine Pflicht zur Beherrschung einer Gefahr sanktionieren. Sowohl die Störerhaftung, als auch die Haftung des mittelbar Verantwortlichen nach der Verkehrspflichtenlehre stellt ein Pflichtenprogramm für mittelbar an einer Rechtsverletzung Mitwirkende auf. Die Verkehrspflichtenlehre spricht dabei von Verkehrspflichten, die Störerhaftung von Prüfungspflichten. Erstere manifestieren sich insbesondere im Immaterialgüterrecht häufig als Prüfungspflichten. Die Strenge des Pflichtenprogramms bestimmt sich beiden Konzepten anhand einer Abwägung, welche Rücksicht auf Besonderheiten des konkreten Sachverhalts nimmt.

4: Unterschiede

a) In der Haftungsbegründung

Die Verkehrspflichtenlehre schafft auf Tatbestandsebene weite Pflichten und grenzt diese durch das Verschuldenserfordernis auf ein im Einzelfall gerechtes Maß ein: Der Umfang von Verkehrspflichten bestimmt sich nach wohl überwiegender Ansicht nach dem „Höchstmaß äußerer Sorgfalt", also dem, was vom „optimalen Pflichtigen" verlangt werden kann[298]. Die für eine sanktionsbewehrte Verletzung der Verkehrspflicht mindestens notwendige Fahrlässigkeit ist gem. § 276 S. 2 objektiviert anhand des einschlägigen Verkehrskreises zu bestimmen[299].

Die Störerhaftung dagegen vollzieht keinen Zweischritt, sondern stellt schon im ersten und einzigen Schritt eine Pflicht auf, die nur zumutbare Handlungen zur Gefahrbeherrschung erfasst. Konsequent kommt die Störerhaftung ohne Verschulden aus. Es bedarf allerdings genauer Untersuchung, ob das Kriterium der Verletzung einer zumutbaren Prüfungspflicht iSd Störerhaftung nicht sachlich bereits einen Fahrlässigkeitsvorwurf enthält[300]. Tatsächlich sind die Voraussetzungen der Fahrlässigkeit nach § 276 S. 2 BGB denen der Zumutbarkeit von Prüfungspflichten nicht unähnlich: In beiden Fällen bestimmt eine Abwägung die Grenze des zu erwartenden Aufwands hinsichtlich der Er-

298 Strittig. Wie dargestellt Larenz / Canaris Schuldrecht II Band 2, S. 369 f.; Kleindiek, Deliktshaftung und juristische Person, S. 33 f.; Hager in Staudinger, § 823 BGB Rn E 35 mwN; Zeuner JZ 1966, 1, 4 f.

299 BGH NJW 1995, 2381 f.; Spindler in Beck'scher Online-Kommentar, § 823 BGB, E 3, Rn 278 mwN.

300 Dazu Larenz / Canaris aaO S. 364 ff.

füllung einer Gefahrbeherrschungspflicht. § 276 S. 2 BGB stellt im Rahmen dieser Abwägung jedoch auf den objektivierten Maßstab der Verkehrskreise ab, wohingegen die Abwägung zur Bestimmung der Zumutbarkeit iRd Störerhaftung auf alle Besonderheiten des Diensteanbieters im konkreten Einzelfall Rücksicht nimmt. Auch ist Zumutbarkeit iSd Störerhaftung nicht Verschuldenselement, sondern Tatbestandsmerkmal[301].

Ebenfalls gegen die Annahme, die Verletzung einer „zumutbaren" Prüfungspflicht enthalte eine dem Vorwurf der Fahrlässigkeit entsprechende Wertung, spricht die neuere Rechtsprechung des BGH zur Störerhaftung: Diese verweist etwa in „Internetversteigerung II" explizit auf eine einzelfallgerechte Lösung über das vollstreckungsrechtliche Verschulden einer Prüfungspflichtverletzung[302]. Enthielte das Merkmal der Zumutbarkeit bereits einen Fahrlässigkeitsvorwurf, wäre eine unverschuldete Verletzung von Prüfungspflichten iSd Störerhaftung nicht denkbar. Andererseits überträgt der BGH Wertungen aus der Abwägung zur Zumutbarkeit iSd verschuldensunabhängigen Störerhaftung ohne erkennbare Anpassung auf die Abwägung zum Verschulden im Rahmen der Verletzung einer wettbewerbsrechtlichen Verkehrspflicht[303].

Die Haftungsvoraussetzungen von Störerhaftung und Verkehrspflichtenlehre teilen also durchaus Gemeinsamkeiten, sind aber nicht identisch. Den Unterschied dingfest zu machen ist nicht einfach, worauf zurückzukommen sein wird[304].

b) In den Rechtsfolgen

Die Rechtsfolgen einer Verletzung der jeweiligen Gefahrbeherrschungspflicht weichen erheblich ab: Während die Rechtsfolgen der Störerhaftung auf negatorische Ansprüche beschränkt sind, droht bei einer Verletzung wettbewerbsrechtlicher Verkehrspflichten die umfassende, nicht rechtsfolgenbeschränkte Haftung als Täter.

Diese Rechtsfolgenabweichung ist der klarste Hinweis darauf, dass die Gefahrbeherrschungspflichten, deren Verletzung Verkehrspflichtenlehre und Störerhaftung verlangen, nicht deckungsgleich sein können. Denn bei gleichen Haftungsvoraussetzungen unterschiedlich strenge Rechtsfolgen anzuordnen, ließe zwei unterschiedliche Wertungen in derselben Sache nebeneinander laufen. Anders ausgedrückt: Wären die Anforderungen der Gefahrbeherrschungspflichten nach Störerhaftung und Verkehrspflichtenlehre so austauschbar wie

301 Haedicke, GRUR 1999, 397, 399; Köhler, WRP 1997, 897 f.

302 BGH MMR 2007, 507, 511 - „Internetversteigerung II"

303 BGH GRUR 2007, 890, 894 - „Jugendgefährdende Medien bei eBay"

304 S.u. Abschnitt 5 a)

die Rechtsprechung des BGH dies impliziert, so müsste die Einbeziehung von Schadensersatzansprüchen in den § 1004 BGB, bzw. die Störerhaftung, schlichtweg vergessen worden sein.

Doch dem ist nicht so: Der Gesetzgeber hat in § 1004 BGB bewusst eine beschränkte Haftung desjenigen normiert, der ohne Verschulden objektiv das fremde Eigentum beeinträchtigt[305]. Die Störerhaftung ist die konsequente Anwendung dieses Gedankens auf andere absolute Rechte als das Eigentum. Auch wenn sich durch die richtige und aus Gründen der Rechtssicherheit notwendige Entwicklung des Kriteriums der Verletzung zumutbarer Prüfungspflichten die Haftungsvoraussetzungen der Störerhaftung denen der Verkehrspflichtenlehre angenähert haben, ist die Störerhaftung keine sachenrechtliche Täterhaftung mit lückenhafter Rechtsfolgenregelung. Die Beschränktheit der Rechtsfolgen spiegelt vielmehr gerade das Wesen der Störerhaftung wider. Die Störerhaftung ist aus dem Bedürfnis geschaffen, eine konkrete Funktion zu erfüllen: Die Erfassung des objektiven Vermittlers einer fremden Verletzung gerade und ausschließlich mit negatorischen Ansprüchen. Der Störer ist eine eigenständige und rechtspraktisch notwendige Kategorie des Passivlegitimierten[306]. Dass an das objektive Mitwirken des Störers an einem Verstoß Anforderungen gestellt werden, die nach der Zumutbarkeit des Andershandelns fragen, macht die Störerhaftung nicht äquivalent zur Verschuldenshaftung des mittelbaren Täters nach der Verkehrspflichtenlehre. Die Anforderung der Verletzung einer zumutbaren Prüfungspflicht dient der verfassungsmäßig gebotenen Einschränkung der akzessorischen Störerhaftung, und nicht der Begründung eines täterschaftlichen Vorwurfs. Die Störerhaftung ist zweckdienlich und funktional unentbehrlich. Soweit „Störer" im Sinne der zivilrechtlichen Störerhaftung lediglich als immaterialgüterrechtlicher Begriff des nicht-unmittelbaren Täters verstanden wird[307], kann dem nicht gefolgt werden.

Vom „Ersetzen" der Störerhaftung durch das Konzept der Verkehrspflichtenlehre sollte daher keine Rede sein. Verkehrspflichtenlehre und Störerhaftung stehen nebeneinander, und ihre funktionalen wie dogmatischen Unterschiede verbieten eine Substitution des einen Instituts durch das andere. Wenn von Aufgabe der Störerhaftung zugunsten der Verkehrspflichtenlehre die Rede

---

305 Soweit der Rechtsfolgenbeschränkung der Störerhaftung entgegengehalten wird, dass § 1004 BGB nach hM Schutzgesetz iSd § 823 Abs. 2 BGB ist, also eine Beeinträchtigung iSd § 1004 letztlich doch schadensersatzbewehrt sei, ist die Argumentation zirkulär: Da § 1004 kein Verschulden verlangt, ist richtiger Ansicht nach jedenfalls für den Schadensersatzanspruch nach § 823 Abs. 2 iVm § 1004 Verschulden der Zuwiderhandlung zu fordern.

306 Ahrens, WRP 2007, 1281, 1282.

307 So Köhler, aaO; BGH NJW 2009, 1960 ff. - „Halzband".

ist, ist schlicht die Abschaffung der Kategorie des Störers bei gleichzeitiger Ausweitung der unmittelbaren Täterhaftung gemeint. Das würde die gebotene Übertragung der vom Gesetzgeber in § 1004 BGB ausgedrückten Rechtsfolgenbeschränkung auf andere absolute Rechte als das Eigentum unterlaufen und ist weder systematisch, noch praktisch indiziert.

5: Abgrenzung von Störerhaftung und modifizierter Verkehrspflichtenlehre

Um die auf die gesetzgeberische Wertung in § 1004 BGB zurückzuführende Rechtsfolgenbeschränkung der Störerhaftung nicht durch die modifizierte Verkehrspflichtenlehre zu unterlaufen, muss eine Abgrenzung geleistet werden, die beiden Haftungsinstituten ihren eigenen Anwendungsbereich lässt. Es sind dabei unterschiedliche Ansätze denkbar:

a) Fahrlässige Verkehrspflichtverletzung ≠ Verletzung zumutbarer Prüfungspflicht

Den oben[308] aufgezeigten Unterschied zwischen der fahrlässigen Verletzung einer Verkehrspflicht und der objektiven Verletzung einer zumutbaren Prüfungspflicht zum validen Abgrenzungsmerkmal zu kultivieren, fällt schwer. Denn ist er zwar dogmatisch nachweisbar, erweist er sich in der praktischen Rechtsanwendung als minimal: Der Störerhaftung blieben lediglich Fälle, in denen zwar nicht vom einschlägigen Verkehrskreis, doch vom konkreten Vermittler im Einzelfall die Vermeidung der Mitwirkung an fremden Verstößen zu erwarten gewesen wäre. Und selbst diese Fallgruppe wäre kein vor der unmittelbaren Haftung nach der modifizierten Verkehrspflichtenlehre gesichertes Terrain, da Tendenzen der Rechtsprechung bestehen, auch im objektivierten Maßstab der Verkehrskreise durch normative Korrektur zumindest individuelle Stärken des Handelnden zu dessen Lasten zu berücksichtigen[309].

---

308 Vgl. oben, II: 2: a)

309 Grundmann in MüKo § 276 BGB Rn 56 mwN; BGH NJW-RR 1990, 406; Zur grundsätzlichen Geringfügigkeit des Unterschieds zwischen subjektivem und objektiviertem Fahrlässigkeitsmaßstab: Unberath in Beck'scher Online-Kommentar, § 276 BGB, Rn 20.

b) Schaffung eines relevant erhöhten Risikos

Sowohl Verkehrspflichtenlehre als auch Störerhaftung knüpfen Gefahrbeherrschungspflichten nicht an den Eintritt eines Erfolgs, sondern an ein qualifiziertes Handeln. Die Qualifikation erfolgt dabei anhand von Zurechnungsgründen, welche Wertungen zur Verantwortlichkeit enthalten. *Canaris* unterteilt für die Verkehrspflichtenlehre in drei Gruppen von Zurechnungsgründen: Die Herrschaft über einen Bereich (Eröffnung oder Duldung eines Verkehrs), die Übernahme einer Aufgabe und vorangegangenes Tun[310]. Die Störerhaftung von Intermediären im Internet knüpft Prüfungspflichten regelmäßig an die Eröffnung eines Verkehrs in einem beherrschten Bereich. Der Konflikt entzündet sich nach dieser Terminologie also genau genommen zwischen der Störerhaftung und der Bereichshaftung der modifizierten Verkehrspflichtenlehre.

Die Beherrschung eines Bereiches begründet indes nur dann einen Zurechnungsgrund zulasten des Herrschenden, wenn dieser Bereich ein Risiko schafft, das über das allgemeine Lebensrisiko hinausgeht[311]. Denn wenn sich grundsätzliche, allgemein lebensimmanente Gefahren zufällig im Herrschaftsbereich eines Anderen realisieren, ist dessen Haftung nur bei gesondertem Hinzutreten begründeter Schutzerwartungen, etwa aufgrund vertraglicher Abrede oder Ingerenz, geboten[312]. Um eine Gefahrbeherrschungspflicht ohne entsprechende Übernahme oder Ingerenz schon an die bloße Beherrschung des Bereichs zu knüpfen, muss in diesem Bereich nicht nur das allgemeine Lebensrisiko geduldet, sondern ein besonderes, sog. „relevantes Risiko“ geschaffen, bzw. ein bestehendes Risiko relevant erhöht werden[313]. Nichts anderes meint eine Strömung in der instanzgerichtlichen Rechtsprechung, die für Access-Provider eine Täterhaftung nach der modifizierten Verkehrspflichtenlehre am Schaffen einer „ernsten“ Gefahr scheitern lässt[314].

Das Kriterium des relevant erhöhten Risikos ist als Vehikel für die Abgrenzung von Störerhaftung und modifizierter Verkehrspflichtenlehre interessant: Nähme man bei der rechtsfolgenbeschränkten Störerhaftung schon die rein objektive Mitwirkung an fremden Verstößen als hinreichenden Anknüp-

---

310 Larenz / Canaris Schuldrecht II Bd 2 S. 406 - 410; sich anschließend Hager in Staudinger, § 823 BGB Rn E 12; Überblick mit leicht abweichender Aufteilung und umfangreichen Nachweisen bei Spindler in Beck'scher OK, § 823 BGB Rn 227 ff.

311 Spindler in Beck'scher OK, § 823 Rn 228; Larenz / Canaris Schuldrecht BT II Bd 2 § 76 III 3c; Wagner in MüKo § 823 BGB Rn 283; Edenfeld, VersR 2002, 272, 278.

312 aA Hager in Staudinger, § 823 I Rn E14, E 16 mwN.

313 Leistner, GRUR-Biel. 2010, 1, 30; Leistner / Stang,WRP 2008, 533, 542; Spindler in Beck'scher Online-Kommentar § 823 BGB Rn 228.

314 LG Düsseldorf, MMR 2008, 189 ff; LG Hamburg ZUM 2009, 587, 590 ; LG Kiel, MMR 2008, 123 f.; inzwischen auch OLG Frankfurt a.M., MMR 2008, 166 ff.

fungspunkt für Prüfungspflichten, ohne ein relevant erhöhtes Risiko zu verlangen, wäre das Stufenverhältnis von Störerhaftung und Täterhaftung gewahrt[315].

Es stellt sich jedoch die Frage, ob eine (Störer-)Haftung für die Schaffung auch nicht relevanter Risiken normativ haltbar und geboten ist. Denn auch die beschränkten Rechtsfolgen der Störerhaftung dürfen nicht ohne eine Wertung anhand valider Gerechtigkeitskriterien angeordnet werden.

Den Bedenken gegen eine übermäßige Weite der Störerhaftung könnte durch das Kriterium der Verletzung einer zumutbaren Prüfungspflicht entgegnet werden, da Prüfungspflichten des Störers stets nur in dem Ausmaß bestehen, das dem konkreten Mitwirkungsbeitrag entspricht. Das Argument wirkt dabei zunächst zirkulär: Das Fehlen eines relevanten Risikos zur Eröffnung des Anwendungsbereichs der Störerhaftung zu ignorieren, um dann unter Berufung auf eben dieses Fehlen Prüfungspflichten für unzumutbar zu erklären, scheint ein Nullsummenspiel zu sein. Ein solches Urteil wäre jedoch vorschnell, denn die Sinnhaftigkeit der Argumentation zur (ausschließlichen) Erstreckung der Störerhaftung auf nicht relevante Risikoerhöhungen steht und fällt mit dem Begriff der Relevanz.

Relevant kann eine Risikoerhöhung nur genannt werden, wenn das allgemeine Lebensrisiko überschritten wird. Doch der Begriff der Risikoerhöhung ist nicht eindeutig: Richtigerweise ist eine Aufspaltung in qualitative und quantitative Erhöhung eines Risikos vorzunehmen[316]. Quantitative Risikoerhöhung meint dabei die Steigerung der Reichweite ohnehin gegebener Rechtsgutsverletzungen, qualitative Risikoerhöhung die Steigerung der Wahrscheinlichkeit des Eintritts einer Rechtsgutsverletzung selbst, also eine Risikoerhöhung im eigentlichen, engeren Sinne.

Dazu ein Beispiel: Das allgemeine, netzimmanente Risiko für den Urheber eines Bildwerkes, dass sein Werk unberechtigt vervielfältigt wird, wird durch zwei unterschiedliche Angebote im World Wide Web gesteigert: Einerseits durch einen Dienst, der anonymisierten, anmeldefreien Transfer von Bilddateien anbietet und damit dem grundlegenden, abstrakten Risiko des Geschehens von Urheberrechtsverletzungen durch das Schaffen besonders günstiger Voraussetzungen für Verletzungen eine neue Qualität gibt; andererseits durch einen Dienst, der eine objektive „Landkarte des World Wide Web" bereitstellt, und damit bereits existierende Verletzungen für alle Nutzer erkennbar macht.

In letzterem Fall ist nicht das Risiko der Verletzung des Rechtsguts selbst erhöht, sondern lediglich die Reichweite ohnehin bestehender Verletzungen

315 Relevante Risikoerhöhung fordern auch für die Störerhaftung: OLG Frankfurt a.M. ZUM 2009, 68 ff.; Ahrens, WRP 2007, 1281, 1288; Leistner / Stang, WRP 2008, 533, 542.

316 Vgl. oben Abschnitt II 2 b)

erweitert. In dieser quantitativen Risikoerhöhung manifestiert sich nur das allgemeine Lebensrisiko, nicht aber eine besondere Gefährlichkeit des Dienstes. Es liegt deshalb keine relevante Risikoerhöhung vor, sodass mangels Zurechenbarkeit jedenfalls eine unmittelbare deliktische Haftung des Mittlers ausscheiden muss. Die Kausalität seines Dienstes für das gesteigerte Schädigungspotential bestehender Verletzungen rechtfertigt jedoch zumindest die Auferlegung von sowohl auf Tatbestandsseite durch das Zumutbarkeitskriterium, als auch in Ihrer Wirkung auf Rechtsfolgenseite beschränkten Prüfungspflichten.

c) Lösung auf Konkurrenzebene

Die Abgrenzung von Störerhaftung und deliktischer Haftung des mittelbaren Täters nach der modifizierten Verkehrspflichtenlehre könnte durch eine partielle Subsidiarität der Letzteren hinter der Haftung des unmittelbaren Verletzers geleistet werden[317].

Auf diese Weise schiede eine Haftung des Mittlers als Täter immer dann aus, wenn der unmittelbare Verletzer wirksam in Anspruch genommen werden könnte. Der Verletzte könnte dann Beseitigung, Unterlassung und Schadensersatz vom unmittelbaren Verletzer verlangen, gegen den Mittler jedoch nur als Störer vorgehen, also Beseitigung und Unterlassung verlangen.

Das größte Problem dieser Lösung ist die Zufälligkeit der Haftungsstrenge aus Sicht des Mittlers. Es ist schwierig zu rechtfertigen, dass der eine Verkehrspflicht verletzende Vermittler nur dann auf Schadensersatz haften soll, wenn ein Dritter gewisse reale Voraussetzungen erfüllt. Argumentieren ließe sich, dass der Verletzte im Fall mangelnder Handhabe gegen den unmittelbaren Verletzer, etwa wegen dessen Sitz im exotischen Ausland, seinen Schaden nicht wirksam bei diesem liquidieren kann, und deshalb des Zugriffes auf den Vermittler umso dringender bedarf. Es ist aber zweifelhaft, die Verpflichtung zum Schadensersatz nicht an normative Kriterien wie Verschulden oder Gefährlichkeit zu knüpfen, sondern an einen im Einzelfall zufälligen objektiven Umstand. Zumindest haltbar scheint der Standpunkt, dass sich im Falle der Nichterreichbarkeit des unmittelbaren Verletzers - sei sie auch zufällig - die Gefährlichkeit des Handelns des Vermittlers niederschlägt: Die Vermittlung einer Verletzung ist für den Inhaber verletzter Rechtsgüter in der Tat umso be-

317 Für Subsidiarität in allen Fälle mittelbarer zivilrechtlicher Verantwortlichkeit: Ahrens, WRP 2007, 1281, 1288; Leistner, GRUR 2010 1, 32 mwN; ablehnend hinsichtlich einer Subsidiarität der Störerhaftung BGH MMR 2007, 518, 519 - „Meinungsforum“.

drohlicher, je weniger wirksame Handhabe gegen den unmittelbaren Täter der Verletzung besteht.

Problematisch bleibt an der Lösung über eine Subsidiarität der Haftung des mittelbaren Täters gegenüber der des Unmittelbaren allerdings, dass der Mittler die tatsächliche Erreichbarkeit eines potentiellen unmittelbaren Verletzers für den potentiell Verletzten prüfen müsste, um den Umfang seiner eigenen Haftung zu ermitteln. Zwar bestünde aufgrund der Lösung auf Konkurrenzebene das Pflichtenprogramm des Mittlers in jedem Fall, und nur der Anspruch des Verletzten stünde hinter demjenigen gegen den unmittelbaren Verletzer zurück, doch es bliebe für den Mittler einer Rechtsverletzung ein Defizit an Rechtssicherheit. Darüber hinaus ist es dogmatisch fehlerhaft, eine subjektiv wie objektiv unveränderte Handlung abhängig von rein tatsächlichen Attributen eines Dritten einmal zu unmittelbarer Täterhaftung, einmal zu akzessorischer Störerhaftung führen zu lassen. Der Verweis auf das bloße Zurückstehen auf Konkurrenzebene wiederum verletzt die Systematik der Störerhaftung, da Störer nur sein kann, wer nicht Täter ist.

6: Schlussfolgerung

Die Abgrenzung der Rechtsfigur der „Verletzung immaterialgüterrechtlicher Verkehrspflichten" zur Störerhaftung lässt sich nur mit mäßigem Erfolg vornehmen. Am ehesten überzeugt der Ansatz, der Störerhaftung Fälle von lediglich quantitativer Risikoerhöhung vorzubehalten. Auch bei einer solchen Abgrenzung würde die rechtsfolgenbeschränkte Störerhaftung teilweise durch umfassende Täterhaftung verdrängt, doch bliebe zumindest in einem Restbereich der in der Störerhaftung verkörperten Wertung des § 1004 BGB gewahrt.

Dabei hat die Notwendigkeit der Abgrenzung beider Haftungskonzepte etwas Paradoxes, wie sich mit Blick auf die Entwicklung der Störerhaftung zeigt: Ursprünglich zur Erfassung der rein objektiven Mitwirkung konzipiert, wurde sie zum angemessenen Schutz des Mitwirkenden auch vor ihren eingeschränkten Rechtsfolgen um das Merkmal der Verletzung von Prüfungspflichten erweitert. Diese Beschränkung der Störerhaftung durch Integration von der Verschuldenshaftung entlehnten Zurechnungsgründen im Rahmen der Zumutbarkeit erhöht notwendig die Vorwerfbarkeit tatbestandsmäßigen Störens, denn jede von einem Haftungstatbestand aufstellte Hürde hinterlässt einen stärker qualifizierten Täterkreis als Adressaten der Rechtsfolge. Eben diese gesteigerte Vorwerfbarkeit ist es nun, die zur Annäherung der Störerhaftung an die ihrerseits inzwischen vom Verschuldensprinzip emanzipierte Verkehrspflichtenlehre und damit zur drohenden vollständigen Abschaffung der Haftungsbeschränkung des Störers geführt hat. Eine Besserstellung des objektiv Mitwirkenden droht zur Aufhebung seines Privilegs zu führen.

Die Lösung des Dilemmas der sich beiderseitig annähernden Haftungskonzepte darf aus Rücksicht auf ihre ebenbürtige Legitimation - im Falle der Verkehrspflichten eine kühne Auslegung des Begriffes der Rechtsgutsverletzung, im Falle der Störerhaftung eine Analogie - nicht im Sieg des Einen über das Andere bestehen. Über die Grobschlächtigkeit einer sachenrechtlichen Analogie im Wettbewerbsrecht darf nicht übersehen werden, dass die Wertung des § 1004 BGB der Sache nach rechtsgebietsübergreifend zutreffend ist: Wer eine Rechtsgutsverletzung nicht selbst verschuldet, sondern lediglich objektiv an einer solchen selbst verantwortlicher Dritter mitwirkt, ist nicht Täter, und wird es auch dadurch nicht, dass er anders hätte handeln können. Die Grenze zwischen umfassend sanktionierter Rechtsgutsverletzung und rechtsfolgenbeschränkter objektiver Mitwirkung ist zur Wahrung der Rechtssicherheit notwendig und verdient es, verteidigt zu werden[318]. Die Möglichkeit, das wertungsmäßige Gefälle zwischen Verletzung und nicht einmal zur Beihilfe qualifizierender Mitwirkung durch Anordnung entsprechend abgestufter Rechtsfolgen ausdrücken zu können, wiegt schwerer als das bedingt erfolgreiche Ausmerzen einer dogmatischen Ungenauigkeit.

Deshalb ist die zwar nicht anlass- aber letztlich grundlose Haftungsverschärfung, die sich aus der Ausweitung der Verkehrspflichtenlehre auf die akzessorische Dimension der Störerhaftung mittels der Modifikation zur „Haftung wegen Verletzung wettbewerbsrechtlicher Verkehrspflichten" ergibt, insgesamt abzulehnen: Die Erhöhung der objektiv vermeidbaren Mitwirkung zur unmittelbaren Täterschaft durch die modifizierte Verkehrspflichtenlehre, d.h. die allgemeine, tatbestandliche Pflicht zur Verhütung vorsätzlich verwirklichten fremden Unrechts im eigenen Einflussbereich, ist eine grundsätzliche Fehlentwicklung. Sie erhebt schon eine fahrlässige Beihilfe zur unmittelbaren Täterschaft, ohne dafür eine Stütze im Gesetz zu finden. Im Gegenteil konterkariert sie sowohl die eindeutige und zutreffende Wertung des § 1004 BGB, als auch die des § 830 BGB, durch dessen aufs Strafrecht verweisenden Zuschnitt eine fahrlässige Beihilfe nicht vom zivilrechtlichen Einheitstäterbegriff erfasst ist[319]. Sie löst das Verschulden von der Rechtsgutsverletzung[320], droht ehemals spezielle Garantenpflichten zu Jedermannspflichten ausufern zu lassen[321] und sollte deshalb nicht nur nicht im gewerblichen Rechtsschutz weiterentwickelt,

318 Leistner, GRUR-Beil. 2010, 1, 31.
319 BGHZ 42, 118, 122; BGHZ 105, 121, 133 Spindler in Bamberger/Roth, BB § 830 Rn 10 mwN.
320 S.o. Abschnitt 2 a)
321 Pfeiffer, Anm. zu BGH: Halzband, jurisPR-WettbR 5/2009 Anm. 1

sondern auch für das Wettbewerbsrecht aufgegeben werden. Sie stellt keinen Fort- sondern einen Rückschritt in die Störerhaftungsrechtsprechung der Sechzigerjahre des vergangenen Jahrhunderts dar: Diese nahm ebenfalls ohne belastbaren Grund verschieden strenge Voraussetzungen für mittelbare Verletzungen von Wettbewerbsrecht und Leistungsschutzrechten an[322], hielt jedoch immerhin die Beschränkung der Rechtsfolge aufrecht und ist der aktuellen Konzeption daher sogar überlegen.

Die Mitwirkung an vorsätzlich verwirklichtem, fremdem Unrecht ist richtigerweise durch das Zusammenspiel von Störer- und Teilnehmerhaftung zu beurteilen. Auf diese Weise bleiben Schadensersatzansprüche der Verschuldenshaftung vorbehalten, während die Analogie zu § 1004 BGB die gebotene negatorische Haftung des objektiv Mitwirkenden leistet. Die Zwischenkategorie der Täterschaft wegen Verletzung von Verkehrspflichten zur Verhinderung vorsätzlich verwirklichten, fremden Unrechts verwässert die Wertungen beider Systeme und bringt dabei bis auf den Austausch einer dogmatischen Ungenauigkeit durch die Nächste keinerlei Vorteil mit sich.

Sollte die Modifikation der Verkehrspflichtenlehre im Wettbewerbsrecht dagegen gar nicht zur dogmatischen Flurbereinigung konzipiert gewesen sein, sondern als Versuchsballon für eine grundsätzliche Verschärfung des Immaterialgüterrechts für die objektiv vermittelnden Intermediäre als Schlüsselfiguren im Informationszeitalter, so ist diese politische Entscheidung allein dem Gesetzgeber vorbehalten.

7: Ergebnis zur wettbewerbsrechtlichen Täterhaftung

Die Konstruktion der „Haftung für die Verletzung wettbewerbsrechtlicher Verkehrspflichten" vermag nicht zu überzeugen und ist einschränkungslos abzulehnen. Es bleibt daher für Suchmaschinenbetreiber auch im Wettbewerbsrecht bei der oben dargestellten Haftung als Störer[323].

---

322 Zusammenfassung der Rechtsprechungsentwicklung bei Haedicke, GRUR 1999, 397 ff.

323 S.o. Abschnitt II.

B: Haftung für die Trefferdarstellung: „Snippets“

I: Einleitung

Als „Snippets“ (engl. = „Schnipsel“) werden die auf der Ergebnisseite einer Suchmaschine dargestellten, von den jeweiligen Zielseiten übernommenen Kontextausschnitte bezeichnet, die dem Suchmaschinennutzer eine Vorschau auf den Inhalt der Webseiten hinter den Suchtreffern geben.

Abb. 2: Snippet (schwarz markiert)

Snippets bestehen entweder aus einem von den Zielseiten übernommenen Fließtext (Etwa „Markus Mustermann hat in Vergangenheit wiederholt und in erheblichem Ausmaß Kreditbetrug begangen“ als Snippet zu einem Treffer bei der Suche nach „Mustermann, Kreditbetrug“), oder aus einer Mehrzahl kürzerer Textbausteine aus der Zielseite (Etwa: „Markus Mustermann ... günstig ohne Schufa ... Kreditbetrug ... Bausparen beim Testsieger“). Diese beiden Varianten werden im Folgenden als „prosaische“ und „zusammengesetzte“ Snippets bezeichnet.

Im Unterschied zur bloßen Verlinkung fremder Inhalte gibt der Suchmaschinenbetreiber im Rahmen der Snippets selbst Informationen wieder, indem er sie aus gespeicherten Kopien der Zielseiten erstellt und anzeigt. Darüber hinaus gibt er die übernommenen Wendungen nicht notwendig im Originalzusammenhang wieder, sondern erstellt mitunter in individueller Abstimmung auf die jeweilige Suchanfrage zusammengesetzte Snippets aus Bruchstücken des verlinkten Dokuments (die getroffenen Suchbegriffe werden dabei durch Fettdruck hervorgehoben, vgl. in der obigen Abbildung 2 etwa „sit amet“). Die stärkere technische Nähe des Suchmaschinenbetreibers zu den eigens wiedergegebenen Informationen und die Frage nach der Verzichtbarkeit der Snippets für die Websuche macht eine separate Bestimmung der Schutzwürdigkeit von Suchmaschinenbetreibern im Hinblick auf die Trefferdarstellung nötig[324].

II: Bestimmung der Schutzwürdigkeit

Ausgangspunkt ist die im Rahmen der Störerhaftung für verlinkte Inhalte dargestellte, weitgehende Schutzwürdigkeit des Geschäftsmodells Websuche[325]. Zur angepassten Bestimmung der Schutzwürdigkeit des Suchmaschinenbetreibers hinsichtlich der Trefferdarstellung sind mehrere Faktoren zu berücksichtigen: Die Bedeutung von Snippets für die sozialmeritorische Websuche - sie bestimmt das Ausmaß, in dem die Wertung zur Schutzwürdigkeit von der Websuche übertragen werden kann -, etwaige Handlungsalternativen des Suchmaschinenbetreibers sowie die Intensität des Rechtsgutseingriffs.

1: Die Bedeutung von Snippets für die Websuche

Snippets erfüllen die Funktion einer inhaltlichen Vorschau auf die Dokumente hinter den Suchtreffern. Der Betrieb einer Websuche ohne Vorschaufunktion ist denkbar, indem die Treffer neutral und rein numerisch betitelt angeführt werden („Treffer 1: [Link]; Treffer 2: [Link]; Treffer 3...“). Die Funktionalität einer Suchmaschine litte jedoch stark unter der Neutralität einer solchen Trefferdarstellung, denn die Vorschau erfüllt im Rahmen der Websuche eine nicht zu unterschätzende Aufgabe. Aufgrund der mangelnden semantischen Kompetenz von Query Processors bei der Verarbeitung von Suchanfragen ist die manuelle Auswahl unter den Suchtreffern durch den Nutzer notwendiger Teil je-

324 Sieber / Höfinger in Hoeren / Sieber, Handbuch Multimedia-Recht Teil 18.1 Rn 118.

325 S.o. Abschnitt A II 2 c) cc) aaa) (1)

der effizienten Websuche. Indem die letzte Auswahl anhand einer Kurzvorschau auf die gefundenen Dokumente dem Anwender überlassen bleibt, wird der zwangsläufige Sinnverlust bei der Kommunikation von Mensch und Maschine kompensiert. Ohne eine Vorschaufunktion würde das Auffinden der tatsächlich relevanten Dokumenten unter den Suchtreffern für den Suchmaschinennutzer zu einer zeitaufwendigen Übung in Versuch-und-Irrtum[326]. Eine Websuche ohne inhaltliche Vorschau auf die Suchtreffer ist daher keine in ihrer Nützlichkeit vergleichbare Alternative zum Geschäftsmodell der vorschaugestützten Suche.

2: Möglichkeiten zur Ausgestaltung der Vorschau

Es ist grundsätzlich auf zwei Arten möglich, dem Nutzer einer Suchmaschine eine Vorschau auf den Inhalt der verlinkten Zielseiten zu geben: Entweder durch die Wiedergabe von repräsentativen Ausschnitten, oder durch das Erstellen einer abstrakten Beschreibung des Inhalts. Letzteres würde die Natur des verweisenden Dienstes von der neutral vermittelnden Suchmaschine zum redaktionellen Webverzeichnis wandeln[327]. Aufgrund der damit verbundenen inhaltlichen Beschäftigung mit den verlinkten Informationen entstünde erstens ein erheblicher Arbeitsaufwand, der zulasten des Umfangs der Ergebnislisten ginge, und zweitens ein gesteigertes Haftungsrisiko für den Suchmaschinenbetreiber. Inhaltlich neutraler als im Wege automatisch generierter Kontextausschnitte lässt sich eine funktionale Vorschaufunktion nicht gestalten. Es ist keine alternative Ausgestaltung der Vorschaufunktion denkbar, die nicht die Effizienz der sozialmeritorischen Websuche gefährden und das Haftungsrisiko ihrer Betreiber verschärfen würde.

3: Eingriffsintensität

Schon der sehr beschränkte Umfang von Snippets bedeutet eine tendenziell geringe Intensität von durch sie wiedergegebenen Rechtsgutsverletzungen. Der Umfang von Snippets beläuft sich im Regelfall auf eine Länge von nicht mehr als zwei Zeilen Text, sodass weder die Darstellung überzeugend substanziierter Äußerungen, noch eine Wiedergabe umfangreicher Werke möglich ist[328].

326 Berberich, MMR 2005, 145.

327 Dazu oben, Kapitel 1 C.

328 Von einem „allenfalls geringfügigem Eingriff und keinen oder kaum vorhandenen Folgen“ spricht das OLG Stuttgart MMR 2009, 190; Zur urheberrechtlichen Schutzfähigkeit von in Snippets wiedergegebenen Werken s.u. Abschnitt IV 1.

Darüber hinaus mindert auch die eigene Wiedergabe von Inhalten durch den Suchmaschinenbetreiber seine Schutzwürdigkeit im Vergleich zum „stummen“ Hyperlinking nicht: Snippets sind nicht weniger offensichtlich dem Suchmaschinenbetreiber objektiv intellektuell fremde Informationen als solche, die sich auf den verlinkten Zielseiten befinden[329]. Zudem wird die Wiedergabe von Informationen im begrenzten Raum der Snippets eine Verbreitung der unmittelbar verletzenden Fremdinhalte eher beschränken als sie zu begünstigen. Die Vorschau auf Suchergebnisse sorgt dadurch, dass sie dem Nutzer die Ermittlung einer Gruppe der relevantesten Ergebnisse erlaubt, insgesamt für eine Beschränkung der Aufrufe unmittelbar verletzenden Zielseiten. Ohne Vorschau entstünde die Notwendigkeit des Aufrufs von in der Art ihrer Relevanz nicht weiter charakterisierten Suchergebnissen „ins Blaue hinein“, sodass die nicht intensitätsbeschränkten, unmittelbaren Verletzungen auf verlinkten Zielseiten ohne eine Vorschaufunktion gesteigerte Verbreitung fänden. Insgesamt erweisen sich Suchmaschinenbetreiber hinsichtlich der von ihnen dargestellten Snippets daher mit Blick auf die Bedeutung der Vorschaufunktion als Bestandteil der sozialmeritorischen Websuche als ebenso schutzwürdig wie hinsichtlich der bloßen Verlinkung fremder Inhalte.

Diese Wertung in der Gesetzesanwendung zur Geltung zu bringen, stellt sich jedoch angesichts der eigenen Wiedergabe der fremden Informationen im Rahmen von Snippets als schwierig dar. Grund dafür ist das Fehlen gesetzlicher Kategorien zur Berücksichtigung der die Schutzwürdigkeit der Suchmaschinenbetreiber begründenden Umstände. Während etwa das US-amerikanische Recht mit der Generalklausel des „fair use“ flexibel auf technische Entwicklungen reagieren kann[330], sind in Deutschland durch die im Vergleich größere Rigidität der Tatbestände sowie die im Grundsatz zu begrüßende enumerative Aufzählung von Schrankenbestimmungen klare Grenzen gesetzt. Innerhalb dieser Grenzen eine angemessene Haftung von Suchmaschinenbetreibern zu konstruieren, ist nicht immer reibungslos möglich. Weniger im Äußerungs-, doch umso mehr im Urheberrecht stößt die Ablehnung der zu unverhältnismäßiger, nicht rechtsfolgenbeschränkter Täterhaftung führenden Tatbestände zugunsten einer Anwendung der flexiblen Störerhaftung an die Grenzen des methodisch Zulässigen.

---

329 Sieber / Höfinger in Hoeren / Sieber aaO Rn 119; KG Berlin MMR 2010, 495; aA LG Hamburg MMR 2004, 558, 560 (zu Thumbnails als Vorschau der Bildersuche).

330 § 107 des Title 17 des U.S.C.: „Limitations on exclusive rights: Fair use“; Zum grundsätzlichen Unterschied einer auf enumerativen Schranken basierenden Systematik vgl. Ott, MMR 12 / 2008, XII f.; Einen gemeinschaftsrechtlichen Umschwung zugunsten einer „Fair Use“ Klausel denkt Spindler, GRUR 2010, 785, 792 an.

III: Äußerungsrecht

1: Haftung für das Behaupten oder Verbreiten fremder Äußerungen

Die Annahme eines Behauptens von Tatsachen durch Suchmaschinenbetreiber im Rahmen von prosaischen Snippets liegt fern: Eine Zurechnung von fremden Informationen würde voraussetzen, dass sich ein Suchmaschinenbetreiber aus Sicht eines objektiven Betrachters derart mit den Inhalten identifiziert, dass er die Verantwortung für diese oder Teile davon übernimmt[331]. Eine derartige Identifikation des Suchmaschinenbetreibers mit fremden Informationen durch deren Anzeigen in Snippets ist nicht gegeben[332]. Die automatische Erstellung der Snippets ist schon angesichts der Fülle an Suchtreffern (Google.com liefert nach weniger als 2 Millisekunden ca. 1.5 Milliarden Treffer zum Begriff „Internet“), die jeweils auf die Suchanfrage abgestimmte Snippets mit sich bringen, für jeden Betrachter offensichtlich. In Snippets enthaltene Äußerungen aus den Zieldokumenten werden demnach nicht von Suchmaschinenbetreibern behauptet[333].

Die in der automatisierten, anfrageabhängigen Wiedergabe von fremden Äußerungen in Snippets enthaltene Verbreitung ist eine technische, an die keine Täterhaftung als Verbreiter geknüpft ist[334]. Es kommt daher keinerlei äußerungsrechtliche Täterhaftung des Suchmaschinenbetreibers für die Wiedergabe fremder Äußerungen in prosaischen Snippets in Betracht.

Einer differenzierten Untersuchung ist jedoch ein Phänomen zu unterziehen, das im Zusammenhang mit Snippets in jüngerer Zeit vermehrt die Aufmerksamkeit von Rechtsprechung und Schrifttum erregt hat: Das Erstellen von zusammengesetzten Snippets aus mitunter inhaltlich zusammenhanglosen Abschnitten des verlinkten Dokuments könnte zum Entstehen neuer Aussagen führen, die in dieser Form nicht im Originaldokument enthalten sind[335]. Solche Aussagen wären Gegenstand genuin eigener Behauptungen des Suchmaschinenbetreibers.

---

331 Roggenkamp, jurisPR-ITR 10/2010 Anm. 5 mwN; insb. Heckmann, jurisPK-Internetrecht, Kap. 1.7 RN 12.

332 KG Berlin ZUM RD 2010, 224, 225; OLG Hamburg, ZUM 2007, 490, 491.

333 So auch Spieker, MMR 2005, 727, 729.

334 S.o. Abschnitt A I 1 a) bb)

335 KG Berlin ZUM-RD 2010, 224; LG Hamburg MMR 2009, 290 ff.; OLG Hamburg ZUM 2007, 490; Roggenkamp, jurisPR-ITR 10/2009 Anm 2; Schuster, CR 2007, 443 ff.

2: Haftung für Äußerungen aus überschießendem Sinn: Prosaische und zusammengesetzte Snippets

Entsteht erst durch das Zusammenspiel der einzelnen Bausteine eines zusammengesetzten Snippets ein neuer, übergeordneter Sinnzusammenhang, der sich rechtsverletzend interpretieren ließe, so existiert keine Haupttat, an die eine akzessorische Haftung etwa als Verbreiter oder Störer anknüpfen könnte[336]. In Betracht kommt allein ein eigenes Behaupten des Suchmaschinenbetreibers. Es ist daher genau zu untersuchen, inwiefern bei überschießendem Sinn zusammengesetzter Snippets eine originär eigene Äußerung des Suchmaschinenbetreibers gegeben ist[337].

Dabei tun sich zwei Fragen auf: Ob dem Referenznutzer eine hinreichende Kenntnis der automatisierten Arbeitsweise von Suchmaschinen bei der Erstellung von Snippets unterstellt werden kann, und ob solche Kenntnis das äußerungsrechtliche Verletzungspotential von zusammengesetzten Snippets beeinträchtigt oder sogar auszuschließen vermag.

Nach hier vertretener Ansicht ist sowohl hinreichende Kenntnis der Nutzer vom automatisierten Zustandekommen der Snippets, als auch die ein eigenes Behaupten des Suchmaschinenbetreibers ausschließende Wirkung dieser Kenntnis anzunehmen. Tatsächlicher und auch einzig nach außen erkennbarer Zweck von Snippets ist es, dem Nutzer ein möglichst valides Urteil über den Kontext zu ermöglichen, in dem der einschlägige Suchbegriff im gefundenen Dokument verwendet wird. Dass zusammengesetzte Snippets sich in der automatischen Aufzählung einschlägiger Passagen des Zieldokuments erschöpfen, ist für den durchschnittlich aufmerksamen Laien schon anhand der fett gedruckten Hervorhebung der von ihm selbst zeitlich unmittelbar vorausgehend eingegebenen Suchbegriffe im Snippet zu erkennen. Die schiere Anzahl der innerhalb von Sekundenbruchteilen mit sichtbarem Bezug zur Sucheingabe erstellten Snippets tut ihr Übriges um die Annahme auszuschließen, die Vorschau könne eine willensgetragene, deutbare Äußerung des Suchmaschinenbetreibers enthalten.

Schuster[338] ist gegenteiliger Ansicht und betont, dass bei der Frage nach der Verletzung eines Persönlichkeitsrechts unerheblich sei, ob der Wille bestehe, eine bestimmte Aussage zu treffen. Das trifft zu[339], doch ist die Unerheblichkeit eines bestimmten Verletzungswillens nicht mit einer Verzichtbarkeit

---

336 Insofern zu unrecht auf die Störerhaftung abstellend KG Berlin MMR 2010, 495 ff.

337 Um diese Konstellation ging es in den Entscheidungen OLG Stuttgart MMR 2009, 190 ff. - „Stoned Again“; OLG Hamburg ZUM 2007, 490 - „Immobilienbetrug“ sowie KG Berlin MMR 2010, 495 ff. - „Schowbusiness“.

338 Schuster, CR 2007, 443, 445 mwN.

339 Vgl. Prinz / Peters, Medienrecht, Kap. 1 Rn 6; Köster / Jürgens, K&R 2006, 109, 110.

des erkennbaren Willens zu verwechseln, überhaupt eine inhaltliche Aussage zu treffen. Offensichtlich in Abstimmung auf die eigene Suchanfrage aus Einzelteilen des Zieldokuments zusammengesetzte Snippets sind für den Nutzer erkennbar automatisiert erstellt und enthalten daher keine inhaltlichen Aussagen des Suchmaschinenbetreibers[340].

Mangels eigener Äußerungen des Suchmaschinenbetreibers verbietet sich also die Annahme von Rechtsverletzungen, die nicht schon im Zieldokument selbst vorhanden sind sondern erst durch die Erstellung des Snippets aus Bruchstücken des Zieldokuments entstehen. Aus zusammengesetzten Snippets ergeben sich aus der Sicht des durchschnittlich verständigen Nutzers keinerlei Aussagen des Suchmaschinenbetreibers außer der zutreffenden Tatsachenbehauptung, dass die angezeigten Wendungen im Zieldokument enthalten sind.

Denkbar ist lediglich, dass durch überschießenden Sinn zusammengesetzter Snippets beim Nutzer der unzutreffende Eindruck erweckt wird, die Zielseite enthalte zur Persönlichkeitsrechtsverletzung geeignete Wendungen. Doch eine Haftung des Suchmaschinenbetreibers lässt sich an den bloßen Schein nicht knüpfen, denn dieser verletzt einerseits nicht schon selbst ein Persönlichkeitsrecht, und da er durch Aufruf des nur einen Klick entfernten Zieldokuments ohne weiteres zerstört werden kann, besteht andererseits auch kein schutzwürdiges Interesse des Betreibers der unglücklich zitierten Zielseite[341].

Eine eigene inhaltliche Aussage des Suchmaschinenbetreibers, die Persönlichkeitsrechte verletzen könnte, entsteht also niemals durch das Zusammenspiel der Bausteine von zusammengesetzten Snippets[342]. Da die in übernommenem Fließtext sowie den einzelnen übernommenen Bausteinen zusammengesetzter Snippets enthaltenen Fremdäußerungen nur technisch verbreitet werden, kommt eine äußerungsrechtliche Täterhaftung von Suchmaschinenbetrei-

---

340 So auch Roggenkamp, jurisPR-ITR 10/2009 Anm 2; OLG Hamburg MMR 2007, 315; OLG Stuttgart, MMR 2009, 190; aA KG Berlin MMR 2010, 495, 496; Seitz in Hoeren / Sieber, Handbuch Multimedia-Recht Teil 8 Rn 18a.

341 Anders mag man die Schutzwürdigkeit des Seitenbetreibers beurteilen, wenn dieser wie in der Entscheidung der Rechtbank Amsterdam (erstinstanzliches niederländisches Gericht) vom 27.03.09 für missverständliche Google-Snippets zu seinem Angebot haftbar gemacht wird (Entscheidungsbesprechung bei Joris van Hoboken unter www.jorisvanhoboken.nl/ ?p=287). Ein solcher Ansatz ist jedoch dogmatisch wie normativ unhaltbar.

342 So auch OLG Stuttgart MMR 2009, 190 ff. -"Stoned again"-; mit Einschränkungen auch OLG Hamburg ZUM 2007, 490 f.; aA noch LG Hamburg vom 28.04.2006 - Az. 324 O 993/05; Spieker MMR 2005, 727, 728; Auswertung der jüngeren Rechtsprechung bei Ernst MR-Int 2009, 1.

bern für Snippets insgesamt nicht Betracht. Lediglich eine Haftung als Störer ist denkbar.

3: Störerhaftung

a) Vorliegen einer Rechtsgutsverletzung - Die Deutung mit Rücksicht auf Grundrechtsrelevanz

Um der Störerhaftung ausgesetzt zu sein, muss der Suchmaschinenbetreiber durch die Wiedergabe von Snippets an der Behauptung oder Verbreitung von Äußerungen mitwirken, die ein Persönlichkeitsrecht verletzen. Auf Zielseiten vorhandene Persönlichkeitsverletzungen müssen also bei ihrer Wiedergabe im Rahmen des Snippets erhalten bleiben, damit ein Anknüpfungspunkt für die akzessorische Störerhaftung besteht.

Um festzustellen ob eine medial verbreitete Aussage ein Persönlichkeitsrecht verletzt, ist ihr Inhalt aus Sicht des unvoreingenommenen und verständigen Durchschnittsempfängers zu deuten[343]. Sind mehrere Deutungen möglich, werden die Interessen des Äußernden berücksichtigt, indem in dubio pro libertate von allen nicht fernliegenden Deutungsmöglichkeiten diejenige der rechtlichen Prüfung zugrunde zu legen ist, die den Inhaber des Persönlichkeitsrechts am Wenigsten beeinträchtigt[344]. Auf dem Wege dieser freiheitsfreundlichen Deutungsregel wird der Bedeutung der jeweils berührten verfassungsrechtlichen Schutzgüter Rechnung getragen: Das sind abhängig von der Person des Äußernden die Meinungsäußerungs-, Rundfunk- oder Pressefreiheit. Nach der jüngeren Rechtsprechung des BVerfG gilt dieser Grundsatz jedenfalls für vergangene Äußerungen. Für in die Zukunft gerichtete Unterlassungsansprüche soll die Mehrdeutigkeit einer Äußerung angesichts der Möglichkeit des Verletzers, sich in Zukunft unmissverständlich auszudrücken, diesem nicht mehr zugute kommen[345].

Dieser aufspaltende Ansatz stößt bei der Anwendung auf Suchmaschinen auf Probleme: Aufgrund der vollständig automatisierten Erstellung der Snippets ist für Suchmaschinenbetreiber die Möglichkeit, sich in Zukunft nicht mehr- sondern eindeutig auszudrücken, nur durch den personellen Aufwand einer manuellen Kontrolle aller einschlägigen Snippets gegeben. Unabhängig von der Frage, ob ein solcher Aufwand dem Suchmaschinenbetreiber zumutbar und ein solcher Eingriff in das Geschäftsmodell verhältnismäßig wäre[346], wird

343 BVerfGE 93, 266, 295; BGHZ 95, 212, 215; BVerfG NJW 2006, 207.

344 BVerfGE 43, 130, 136; 85, 1, 17 f.; 86, 1, 11 f.; 94, 1, 9; BVerfG NJW 2006, 207, 209 mwN; BGHZ 139, 95, 104; BGH ZUM 2004, 212, 214; BGH NJW 2004, 598, 599.

345 Sog. „Stolpe-Doktrin“; vgl. BVerfG NJW 2006, 207, 209.

346 Ablehnend Roggenkamp, jurisPR-ITR 10/2009 Anm. 2.

tatsächlich schon der Grundgedanke der strengeren äußerungsrechtlichen Deutung nicht ausgelöst, da die Aufspaltung in vergangene und zukünftige Äußerungen eine bewusste und willensgesteuert individuell formulierte Aussage voraussetzt. An einer solchen fehlt es bei den Snippets der Suchmaschinen gerade, sodass es für Snippets beim Grundsatz der freiheitsfreundlichen Deutung bleibt[347].

b) Zwischenergebnis

Nur prosaische Snippets und einzelne Bausteine zusammengesetzter Snippets können Persönlichkeitsrechtsverletzungen enthalten, die als Anknüpfungspunkt für eine Störerhaftung des Suchmaschinenbetreibers in Betracht kommen. Mehrdeutige Wendungen sind auch im Rahmen der Störerhaftung verbreiterfreundlich zu deuten. Ergibt die Deutung eine Persönlichkeitsrechtsverletzung, wirkt der Suchmaschinenbetreiber als ihr technischer Verbreiter adäquat kausal an ihr mit, ist also Störer nach § 1004 BGB analog, sofern er zumutbare Prüfungspflichten verletzt.

c) Verletzung von Prüfungspflichten

Zur Bestimmung der Zumutbarkeit als bestimmendem Faktor für den Umfang von Prüfungspflichten kann aufgrund der ebenbürtigen Schutzwürdigkeit[348] auf die Ausführungen zur Störerhaftung für verlinkte Inhalte verwiesen werden[349]. Zumutbar ist lediglich eine rechtliche Evidenzprüfung ab Kenntnis der äußerungsrechtlichen Problematik. Investigative Prüfungspflichten bestehen nicht.

IV: Urheberrecht

1: Schutzfähigkeit in Snippets enthaltener Ausschnitte

Problematisch ist bereits die Schutzfähigkeit solcher Schöpfungen, die vom Umfang her in Snippets wiedergegeben werden können. Der BGH lehnte in seiner „Paperboy“ Entscheidung Urheberrechtsverletzungen durch Textausschnitte eines Pressesuchdienstes schon deshalb ab, weil eine Übernahme

---

347 OLG Hamburg ZUM 2007, 490 f.; OLG Stuttgart MMR 2009, 190; Roggenkamp aaO; aA Seitz in Hoeren / Sieber, Handbuch Multimedia-Recht Teil 8 Rn 18a.

348 S.o Abschnitt B II

349 S.o. Abschnitt A II 2 c) dd) aaa) (1)

schutzfähiger Werkteile nicht geltend gemacht werden konnte[350]. Anerkannt ist indes, dass auch Teile von schutzfähigen Werken durchaus selbst urheberrechtlichen Werkschutz genießen können[351]. Ob der von Snippets gewährleistete Raum zur Erreichung der notwendigen Schöpfungshöhe ausreicht, kann im Einzelfall sicherlich nachvollziehbar bestritten werden. Der Umfang der Google-Snippets ist von der konkreten Suchanfrage abhängig, umfasst in der Regel aber nicht mehr als zwei Zeilen Text[352]. Doch es lässt sich letztlich nicht grundsätzlich ausschließen, dass etwa eingängige lyrische Wendungen oder Aphorismen von ungewöhnlich erhellender Klarsicht auch auf derart begrenztem Raum die notwendige Schöpfungshöhe erreichen können. Nicht zuletzt mit Blick auf die aktuelle Diskussion um die Schaffung eines neuen Leistungsschutzrechts zur Erfassung auch von Überschriften, Satzteilen, und sonstigen Bestandteilen medialer Werke[353] soll hier davon ausgegangen werden, dass eine Wiedergabe von schutzfähigen Werken auch im stark eingeschränkten Rahmen von Snippets zumindest möglich ist, wenn dies auch im Einzelnen schwierig darzulegen sein wird[354].

2: Charakterisierung der Tathandlung

Anders als beim bloßen Verweisen auf Informationen via Hyperlink lässt sich eine urheberrechtlich relevante Nutzungshandlung bei der Trefferdarstellung aufgrund der nunmehr eigenen Wiedergabe von Inhalten nicht überzeugend ablehnen. Anders als im vom subjektiven Standpunkt des Empfängers geprägten Äußerungsrecht hilft auch der erkennbar fremde intellektuelle Ursprung der wiedergegebenen Inhalte nicht über die Tatsache der eigenen Darstellung hinweg. Im Erstellen und Anzeigen von Snippets durch Suchmaschinenbetreiber liegt ein öffentliches Zugänglichmachen der enthaltenen Werke oder schutzfähigen Werkteile[355]. Dieses gilt es nun durch die Schranken des Urheberrechts zu erfassen.

---

350 BGH GRUR 2003, 958, 960 - „Paperboy“; zweifelnd auch Berberich, MMR 2005, 145.

351 BGHZ 9, 262, 266; Schack, UrhG Rn 170; Schulze ZUM 1994, 17; Dreier / Schulze, UrhG § 2 Rn 76 mwN.

352 Auf außerordentlich lange Suchanfragen hin sind vierzeilige Snippets erreicht worden, vgl. dazu Nachweise auf www.seroundtable.com.

353 Dazu Frey, MMR 2010, 291 ff.; vgl. auch Ministerin Leutheusser-Schnarrenbergers Berliner Rede zum Urheberrecht 2010.

354 aA Dreier FS Krämer, 224, 235.

355 Bohne / Elmers, WRP 2009, 586, 588; So für Thumbnails auch BGH GRUR 2010, 628, 629 - „Thumbnails“; LG Erfurt K&R 2007, 325; LG Hamburg K&R 2008, 759;

3: Eingriff ins Urheberrecht und Schranken

Aufgrund der weitestgehenden Schutzwürdigkeit von Suchmaschinenbetreibern auch hinsichtlich durch Snippets verbreiteter Inhalte mangelt es nicht an Ansätzen, ihre urheberrechtliche Haftung im gebotenen Umfang zu beschränken. Die Herausforderung dieser Ansätze und gleichzeitig das Kernproblem der Materie besteht abermals darin, dass die vom Gesetz angeordneten Rechtsfolgen angesichts der gegebenen Schutzwürdigkeit von Suchmaschinenbetreibern inadäquat sind. So wie im Äußerungsrecht dem Verbreiter die Verpflichtung zu Schadensersatz und zum Widerruf droht, knüpfen die §§ 97 ff. des UrhG schon an fahrlässiges unberechtigtes Vervielfältigen und öffentliches Zugänglichmachen Schadensersatzansprüche.

Anders als das Äußerungsrecht bietet das UrhG jedoch eine Mehrzahl expliziter Schranken des Urheberrechts, die für eine Privilegierung von Suchmaschinenbetreibern fruchtbar gemacht werden können, darunter das Zitatrecht nach § 51 UrhG, das Recht der freien Bearbeitung nach § 24 UrhG sowie das Recht zur Inhaltsbeschreibung nach § 12 Abs. 2 UrhG. Die mitunter auf diese Normen abstellenden Ansätze zur Beschränkung der Haftung von Suchmaschinenbetreibern für Snippets erweisen sich als unterschiedlich tauglich.

a) Konkludente Einwilligung

Das öffentliche Zugänglichmachen aller von entsprechend Berechtigten ins Netz gestellten Werke im Rahmen des Betriebs einer Suchmaschine ist von einer konkludenten Einwilligung des Berechtigten erfasst[356]. Diese Einwilligung ist nicht zur verwechseln mit einer dinglichen Übertragung von Nutzungsrechten, oder einer ausdrücklichen schuldrechtlichen Gestattung der Werknutzung. Sie hat keinen Anspruch des Suchmaschinenbetreibers zur Folge sondern lässt lediglich die Rechtswidrigkeit der Nutzung entfallen[357].

Eine solche schlüssig erklärte Einwilligung ist jedenfalls klar erkennbar, soweit Inhalte auf „suchmaschinenoptimierten" Seiten online gestellt werden, die speziell auf den Besuch von Robots der Suchmaschinen zugeschnitten sind[358]. Die Optimierung der eigenen Seite für den Vorgang des Crawling drückt gerade den Willen zur Indexierung des eigenen Angebots, und damit unmissverständlich auch das Einverständnis mit den im Zuge des üblichen

---

356 So für Thumbnails als Vorschau der Bildersuche: BGH GRUR 2010, 628, 629 - „Thumbnails" = BGH K&R 2010, 501, 505 f.; LG Erfurt MMR 2007, 292 f; Bullinger / Garbers-von Boehm, GRUR-Prax 2010, 257; aA LG Hamburg GRUR Int 2004, 148, 153; Schack, GRUR 2007, 639, 634; derselbe MMR 2008, 408, 416.

357 So uneingeschränkt zustimmungswürdig BGH GRUR 2010, 628, 629 - „Thumbnails".

358 BGH aaO, 632 ; mit Bedenken auch Ernst, MR-Int 2009. 1-6.

Suchmaschinenbetriebs vorgenommenen Nutzungshandlungen aus. Ebenso gangbar, doch dogmatisch weniger überzeugend ist der Ansatz des OLG Jena, das eine Einwilligung ablehnt, um den in Rede stehenden urheberrechtlichen Anspruch sachlich aus gleichem Grunde, technisch aber an der sehr grundsätzlichen Einrede eines rechtsmissbräuchlichen venire contra factum proprium nach § 242 BGB scheitern zu lassen[359].

Liegt keine Suchmaschinenoptimierung der jeweiligen Zielseite vor, kommt als Anknüpfungspunkt für die schlüssige Erklärung einer Einwilligung der Akt des online-Stellens an sich in Frage. Wer sich zur Verbreitung seiner Werke eines Mediums bedient kommt nicht umhin, dessen strukturelle Vor- und Nachteile gleichermaßen in Kauf zu nehmen[360]. Das gilt umso mehr, wenn eine dem Wesen des genutzten Mediums inhärente Nutzung des Werkes den erstrebten Vorteil erst erzeugt. Die breite und unkomplizierte Erreichbarkeit der eigenen Inhalte basiert in erheblichem Umfang auf der Zugangsvermittlung durch Suchmaschinen. Es ist nicht sinnvoll bestreitbar, dass eine inhaltliche Strukturierung des World Wide Web notwendige Voraussetzung für seine effiziente Nutzung durch die Allgemeinheit ist. Die Aufgabe der inhaltlichen Strukturierung ist am erfolgreichsten und effizientesten von Suchmaschinen übernommen worden. In ihrer Funktion als zumindest näherungsweise objektive Darsteller der frei zugänglichen Inhalte des World Wide Web sind sie letztlich alternativlos, sodass die Indexierung von nicht zugangsbeschränkten Inhalten zu einem Grundprinzip des Mediums geworden ist[361], das bei der Auslegung des Erklärungsgehalts von Handlungen in eben diesem Medium nicht ignoriert werden darf[362]. Ist vom an einem Werk Berechtigten nur die potentielle Erreichbarkeit gewünscht, ohne dass eine Indexierung durch Suchmaschinen erfolgen soll, ist ihm unbenommen, durch Nutzung des „Robot Exclusion Standard" schon dem Crawling der eingestellten Inhalte entgegenzuwirken[363]. Im Falle des Nichtgebrauchs des „Robot Exclusion Standard" ist der Einstellung von Werken ins frei zugängliche World Wide Web der Bedeutungsgehalt einer Einwilligung in die für den Suchmaschinenbetrieb üblichen Nutzungshandlungen beizumessen.

Diese Erkenntnis schränkt das urheberrechtliche Haftungspotential von Suchmaschinenbetreibern für Snippets erheblich ein: Urheberrechtliche Haftung von Suchmaschinenbetreibern ist lediglich für Snippets denkbar, die aus

359 OLG Jena MMR 2008, 408, 413

360 BGH GRUR 2008, 245, 247; Omsels, jurisPR-WettbR 7/2010 Anm. 1.

361 aA Omsels aaO (indes zur Bildersuche).

362 Eine Einordnung als Verkehrssitte oder Handelsbrauch verlangt Schack, MMR 2008, 408, 416, lehnt eine solche für Thumbnails jedoch ab.

363 Zum Robot Exclusion Standard siehe oben, Kapitel 2 B I.

Zielseiten erstellt wurden, welche die geschützten Werke unberechtigt wiedergeben. Für diese Fälle sind die speziellen Schranken des Urheberrechts fruchtbar zu machen.

b) Einheitlicher Akt der öffentlichen Zugänglichmachung

Es lässt sich überlegen, auf das Zugänglichmachen der fremden Informationen im Rahmen der Verlinkung als zentrale urheberrechtsrelevante Handlung abzustellen und das Wiederholen von urheberrechtsverletzenden Inhalten im Rahmen der Snippets dahinter zurückstehen zu lassen[364]. So wäre urheberrechtliche Täterhaftung für Snippets schon dem Grunde nach abzulehnen, und eine Störerhaftung ausschließlich hinsichtlich der Verlinkung unberechtigt eingestellter Inhalte zu bejahen. Diese betrifft nicht Snippets, sondern lediglich die dahinter liegenden Zieldokumente.

Der Ansatz wirkt zunächst nicht unberechtigt, denn in der Tat trifft die Frage nach der Haftung des Suchmaschinenbetreibers für Snippets den vielleicht hybridesten Farbton in der Grauzone zwischen unmittelbarer und akzessorischer Haftung. Sie lässt sich sachlich nicht vollständig von der Störerhaftung für die Vermittlung fremder Inhalte durch Verlinkung trennen. Das zeigt sich am deutlichsten darin, dass in Fällen wegen enthaltener Rechtsgutsverletzungen angegriffener Snippets als Reaktion der Suchmaschinenbetreiber nicht etwa die Kontextausschnitte verändert, sondern die Verweise insgesamt entfernt hat[365]. Das verwundert nicht, denn der Vorwurf lässt sich in beiden Fällen auf die Rechtswidrigkeit des fremden Angebots zurückführen. Eine Urheberrechtsverletzung manifestiert sich nur dann in Snippets, wenn sie auch auf der Zielseite gegeben ist, sofern nicht die dem Snippet zugrunde liegende, gespeicherte Version der Zielseite auf aktualisierungsbedürftigem Stand ist.

Deshalb eine Haftung für Snippets mit Hinweis auf die Störerhaftung für die Verlinkung schon im Ansatz abzulehnen, mag vom Ergebnis her überzeugen, ist indes methodisch nicht korrekt: Da mit dem Anzeigen der Snippets ein öffentliches Zugänglichmachen für sich schutzfähiger Werkteile vorliegt, kann die Rechtsfolge zwar im Ergebnis mit derjenigen für den Verweis auf die Fremdinhalte kongruent sein, doch ändert das nichts an der grundsätzlichen Tatbestandsmäßigkeit beider Handlungen. Soweit keine Schranken greifen, normieren §§ 15 Abs. 2 Nr. 5; 97 UrhG explizit die Tatbestandsmäßigkeit des Vervielfältigens und des öffentlich zugänglich Machens. Sich auf eine wertende Betrachtungsweise zurückzuziehen, um eine Wiedergabe von Werken oder schutzfähigen Werkteilen auf Tatbestandsebene hinweg zu definieren, miss-

---

364 So für Thumbnails Heymann / Nolte aaO; Wäßle K&R 2008, 729, 731.

365 Vgl. etwa KG Berlin NJW-RR 2006, 1481 ff.

achtet die auf Tatbeständen und Schranken aufbauende Systematik des Gesetzes.

c) Zitatrecht nach § 51 UrhG

Denkbar ist eine Einordnung von Snippets als Zitate im Sinne des § 51 UrhG. Das Erfordernis der eigenen urheberrechtlichen Schutzfähigkeit des zitierenden Werkes, welches Snippets schon aufgrund ihrer automatischen Erstellung nicht erfüllen[366], wurde mit der Neufassung des § 51 UrhG im Rahmen des zweiten Korbes aufgegeben[367]. Problematisch bleibt daher allein die Frage nach dem sogenannten „Zitatzweck“. An diesen werden nach hergebrachter Auffassung recht hohe Anforderungen gestellt. Ein bloßes Verweisen auf die Existenz eines Werkes soll nicht genügen, vielmehr sei für ein nach § 51 UrhG zulässiges Zitat die innere Verbindung des zitierenden Werkes mit dem zitierten nötig[368]. Eine solche geistige Verbindung mit dem zitierten Werk lässt sich bei automatisch erstellten Snippets nicht behaupten, sodass lediglich nach der extensiven Gegenansicht, die auch den bloßen Existenzhinweis als legitimen Zitatzweck genügen lässt[369], die Freiheit des Zitats nach § 51 UrhG für Snippets fruchtbar gemacht werden kann. Mit beachtlichen Gründen vertritt *Dreier* im Rahmen der Bildersuche die Einordnung von Thumbnails (den Snippets funktional entsprechende Vorschaubilder der Bildersuche) als Zitat im Sinne des § 51 UrhG[370], und beruft sich dabei unter anderem auf die „Germania“ Entscheidung des BVerfG. Danach sei bei der Einordnung als zulässiges Zitat sowohl die Intensität der Nachteile für den Urheber zu berücksichtigen, als auch die Garantien berührter Grundrechte - in casu die Kunstfreiheit[371]. Auf dem gleichen Wege könne durchaus auch der Informations- und Meinungsbildungsfreiheit der Allgemeinheit der Vorrang gegenüber dem durch Thumbnails nur in Maßen beeinträchtigten Urheberrecht gegeben werden. *Dreiers* Ansatz hat Substanz, und es liegt nicht fern ihn von Thumbnails als Vorschaubildern auf die Kurzvorschau durch Snippets zu übertragen.

---

366 Vgl. Schack, Urheberrecht Rn 156 f.

367 OLG Jena GRUR 2008, 223, 225; Schricker, UrhG § 51 Rn 20; Dreier / Schulze, UrhG § 51 Rn 6; Heymann / Nolte aaO S. 764 mwN; aA Lüft in Wandtke / Bullinger, UrhG § 51 Rn 8; Ott ZUM 2009, 345, 346; Schack MMR 2008, 414, 415.

368 BGHZ 175, 135 Tz. 42 - „TV Total“ mwN; BGH vom 29.04.2010; Schack, UrhR Rn 487; derselbe, MMR 2008, 408, 415; Lüft in Wandtke / Bullinger aaO Rn 3; Raue / Hegemann in Hoeren / Sieber, Multimediarecht 7.3 Rn 83; Ernst, jurisPR-WettbR 11/2008 Anm. 4.

369 Heymann / Nolte aaO; Dreier FS Krämer 225, 234.

370 Dreier aaO

371 BVerfG NJW 2001, 598 ff = MMR 2000, 686.

Doch nach hier vertretener Ansicht entzündet sich der Streit um die Anforderungen an den Zitatzweck im Rahmen des § 51 UrhG bei Thumbnails und Snippets am falschen Gegenstand. Selbst wenn das Zitatrecht sehr extensiv als Recht des bloßen Hinweises auf die Existenz fremder Werke verstanden wird, erfasst sein Gehalt doch weder das Wesen der Snippets, noch dasjenige der Thumbnails: Snippets geben zwar Fragmente geistig fremder Dokumente wieder, doch das weder der Unterstützung eigener inhaltlicher Positionen, noch des bloßen Hinweises auf ihre Existenz wegen (diese Funktion übernimmt beim Suchmaschinenbetrieb bereits der Hyperlink). Snippets sollen den Kontext der / des Suchbegriffe(s) im Zieldokument erhellen. Ihre Funktion ist die einer anhand der Suchanfrage des Nutzers spezifizierten Inhaltsangabe[372]. Die Übernahme von Ausschnitten der Zieldokumente dient nur der inhaltlichen Zusammenfassung unter dem Gesichtspunkt der Suchbegriffrelevanz, sodass die passende Schranke des Urheberrechts nicht im Zitatrecht, sondern in der Privilegierung der Inhaltsangabe zu suchen ist. Über deren genaue Kodifizierung jedoch lässt sich streiten.

d) Inhaltsangaben: § 12 Abs. 2 UrhG vs. §§ 23, 24 UrhG

Zusammenfassungen des Inhalts von Sprachwerken sind nach hM zulässig, solange sie nicht die Lektüre des Originals ersetzen[373]. Angesichts des stark beschränkten Umfangs von Snippets begründen diese regelmäßig keine derartige Substitutionsgefahr, sodass die normative Seite der Privilegierung einer Inhaltsangabe erfüllt ist[374]. Zur Verankerung der Privilegierung von Inhaltsangaben im UrhG werden allerdings zwei verschiedene Wege beschritten: Einerseits der Umkehrschluss zum ausschließlichen Recht des Urhebers zur erstmaligen Inhaltsbeschreibung nach § 12 Abs. 2 UrhG[375], andererseits die Einstufung von Inhaltsangaben als Bearbeitungen der Zielwerke, was den Maßstab der §§ 23, 24 UrhG ausschlaggebend macht. Beide Ansätze sind bereits auf sogenannte „abstracts“ - verkürzende Inhaltsbeschreibungen, die Auszüge aus den Zielwerken übernehmen - angewendet worden.

Das Verhältnis von § 12 Abs. 2 UrhG zu §§ 23, 24 UrhG ist bislang nicht geklärt. Insbesondere ist unklar, ob die Inhaltsangabe nur dann nach § 12 Abs. 2 UrhG zulässig ist, wenn sie die Schwelle von der unfreien Bearbei-

---

372 Zutreffend Schuster, CR 2007, 443, 445.

373 Erdmann FS-Tilmann, S. 21, 36; Heymann / Nolte, K&R 2009, 759, 762; LG Frankfurt a.M. MMR 2007, 118 f.

374 Bohne / Elmers, WRP 2009, 586, 589

375 Für § 12 II: Heymann / Nolte, K&R 2009, 758, 762; LG Frankfurt a.M. MMR 2007, 118 f.

tung nach § 23 UrhG zur freien nach § 24 UrhG überschreitet, oder § 12 Abs. 2 UrhG eine eigene Schrankenbestimmung darstellt[376]. Stellt man auch im Rahmen des § 12 Abs. 2 UrhG auf den Maßstab des § 24 UrhG ab, dementsprechend die Bearbeitung nur dann zulässig ist wenn sie ein eigenständiges Werk erschafft, hinter dem die Vorlage gleichsam verblasst[377], sind die Vorschriften hinsichtlich Snippets nicht fruchtbar. Im automatischen Übernehmen geschützter Werkteile in eine inhaltlich inkohärente Zusammensetzung von Textausschnitten liegt mangels geistiger Auseinandersetzung keine freie Bearbeitung nach § 24 UrhG[378].

Für die Zulässigkeit einer Inhaltsbeschreibung im Rahmen des § 12 Abs. 2 UrhG auf den Maßstab des § 24 UrhG abzustellen ist jedoch weder sinnvoll noch überzeugend. Das Umschreiben des Inhalts eines Werkes ist eine von Zweckmäßigkeit, von Funktionalität geprägte Beschäftigung mit dem Werk, die in den seltensten Fällen zur Kunstform erhoben wird. Die Inhaltsangabe nur zu erlauben, soweit sie ausreichende Schöpfungshöhe für eigenen Werkschutz aufweist, ginge am gemeinwohlorientierten Zweck ihrer haftungsrechtlichen Privilegierung vorbei. Die Schranke der freien Bearbeitung ist zur Erfassung des Phänomens der Inhaltsbeschreibung schlechthin ungeeignet und findet daher weder unmittelbar, noch im Gewand des § 12 Abs. 2 UrhG darauf Anwendung.

§ 12 Abs. 2 UrhG räumt dem Urheber vielmehr von vornherein nur in beschränktem Rahmen das ausschließliche Recht zur Beschreibung des Inhalts ein. Nur solange sein Interesse an der Unbekanntheit des Inhalts das gegenläufige Informationsinteresse der Allgemeinheit überwiegt, besteht ein Ausschließlichkeitsrecht. Der Gesetzgeber hat in § 12 Abs. 2 UrhG überzeugend normiert, dass der Wendepunkt des überwiegenden Informationsinteresses mit erstmaliger Veröffentlichung des Werkes erreicht ist, soweit der Inhalt nicht bereits vorher berechtigt beschrieben worden ist. Dass aus dem Wortlaut des § 12 Abs. 2 UrhG („Dem Urheber ist es vorbehalten [...]“) ein Argument gegen eine solche Wirkung des § 12 Abs. 2 UrhG zu ziehen sei[379], leuchtet nicht ein. Das Gegenteil ist der Fall, ist doch alles Handeln jenseits dessen, was dem Urheber vorbehalten ist, diesem eben nicht als ausschließliches Recht zugewiesen. Aus § 12 Abs. 2 UrhG ergibt sich deshalb, dass der

---

376 So Dietz in Schricker, UrhR, § 97 Rn 118; Dreier / Schulze UrhG § 12 Rn 24; weitere Nachweise bei OLG Frankfurt aaO.; offen gelassen von BGH K&R 2010, 501, 503; aA Wandtke / Bullinger, § 12 UrhG Rn 22.

377 Ständige Rechtsprechung seit BGHZ 154, 260, 266 - „Gies-Adler“; Dreier / Schulze UrhG § 97 Rn 11.

378 Für Thumbnails BGH GRUR 2010, 628, 630 - „Thumbnails“.

379 So Ott, ZUM 2009, 345, 350.

Urheber jenseits des Punktes des überwiegenden Informationsinteresses nicht das Recht hat, zur Inhaltsbeschreibung notwendige Nutzungshandlungen von schutzfähigen Werkteilen zu verbieten[380].

Der Umstand, dass durch Snippets nicht der Inhalt des öffentlich zugänglich gemachten Werkteils beschrieben wird, sondern der Inhalt der diesen enthaltenen Webseite[381], sperrt jedoch eine direkte Anwendung des § 12 Abs. 2 UrhG, soweit nicht die Webseite selbst im Einzelfall das geschützte Werk ist. Aufgrund der nach legislatorischem Maßstab gegebenen Neuartigkeit des Phänomens Snippet ist jedoch von einer nicht planvollen Regelungslücke auszugehen, die aufgrund der Funktion von Snippets als individualisierter Inhaltsangabe in analoger Anwendung des § 12 Abs. 2 UrhG zu schließen sein könnte.

Es stellt sich dabei die Frage nach den methodischen Grenzen der analogen Schrankenanwendung: *Ott*[382] hält für die Anwendung der §§ 44 ff. UrhG zutreffend fest, dass das Prinzip der enumerativen Aufzählung der Schrankenbestimmungen einer allgemeinen Interessenabwägung zur Privilegierung entgegensteht[383]. Mit der darüber hinaus gehenden Annahme, extensive Auslegung sowie Analogien zu den Schrankenbestimmungen seien nur dann zulässig, wenn sie bereits in der ursprünglichen gesetzgeberischen Absicht angelegt sind, ist jedoch Vorsicht geboten. Ergibt die umfassende Interessenabwägung ein Maß an Schutzwürdigkeit, das sich im Gesetz nicht widerspiegelt, droht die Verhältnismäßigkeit der Rechtsanwendung durch ein Auseinanderfallen von Legitimität und Legalität ins Wanken zu geraten. Bestehen dann Mechanismen, durch deren extensive Auslegung oder analoge Anwendung das Gesetz zur Anwendung an veränderte Phänomene angepasst werden kann, so gibt es keinen Grund, sich auf das Warten auf gesetzgeberische Aktivität zu beschränken. Eine Ausweitung im Rahmen des methodisch Zulässigen ist nicht nur in Fällen geboten, in denen auf Grund technischer Entwicklung bislang privilegierte Nutzungstatbestände durch neue Nutzungsformen ersetzt werden[384], sondern auch wenn technische Entwick-

---

380 Explizit offen gelassen in BGH GRUR 2010, 628 - „Thumbnails".

381 Zur urheberrechtlichen Schutzfähigkeit von Webseiten und ihrer Elemente: Schack, MMR 2001, 9 ff;Rath, Suchmaschinenhaftung S. 95 ff.; Gaster, MMR 1999, 733, 734 mwN.

382 Ott, ZUM 2007, 119, 125.

383 Vgl. BGH ZUM 2003, 777 - „Gies-Adler"; BGH K&R 2010, 501, 504 - „Thumbnails".

384 BGH GRUR 2002, 963; LG Hamburg MMR 2009, 55, 59.

lung neue, ihrem Wesen nach originär schutzwürdige Nutzungsformen hervorbringt.

Dem kann nicht wirksam entgegnet werden, dass etwa ein Urheber nur durch eine enge Auslegung der urheberrechtlichen Schrankenbestimmung hinreichend an der Fremdnutzung seines Werkes beteiligt werden könne, da die extensive Auslegung einer Schrankenbestimmung, und erst recht eine den Wortsinn noch überschreitende Analogie ein Schutzwürdigkeitsgefüge voraussetzt, dass nicht zum Nachteil des Urhebers hinter derjenigen des vom Gesetz geregelten Falles zurückbleibt. Und schließlich muss in Erinnerung gehalten werden, dass es nicht Anliegen ist, den Betreiber einer Suchmaschine von jeglicher Haftung frei zu stellen, sondern lediglich die unangemessene Täterhaftung wegen eigener Schutzrechtsverletzungen zu sperren, um den Anwendungsbereich der funktional passenden, negatorischen Störerhaftung zu eröffnen.

Die Analogie zu § 12 Abs. 2 UrhG ist daher zulässig und grundsätzlich geeignet, die urheberrechtliche Haftung von Suchmaschinenbetreiber für Snippets einzudämmen.

Wird ein Werk jedoch schon vor dem Zeitpunkt der berechtigten Veröffentlichung oder Inhaltsbeschreibung online gestellt, kann die Schranke des § 12 Abs. 2 UrhG auch nicht analog zugunsten von Suchmaschinenbetreibern greifen. Wie extensiv auch immer man die Schrankenbestimmungen des UrhG anwendet, bleiben stets Konstellationen denkbar, in denen Suchmaschinenbetreibern für Snippets eine Haftung als Täter einer Urheberrechtsverletzung droht. Das ist Symptom eines grundsätzlicheren Misstandes: Des Fehlens einer Privilegierung, die den Haftungsmaßstab für Suchmaschinenbetreibern von vornherein auf das gebotene Maß reduziert. Der notgedrungene Umweg über die bemüht extensive Anwendung von offensichtlich nicht auf den Gegenstand zugeschnittenen Schrankenbestimmungen der jeweiligen Fachgesetze bleibt bei aller Mühe letztlich Stückwerk, und damit lückenhaft. Aber er verdeutlicht umso mehr die Notwendigkeit einer Norm, die im Bewusstsein der Schutzwürdigkeit des Geschäftsmodells und mit der nötigen Rücksicht auf dessen technische Umstände zu schaffen ist.

4: Störerhaftung

Soweit die Schranken des Urheberrechts eine Haftung des Suchmaschinenbetreibers als Täter ausschließen, greift die Störerhaftung ein. Die Schutzwürdigkeit von Suchmaschinenbetreibern hinsichtlich des Darstellens von Snippets bleibt nicht hinter derjenigen hinsichtlich der Verlinkung von Webseiten zurück, sodass sich in der Anwendung der Störerhaftung kein Unterschied ergibt. Dieser Gleichlauf der Haftung ist konsequent, da sich in Snippets stets nur die Rechtswidrigkeit von Informationen niederschlagen kann, die auf jeweils verlinkten Zielseiten enthalten ist.

Es bleibt also bei der zweifach eingeschränkten Störerhaftung: Zumutbar ist lediglich die rechtliche Prüfung auf offensichtlich rechtswidrige Inhalte in Snippets. Die eigene Darstellung von fremden Inhalten durch Suchmaschinenbetreiber im Rahmen von Snippets schafft somit für verletzte Rechtsinhaber keinerlei Reichweitenvorteil gegenüber den Ansprüchen aus der Störerhaftung hinsichtlich der verlinkten Fremdinhalte.

V: Wettbewerbsrecht

Unmittelbare wettbewerbsrechtliche Täterhaftung des Suchmaschinenbetreibers für Snippets kommt nicht in Betracht. Insbesondere ist die Konstruktion der Haftung für die Verletzung wettbewerbsrechtlicher Verkehrspflichten abzulehnen[385]. Die wettbewerbsrechtliche Störerhaftung greift im für Äußerungs- und Urheberrecht dargestellten Umfang.

385 S.o. Abschnitt A III 7

Kapitel 5: Haftung für Werbung: Keyword-Advertising

A: Einleitung

„Keyword-Buying“ oder auch „Paid Listing“ bedeutet die entgeltliche Vereinbarung zwischen dem Suchmaschinenbetreiber und einem Content-Provider, den Link zum Angebot des Letzteren bei Eingabe des verabredeten („gekauften“) Suchbegriffes auf einem festgelegten Platz in der natürlichen Trefferliste erscheinen zu lassen. Diese Form der Manipulation der Trefferliste wird wohl noch bei einzelnen Suchmaschinenbetreibern betrieben, gehört jedoch bei den Platzhirschen der Suchmaschinenlandschaft der Vergangenheit an: Weder Google, noch Microsofts Bing (ehemals MSN Livesearch) oder Ask Jeeves bieten Keyword-Buying an, und auch „Yahoo! Advertising“ hat seinen entsprechenden Dienst aufgegeben. Keyword-Buying wird hier deshalb keiner rechtlichen Untersuchung unterzogen.

„Keyword-Advertising“ hingegen ist ein Modell der kontextsensitiven Werbung, das sich aktuell großer Beliebtheit erfreut. Es unterscheidet sich vom Keyword-Buying dadurch, dass der Link auf die Inhalte des werbetreibenden Vertragspartners nicht in der natürlichen Trefferliste platziert, sondern als „Sponsored Link“ gekennzeichnet in einer von den natürlichen Suchergebnissen getrennten Anzeige über oder neben der Trefferliste eingeblendet wird. Es findet also keine Manipulation der natürlichen Trefferliste statt, da lediglich die gesonderten Werbeflächen mit den Links der Werbetreibenden bestückt werden.

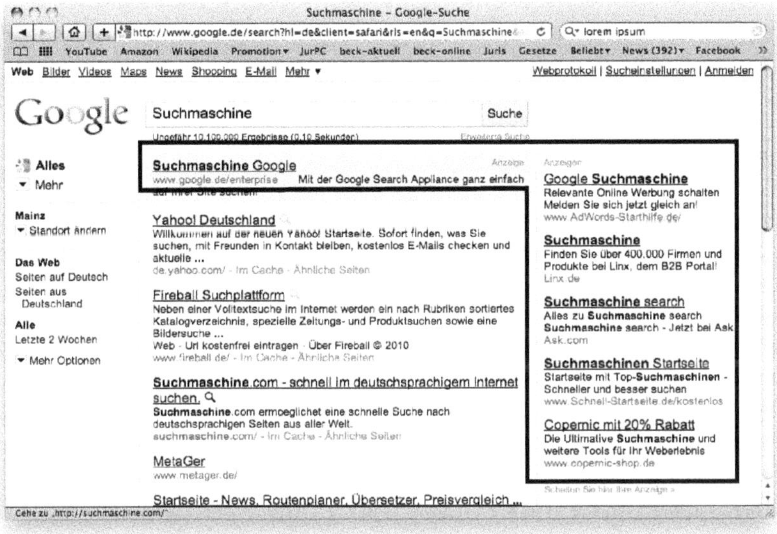

Abb. 3: Keyword-Advertising (schwarz markiert)

Das Keyword-advertising Programm Googles nennt sich „Adwords“, und ist vollständig automatisiert: Adwords-Kunden entwerfen mit der von Google zur Verfügung gestellten Nutzeroberfläche selbständig eine Werbeanzeige, die aus dem Link zur eigenen Seite, einer bis zu zweizeiligen Beschreibung sowie der url besteht, und verknüpfen sie mit dem gewünschten Keyword. Wird nun vom Nutzer der Suchmaschine nach dem Keyword gesucht, erscheint die Werbeanzeige. Aktiviert der Nutzer den Link in der Anzeige, hat der Adwords-Kunde für diesen Werbeerfolg einen „Klickpreis“ an Google zu zahlen. Die Höhe des pro Aufruf konkret fälligen Klickpreises ist wie auch die konkrete Position der Anzeige auf der Ergebnisseite abhängig von einem Bündel von Faktoren: Der Qualität der Werbeanzeige, der Qualität der Zielseite und der Höhe des vom Adwords-Kunden maximal gebotenen Klickpreises.

Wie schon angedeutet kommen den Suchmaschinenbetreibern hinsichtlich der unmittelbar kommerziellen Geschäftsmodelle die oben zu ihrer Schutzwürdigkeit angeführten Argumente nur eingeschränkt zugute[386]. Sind konkrete

386 Kapitel 4 A II 2 c) dd) aaa) (1)

Platzierungen auf der Trefferliste das Ergebnis einer entgeltlichen Ausnahme des Query-Algorithmus, geht der normative Malus des unmittelbaren Profitierens an der Vermittlung rechtswidriger Inhalte in die Abwägung ein. Für die als „Sponsored Links“ gekennzeichneten Adword-Anzeigen gilt das gleiche: Der Suchmaschinenbetreiber muss sich die Unmittelbarkeit des Finanzierungszusammenhangs entgegenhalten lassen.

Auch die Sozialadäquanz verliert als Argument an Schlagkraft, liegt das schützenswerte Verdienst des Geschäftsmodells Suchmaschine doch gerade in der zumindest näherungsweise objektiven Abbildung der Web-Wirklichkeit im spezifischen Relevanzzusammenhang. Ein entgeltliches Werbeverzeichnis eröffnet dem Internetnutzer zwar ebenfalls eine Bandbreite von kontextbezogenen Angeboten, doch es fehlt die Strukturierungswirkung einer echten Suchmaschine, die das dezentrale World Wide Web erst manövrierbar macht. Es wird sich zeigen, dass die geringere Schutzwürdigkeit des Suchmaschinenbetreibers hinsichtlich in entgeltlichen Anzeigen verlinkter Inhalte zweierlei Folgen hat: Erstens liegt eine unmittelbare Haftung als Täter weniger fern als für die natürlichen Suchergebnisse, und zweitens lässt sich, wo eine solche unmittelbare Haftung nicht eingreift, die zu den natürlichen Suchergebnissen vertretene zweifache Einschränkung der Störerhaftung nicht aufrecht erhalten.

B: Täterhaftung

Suchmaschinenbetreiber sind in ihrer Funktion als Anbieter eines Keyword-Advertising Programms von der Privilegierung des § 10 TMG erfasst[387]. Täterhaftung von Suchmaschinenbetreibern scheidet deshalb regelmäßig aus, sodass allein die negatorische Störerhaftung bleibt. Vor deren Erörterung soll aber dennoch der Frage nachgegangen werden, ob Suchmaschinenbetreiber, sofern sie im Einzelfall nicht die Bedingungen des § 10 TMG erfüllen, für das Betreiben von Keyword-Advertising unmittelbar haften.

I: Äußerungsrecht

Nach hier vertretener Ansicht ist die allein in Betracht kommende Verbreiterhaftung als die unmittelbare Haftung des fremde Äußerungen Wiedergebenden lediglich für intellektuelle Verbreiter eröffnet[388]. Die automatisiert weiterleitende Tätigkeit des Suchmaschinenbetreibers in seiner Funktion als Anbieter von Keyword-Advertising ist jedenfalls beim hier

387 S.o. Kapitel 2 C III 4 e)
388 S.o. Abschnitt A I 1 a) bb)

maßgeblichen Modell Google‘s mangels inhaltlicher Kenntnisnahme von den Anzeigentexten als technische Verbreitung einzustufen, sodass eine Täterhaftung wegen Verbreitens von fremder Äußerungen nicht in Betracht kommt.

II: Markenrecht

Im Markenrecht ergeben sich aufgrund der aus herkömmlicher Perspektive untypischen Verwendungsmöglichkeit von Marken als unsichtbarem Auslöser für Keyword-Advertising-Anzeigen einige interessante Fragen, insbesondere die, ob die Verwendung einer Marke als Keyword den Begriff der markenrechtlich relevanten Benutzungshandlung erfüllt.

1: Markenmäßige Benutzung

Der Schutz der Marke versetzt deren Inhaber nicht in die Lage, Anderen schlechthin jede Verwendung des für ihn geschützten Zeichens zu untersagen[389]. Der Ausschluss unbedenklicher Handlungen aus dem Umfang des Ausschließlichkeitsrechts nach § 14 MarkenG erfolgt dabei nicht allein über die Schrankenregelungen. Vielmehr wird schon im Rahmen des Merkmals der „Benutzung“ einer Marke nach § 14 MarkenG eine Auslese grundsätzlich unbedenklicher Handlungen getroffen. Ob die Verwendung eines geschützten Zeichens potentiell geeignet ist, die Interessen des am Zeichen Berechtigten zu beeinträchtigen, wird nach h.M. danach beurteilt, ob das Zeichen „nach Art einer Marke“, kurz: markenmäßig benutzt wird, da nur eine solche Verwendung dem Berechtigten vorbehalten ist[390]. Die markenmäßige Benutzung stellt als ungeschriebenes Tatbestandsmerkmal den ersten Filter für das Ausschließlichkeitsrecht des Markeninhabers dar[391].

In der deutschen Rechtsprechung wird die Frage nach der markenmäßigen Benutzung von geschützten Zeichen im Rahmen des Keyword-Advertising uneinheitlich beantwortet[392]. Der BGH hat in seinen Entscheidungen „pcb[393]“

389 Zum Spannungsfeld zwischen Ausschließlichkeitsrecht und Grundrechten: Ekey/Klippel/Bender, Markenrecht § 14 Rn 11 ff.

390 Fezer; BGH GRUR 2002, 171, 173; BGH GRUR 2003, 232 f.; BGH GRUR 2009, 1167 Rn 14; Starck, MarkenR 2000, 73 f.; Sack WRP 2010, 198 f.

391 Fezer Markenrecht § 14, Rn 53; Sack aaO, 203.

392 Pro: OLG Braunschweig, WRP 2007, 435; OLG Dresden, CR 2007, 738; OLG Stuttgart, WRP 2007, 1265; OLG München, MMR 2008, 334; Contra: KG Berlin vom 26.09.20008; OLG Köln, MMR 2008, 50; OLG Frankfurt, WRP 2008, 830; Lg Leipzig MMR 2005, 622.

393 BGH NJW 2009, 2384 ff. - „pcb“

und „Beta Layout[394]“ eine kennzeichenmäßige[395] Benutzung bei Keyword-Advertising dahinstehen lassen und den kennzeichenrechtlichen Schutz im Ergebnis überzeugend an den Schranken des Markenrechts, bzw. wegen Fehlens „jedenfalls der Verwechslungsgefahr“ scheitern lassen. In der Sache „Banana-Bay“[396] war dieser Weg nicht gangbar, sodass eine Vorlage zum EuGH erfolgte[397]. Nicht nur der BGH, sondern auch der niederländische Hoge Raad[398], der ÖOGH[399] und der französische Cour de Cassation[400] (letzterer sogar mehrfach) haben entsprechende Verfahren zum Keyword-Advertising vorgelegt, und bislang hat der EuGH in drei dieser Fälle entschieden: Die Fragen des Cour de Cassation wurden zusammengefasst im Urteil „Google France“[401], die des BGH im Beschluss in Sachen „Eis.de“[402], und die des Hoge Raad im Urteil „Portakabin“[403] beantwortet. Aufgrund der gemeinschaftsrechtlichen Harmonisierung des Markenrechts hat die Auslegung der MarkenRL durch den EuGH für die Anwendung der nationalen Vorschriften durch die Gerichte der Mietgliedstaaten zentrale Bedeutung[404]. Es ergibt sich folgendes Bild:

394 BGH NJW 2009, 435 ff. - „Beta Layout“

395 Es handelte sich beim streitgegenständlichen „Beta Layout“ nicht um eine Marke, sondern um ein Unternehmenskennzeichen, sodass sich nicht die Frage nach der markenmäßigen, sondern nach der kennzeichenmäßigen Benutzung stellte, ohne dass sich die Prüfung der Sache nach unterschiede. Da das Recht der Unternehmenskennzeichen nicht durch die MarkenRL harmonisiert ist, erfolgte in der Frage jedoch keine Vorlage zur Klärung durch den EuGH.

396 BGH MMR 2009, 326 ff. - „Bananabay“

397 EuGH GRUR 2010, 641 ff. - „Eis.de“ = MMR 2010, 609 ff.; Daraufhin inzwischen BGH „Bananabay II“ - ZR 125/07 vom 13.01.2011.

398 EuGH Rs. C-558/08 - „Portakabin / Primakabin“.

399 ÖOGH GRUR Int 2009, 446 ff. - „Bergspechte“; EuGH RS. C-278/08.

400 EuGH Rs. 236/08 - „Google / Louis Vuitton“; Rs. 237/08 - „Google / Viaticum“; Rs. 238/08 - „Google / CNRRH“.

401 EuGH NJW 2010, 2029 ff. - „Google France“ = EuZW 2010, 419 ff. = GRUR 2010, 445 ff.

402 EuGH GRUR 2010, 641 ff. - „Eis.de“ = MMR 2010, 609 ff.

403 EuGH GRUR Int 2010, 861 ff. - „Portakabin“ = WRP 2010, 1350 ff.

404 EuGH GRUR Int 2007, 1007, 1008 - Céline: „Um zu vermeiden, dass der dem Markeninhaber gewährte Schutz von Mitgliedstaat zu Mitgliedstaat anders ausfällt, ist es Sache des Gerichtshofs, Art. 5 Abs. 1 der Richtlinie und insbesondere den dort verwendeten Begriff „benutzen“ einheitlich auszulegen“.; Ekey / Klippel / Bender, Markenrecht, § 14 Rn 122.

a) Rechtsprechung des EuGH

aa) Konzept des Begriffs der markenmäßigen Benutzung

Der EuGH verwendet nicht den Begriff der „markenmäßigen Benutzung“, sondern den der „Benutzung als Marke“. Angesichts der Inkorporierung der Grundzüge der EuGH-Rechtsprechung zum Benutzungsbegriff in die Rechtsprechung des BGH kann jedoch von einem funktional einheitlichen Merkmal der markenmäßigen Benutzung gesprochen werden.

Der Begriff der Benutzung im Sinne der MarkenRL wird vom EuGH grundsätzlich dreiteilig geprüft: Eine potentiell den Berechtigten beeinträchtigende Benutzung eines Zeichens setzt nach der Auffassung des EuGH voraus, dass

1. das Zeichen im geschäftlichen Verkehr benutzt wird,
2. das Zeichen für Waren oder Dienstleistungen benutzt wird, und
3. die geschützten Funktionen der Marke beeinträchtigt sind.

Die erste Voraussetzung der Nutzung eines Zeichens im geschäftlichen Verkehr soll solche Nutzungen ausschließen, an deren Unterbindung der Berechtigte deshalb kein Interesse haben kann, weil sie im rein privaten Bereich stattfinden. Dieser erste Filter wird im deutschen Recht nicht durchweg als Facette des Benutzungsbegriffs verstanden, sondern mitunter als selbständiger Prüfungspunkt des „Handelns im geschäftlichen Verkehr“ geprüft. Der Sache nach ist das Kriterium jedoch unstreitig.

Der zweite Schritt in der Prüfung des Benutzungsbegriffs fragt nach der Verwendung des Zeichens für Waren oder Dienstleistungen. Diese ist die Grundkategorie für die in Art. 5 Abs. 3 MarkenRL aufgeführten Handlungen des Anbringens eines Zeichens auf Waren, des Anbietens oder Inverkehrbringens von Waren unter einem Zeichen, oder der Nutzung in Geschäftspapieren und der Werbung. All diese nicht abschließend aufgezählten Handlungen[405], sind Fälle einer Zeichenverwendung im Zusammengang mit eigenen Leistungen des Verwendenden.

Mit der dritten Prüfungsstufe schließlich koppelt der EuGH die Weite des Benutzungsbegriffs an die unterschiedlichen markenrechtlichen Schutzarten[406], die da sind Identitäts-, Verwechslungs- und Bekanntheitsschutz. Identitätsschutz setzt das Vorliegen von „Doppelidentität“ im Sinne des Art. 5 Abs. 1 a) MarkenRL, d.h. Identität sowohl des benutzten Zeichens mit der Marke, als auch der gekennzeichneten Waren oder Dienstleistungen voraus, und schützt

405 EuGH EuZW 2009, 392 - „Arsenal“ Rn 38; EuGH EuZW 2007, 178 - „Autec“ Rn 16.

406 Erstmals vertreten in EuGH GRUR 2003, 55, 57 - „Arsenal“.

„absolut“[407], berechtigt den Inhaber also ohne das Hinzutreten weiterer Umstände, eine nicht autorisierte Zeichenbenutzung zu verbieten. Verwechslungsschutz dagegen ist ausschließlich auf den Schutz gegen unzutreffende Schlussfolgerungen des Verkehrs bezüglich einer Verbundenheit des Berechtigten mit dem Anspruchsgegner beschränkt, und verlangt deshalb das namensgebende Tatbestandsmerkmal der „Verwechslungsgefahr“. Der Schutz der bekannten Marke schließlich umfasst unabhängig vom Vorliegen von Zeichen- oder Warenidentität den Schutz der Unterscheidungskraft und Wertschätzung der Marke auf einem ihrer gesteigerten Bekanntheit entsprechend stärkerem Niveau.

Der EuGH unterscheidet nun dergestalt, dass bei Identitäts- und Bekanntheitsschutz von einem weiten, beim Verwechslungsschutz dagegen von einem engen Benutzungsbegriff auszugehen sei[408]. Nach Ansicht des Gerichtshofs umfasst nämlich Verwechslungsschutz lediglich die Herkunftsfunktion, Identitäts- und Bekanntheitsschutz dagegen sämtliche Funktionen der Marke. Diese Unterscheidung ist noch recht jung, denn nachdem der EuGH in der Vergangenheit regelmäßig ausschließlich auf die Herkunftsfunktion abgestellt hatte, die auch seiner heutigen Ansicht nach die Kernfunktion der Marke darstellt[409], wurden erst seit seiner l'Oréal - Entscheidung von 2009[410] darüber hinaus auch andere Wirkungen der Marke als vom Schutz der MarkenRL erfasst angesehen. Mit den Begriffen der „Sogwirkung“ und der „Anziehungskraft“ von Marken umschrieb der EuGH, was sich durchaus bereits als Schutz der Werbefunktion von Marken verstehen ließ[411]. Diese Werbefunktion bezeichnet die Suggestions- und Attraktionskraft einer Marke, die zum Ansprechen potentieller Käuferschichten fruchtbar gemacht werden kann[412]. Mittlerweile erkennt der EuGH explizit fünf Schutzfunktionen der Marke an: Herkunftsfunktion, Qualitätsfunktion, Werbefunktion, Kommunikations-

407 Selbstverständlich eingedenk der Schranken. Zu diesen unten, Abschnitt C II 1 e)

408 Ohly GRUR 2009, 709, 711 scheint dagegen nur zwischen dem Schutz bekannter Marken nach Art. 5 Abs. 2 und dem Schutz nicht bekannter Marken nach Abs. 2 einen Unterschied im Benutzungsbegriff des EuGH zu erkennen.

409 Vgl. EuGH GRUR 1998, 438 ff. - „BMW / Deenik“; EuGH GRUR Int. 2002, 841 ff. - „Hölterhoff“; EuGH GRUR Int. 2003, 446 ff. - „Robelco“; weniger klar EuGH GRUR Int. 2003, 229 ff. - „Arsenal“, wo bereits im Plural auf „die Funktionen der Marke und insbesondere ihre Hauptfunktion, d.h. die Gewährleistung der Herkunft der Ware gegenüber den Verbrauchern“ abgestellt wird.

410 EuGH EuZW 2009, 573 - „L'Oréal“

411 Der Begriff fällt zunächst noch im Plural „Werbefunktionen“, vgl. EuGH EuZW 2009, 573 - „L'Oréal“, Rn 58.

412 Fezer MarkenR D 4 Rn 9 mwN

funktion, Investitionsfunktion[413]. Der Inhalt und die Bedeutung der letztgenannten zwei Funktionen ist ungeklärt.

bb) Anwendung auf Keyword-Advertising

In Anwendung der dargestellten Grundsätze kommt der EuGH in seinen Entscheidungen zum Betreiben von Keyword-Advertising durch Suchmaschinenbetreiber zu folgendem Ergebnis:

Suchmaschinenbetreiber handelten bei der Schaltung von Adwords-Anzeigen mit geschützten Zeichen für ihre Kunden im geschäftlichen Verkehr. Sie nutzten die von ihren Kunden gebuchten Zeichen jedoch nicht selbst, sondern ermöglichten nur eine Nutzung durch die unmittelbar Werbetreibenden, sodass eine eigene relevante Benutzungshandlung ausscheide.

b) Stellungnahme

aa) Bewertung der Konzeption des EuGH

Der Benutzungsbegriff des EuGH ist normativ nachvollziehbar und führt zu vertretbaren Ergebnissen. Er ist zugleich von einem spürbaren Bemühen um systematische Stringenz und einer Neigung zur Detailversessenheit geprägt, was zu einer dogmatischen Überladung des Benutzungsbegriffs führt.

Die Verwendung eines Zeichens im geschäftlichen Verkehr zum Teil des Benutzungsbegriffs zu machen, ist weder notwendig noch schädlich, und letztlich Geschmacksache: Ob die Erwerbsbezogenheit äußerer Umstand einer Handlung oder ihr Bestandteil ist, lässt sich nicht sinnvoll diskutieren.

Einschränkungslose Zustimmung verdient die zweite Prüfungsstufe der markenmäßigen Benutzung: Die Verwendung für Waren oder Dienstleistungen beschreibt, was im deutschen Recht bislang den Kern der markenmäßigen Benutzung verkörpert hat: Die Verwendung zur Charakterisierung und Unterscheidung von Leistungen. Nur wenn ein Zeichen im Rahmen des Absatzes von Leistungen verwendet wird, kommt eine Beeinträchtigung des rein wirtschaftlich orientierten Schutzrechts Marke in Betracht[414].

Problematisch ist jedoch der Ansatz des EuGH, durch das Abstellen auf die Beeinträchtigung der jeweils geschützten Funktionen der Marke den Benutzungsbegriff an die Art des begehrten Schutzes zu koppeln. Zutreffend ist, dass der Verwechslungsschutz durch die Voraussetzung einer Verwechslungsgefahr lediglich die Assoziationsverwirrung als Störung der Herkunftsfunktion

---

413 EuGH NJW 2010, 2029 ff. - „Google France" Rn 77

414 Fezer, MarkenG § 14 Rn 133 mwN

der Marke erfasst. Während lit a) des Art. 5 Abs. 1 MarkenRL die Benutzung bei Doppelidentität schlechthin verbietet, verlangt lit b) das Vorliegen von Verwechslungsgefahr. Ist also entweder ein verwendetes Zeichen einer nicht bekannten Marke nur ähnlich, oder sind die gekennzeichneten Waren oder Dienstleistungen denjenigen nur ähnlich, für die die Marke Schutz genießt, ist Verwechslungsgefahr anders als im Fall der Doppelidentität zwingende Anspruchsvoraussetzung.

Der EuGH schließt nun daraus, dass schon der Benutzungsbegriff des Art. 5 Abs. 1 lit b) MarkenRL eine Beeinträchtigung der Herkunftsfunktion voraussetze. Die Annahme einer solchen Beeinträchtigung nimmt dabei nicht bereits das Vorliegen von Verwechslungsgefahr vorweg. Das Kriterium des EuGH für den Benutzungsbegriff beim Verwechslungsschutz lässt sich daher als eine „Verwechslungsgefahr im weiteren Sinne“[415] bezeichnen.

Es wird also eine Zwischenkategorie geschaffen, die schon die Benutzungshandlung aufgrund einer Wertung scheitern lässt, die vollständig im Merkmal der Verwechslungsgefahr enthalten ist. Letzteres wird nicht überflüssig gemacht, doch entwertet, denn es ist nicht länger allein die scharfe Klinge, an der sich das Eingreifen des Verwechslungsschutzes letztlich entscheidet. Es schneidet sich vielmehr selbst einen Teil seiner Bedeutung ab: Die Verwechslungsgefahr beschränkt die durch Art. 5 Abs. 1 b) MarkenRL geschützten Funktionen auf die Herkunftsfunktion, und durch die Inkorporierung der geschützten Funktionen in den Benutzungsbegriff wird ein Teil des normativen Gehalts der Verwechslungsgefahr losgelöst und zur Voraussetzung des Schutzes auf früherer Stufe gemacht.

Das zeugt vom Willen, die Systematik der Schutzarten der MarkenRL schon im Benutzungsbegriff zu verankern, bringt indes keinerlei Vorteile mit sich. Jede Fallgestaltung, in der markenrechtlicher Schutz am Fehlen einer „Verwechslungsgefahr im weiteren Sinne“ scheitert, kann ebenso gut durch durch die Ablehnung der echten Verwechslungsgefahr entschieden werden, ohne dass durch das Bejahen einer Benutzungshandlung ungewollte Türen aufgestoßen würden. Anders als in Fällen der Entscheidung für eine Lösung auf Tatbestands- statt auf Rechtswidrigkeitsebene oder vice versa zur Vermeidung von Problemen etwa im Bereich der Teilnahme, liegen die Merkmale von Benutzung und Verwechslungsgefahr auf der gleichen Ebene des Delikts, sodass ein Scheitern des Schutzes am Benutzungsbegriff keinen dogmatischen Vorteil schafft.

Im Gegenteil ist die Aufladung des Benutzungsbegriffs durch ein Merkmal der „Verwechslungsgefahr im weiteren Sinne“ tendenziell nachteilig, denn der

415 Begriff nach Ohly, GRUR 2009, 709, 711 mwN

Begriff der Verwechslungsgefahr ist der Schillerndste des Markenrechts. Er enthält ein bewegliches System aus der Ähnlichkeit der betreffenden Zeichen, der Ähnlichkeit der Waren oder Dienstleistungen und der wiederum komplex zusammengesetzten Kennzeichnungskraft des geschützten Zeichens[416]. Die im Einzelfall mitunter enorm komplizierte Frage nach der Verwechslungsgefahr zum Teil in einen anderen Begriff zu exportieren hilft der Rechtssicherheit nicht weiter, sondern trübt lediglich des letzteren Begriffes relative Klarheit. Ist das Schillern eines Rechtsbegriffs nur mit Mühe zu beherrschen, sollten dessen Grenzen nach außen umso präziser gezogen werden, wenn nicht eine Aufspaltung die Lösung der dem Begriff innewohnenden Schwierigkeiten verspricht. Einen solchen Vorteil verspricht der Export von normativem Gehalt des Merkmals Verwechslungsgefahr in den Benutzungsbegriff jedoch gerade nicht.

bb) Fazit

Der Ansatz, eine markenmäßige Benutzung nur bei Beeinträchtigung einer der geschützten Markenfunktionen zu bejahen, ist nachvollziehbar. Lediglich die unnötige Doppelung der schutzbeschränkenden Wirkung des Merkmals Verwechslungsgefahr durch das Vorverlegen der Schutzbeschränkung in den Benutzungsbegriff des Verwechslungsschutzes vermag nicht zu überzeugen[417]. Würde dieses Modell konsequent verfolgt, müsste der Benutzungsbegriff in jedem Fall abhängig von der in Rede stehenden Verletzungshandlung durch eine halbgare Variante der letztlich ausschlaggebenden Wertung modifiziert werden, was dem vom EuGH selbst gesetzten Ziel eines einheitlichen Benutzungsbegriffs[418] zuwiderliefe.

Sinnvoller ist ein Abstellen auf die Beeinträchtigung jedweder grundsätzlich vom Gesetz geschützten Markenfunktion unabhängig davon, ob Identitäts- oder Verwechslungsschutz einer bekannten oder nicht bekannten Marke geprüft wird. Nur das schafft einen einheitlichen markenrechtlichen Benutzungsbegriff. Die Beschränkung des Verwechslungsschutzes im Vergleich zum „absoluten“ Identitätsschutz sollte allein dem Merkmal der Verwechslungsgefahr überlassen werden.

---

416 Sack WRP 1998, 1127, 1132; Fezer, Markenrecht § 14 Rn 254; Bähr, FS Otte, S. 4 f; Elger, Bereicherung durch Eingriff, S. 707.

417 Kritisch auch Ingerl / Rohnke, MarkenG, § 14 Rn 109 mwN.

418 EuGH GRUR Int. 2003, 229 Rn 45 - „Arsenal“; EuGH GRUR Int. 2007, 1007 Rn 15 - „Céline“.

cc) Bewertung der Subsumtion

Dass das entgeltliche Verschaffen der Möglichkeit, mit markenrechtlich geschützten Begriffen Werbung zu treiben, eine eigene markenrechtlich relevante Benutzung der jeweils geschützten Zeichen durch den Suchmaschinenbetreiber darstellt[419], wird vom EuGH verneint[420]; und das im Ergebnis zurecht. Interessant ist die Art und Weise, in der der EuGH eine Benutzungshandlung des Suchmaschinenbetreibers ablehnt. Er prüft erwartungsgemäß die „Benutzung im geschäftlichen Verkehr" als erste der drei Stufen des Benutzungsbegriffes. Er bejaht mit Verweis auf den Finanzierungszusammenhang zutreffend die Geschäftsmäßigkeit des Handelns des Suchmaschinenbetreibers, kommt aber zu dem Ergebnis, es sei kein Benutzen der Marke im geschäftlichen Verkehr gegeben. Der EuGH sieht die Wertung der auf Ausschließung bloß privaten Handelns zielenden ersten Prüfungsstufe also durchaus erfüllt, lässt die Benutzungshandlung im Sinne der MarkenRL aber am rein tatsächlichen Merkmal der schlichten Benutzung (nicht: der Benutzung für Waren oder Dienstleistungen) scheitern und stellt sich damit auf den Standpunkt, dass es sich bei der Schaltung von Keyword-Advertising Anzeigen für Kunden des Suchmaschinenbetreibers nicht nur um keine markenmäßige Benutzung, sondern schlechthin um keine Verwendung des Zeichens handelt[421].

Dieser Ansatz leuchtet auf den ersten Blick ein, verblüfft aber auf den Zweiten. Das deskriptiv anmutende Tatbestandsmerkmal der „Benutzung" ist wegen seiner Wertungsarmut um das ungeschriebene Attribut der „Markenmäßigkeit" erweitert worden, um Fälle der unerheblichen Benutzung geschützter Zeichen schon vor der Schrankenebene auszufiltern. Dieses Attribut hat sich zu einer eigenen, stark normativ aufgeladenen Prüfungsstufe entwickelt. Nach der maßgeblichen Auffassung des EuGH greift es dem übrigen Verletzungstatbestand sogar erheblich vorweg[422].

Der Facettenreichtum und die Leistungsfähigkeit des Begriffes der Markenmäßigkeit lässt es überraschend wirken, wenn der EuGH die Haftung des Suchmaschinenbetreibers in der Konstellation des „Verkaufs" geschützter Kennzeichen als Keyword nicht am Kriterium der Markenmäßigkeit, sondern schon am sehr tatsächlichen Kriterium der schlichten Benutzung scheitern lässt. Denn versteht man das Kriterium der schlichten Benutzung deskriptiv,

---

419 Von Vergabe von Markennamen „analog einer Lizenz" spricht Schmidt-Bogatzky, GRUR 2000, 964; aA Schaefer, MMR 2005, 807, 808; LG München I MMR 2004, 261; Kur, GRURInt 2008, 10.

420 EuGH NJW 2010, 2029 ff. - „Google France" Rn 53 ff., 104.

421 In diese Richtung auch Kur aaO.

422 S.o. aa)

sodass es bereits erfüllt ist, wenn der geschützte Begriff in einem Sachverhalt im weitesten Sinne instrumentalisiert wird, also einen beliebigen Zweck erfüllt, so lässt es sich nicht überzeugend ablehnen: Es dient Suchmaschinenbetreiber und Adwords-Kunden zur Festlegung des Vertragsinhalts und als Leitbegriff bei der Schaltung der kontextsensitiven Werbung durch den Suchmaschinenbetreiber. Das Kriterium der Benutzung normativ zu bestimmen, überzeugt dagegen schon deshalb nicht, weil die Wertungen zur Erheblichkeit eines schlichten Benutzens im Kriterium der Markenmäßigkeit enthalten sind.

Es wäre deshalb vorzugswürdig gewesen, den „Verkauf" von geschützten Begriffen durch Suchmaschinenbetreiber am Maßstab einer Beeinträchtigung der anerkannten Markenfunktionen im Rahmen der Markenmäßigkeit der gegebenen schlichten Benutzung zu messen. Das Ergebnis bliebe unverändert: Eine Zuordnungsverwirrung lässt sich beim Verkauf von Keywords durch den Suchmaschinenbetreiber nicht begründen, sodass die Herkunftsfunktion unbeeinträchtigt bleibt. Dass der Verkehr annehmen könnte, der Suchmaschinenbetreiber sei mit dem Inhaber der Marke wirtschaftlich verbunden oder gar Ursprung der von den Werbetreibenden vertriebenen Leistungen sei, liegt fern[423].

Auch die Annahme, der Suchmaschinenbetreiber beeinträchtige durch den Verkauf eines markenrechtlich geschützten Begriffs als Keyword die Werbefunktion der Marke[424], überzeugt nicht, denn er betreibt durch diesen Verkauf eines Begriffs weder für sich, noch für den Markeninhaber oder einen Dritten Werbung, sondern ist auf der übergeordneten Ebene des Verkaufs von Werbefläche tätig. Er wirbt nicht mit der Marke, sondern versteigert lediglich die Möglichkeit, unter Nutzung seiner Infrastruktur und des geschützten Keywords Werbung zu treiben, an Dritte. Zwar trifft zu, dass nur derjenige, der selbst mit einem Zeichen werben dürfte, anderen eben dieses Recht verschaffen kann, und tatsächlich geriert sich derjenige, der sich eine Nutzung der Werbefunktion einer Marke bezahlen lässt, wie ein an der Marke Berechtigter[425]. Doch das Werben mit einer Marke entgeltlich anderen zu überlassen, stellt einen übergeordneten Gebrauch der Werbefunktion dar. Dieser Gebrauch, der nicht in der Nutzung der Marke als Kommunikationskanal, sondern im Anmaßen der Vermittlung der Benutzungsmöglichkeit liegt, ist nicht vom Schutz der Werbefunktion umfasst, denn durch den übergeordneten Gebrauch einer Marke als angebotenem Keyword wird diese lediglich als Anknüpfungspunkt für die

---

423 Vgl. Schlussantrag des Generalanwalts am EuGH Maduro vom 22.09.2009 zu den Rechtssachen C-236/08, C-237/08 und C-238/08, Rn 68 f.

424 Eine eigene markenmäßige Benutzungshandlung durch den Suchmaschinenbetreiber nehmen an: Rath, Suchmaschinenhaftung S. 186; Schmidt-Bogatzky, GRUR 2000, 959, 964; Varadinek, GRUR 2000, 279, 282.

425 Schmidt-Bogatzky aaO; wohl auch Rath, Suchmaschinenhaftung S. 186, 371.

konkrete Art und Weise herangezogen, auf die der Werbetreibende die kontextsensitive Plattform des Suchmaschinenbetreibers nutzen kann. Sie stellt das individuelle Vorzeichen des auf Werbeschaltung gerichteten Vertragsinhalts zwischen Werbetreibendem und Suchmaschinenbetreiber dar. Der Suchmaschinenbetreiber kann sich zwar zur Werbeschaltung unter beliebigen Konditionen verpflichten, dem Adwords-Kunden als Nichtberechtigter jedoch keine Berechtigung zur Benutzung fremder Marken verschaffen, sodass keine Beeinträchtigung der Werbefunktion der Marke entstehen kann.

Es ist also insgesamt mangels markenrechtlicher Benutzung keine eigene Markenverletzung durch den Suchmaschinenbetreiber möglich. Denkbar bleibt jedoch eine Täterhaftung als Teilnehmer im Sinne des Einheitstäterbegriffs nach § 830 Abs. 2 BGB.

2: Anstiftung nach § 830 Abs. 2 Alt. 1 BGB

Google schlägt durch sein bei der Wahl eines effizienten Keywords behilfliches „Keyword-Tool“[426] mitunter Marken als Keyword vor, und kann dadurch Tatentschluss hinsichtlich der Buchung und rechtswidrigen Verwendung der geschützten Begriffe hervorrufen. Problematisch ist dabei der Vorsatz Googles hinsichtlich der Rechtswidrigkeit eines Handelns der Werbetreibenden. Erstens ist die Berechtigung des Buchenden in Ansehung eines Begriffs nicht zuverlässig zu ermitteln, da etwa das Bestehen einer entsprechenden Lizenz kaum feststellbar ist[427]. Zweitens stellt das Keyword-Tool lediglich objektiv die jüngere Entwicklung der Suchanfragen dar, die im Zusammenhang mit dem eingegebenen Wort getätigt wurden. Auch wenn den werbetreibenden Kunden das Finden eines möglichst effizienten Keywords ermöglicht werden soll, geht das Keyword-Tool nicht über ein neutrales Abbilden der Wirklichkeit hinaus. Die bloße Wiedergabe der tatsächlichen Umstände reicht nicht aus, um einen hinreichend konkreten Vorsatz des Suchmaschinenbetreibers in Bezug auf eine Rechtsverletzung durch einen Werbetreibenden anzunehmen. Eine Anstiftung durch den Suchmaschinenbetreiber scheidet damit aus.

3: Teilnahme nach § 830 Abs. 2 Alt. 2 BGB

So in einem Handeln der Werbetreibenden eine rechtswidrige Haupttat gegeben ist - dazu ausführlich unten[428] - ließe sich in der Bereitstellung der Suchmaschine als Plattform zum Betreiben von Keyword-Advertising ein objekti-

426 https://adwords.google.com/select/KeywordToolExternal

427 Schaefer, MMR 2005, 807, 810.

428 S.u. Abschnitt C II 1.

ver Förderungsbeitrag des Suchmaschinenbetreibers erblicken. Doch auch die Annahme einer Teilnehmerschaft scheitert aufgrund der Automatisierung der Vermittlungstätigkeit am entsprechenden Vorsatz. Eine Haftung als Gehilfe setzt zumindest bedingten Vorsatz voraus, der das Bewusstsein der Rechtswidrigkeit einschließen muss[429]. Was der BGH überzeugend für den Betreiber der Auktionsplattform eBay als Host-Provider entschieden hat, lässt sich dabei ohne Weiteres auf Suchmaschinenbetreiber übertragen: „Da die Bekl. die Angebote [...] vor Veröffentlichung auf ihrer Auktionsplattform nicht zur Kenntnis nimmt, sondern sie im Rahmen des Registrierungsverfahrens automatisch durch den Anbieter ins Internet gestellt werden, scheidet eine vorsätzliche Teilnahme der Bekl. aus."[430].

Ohne Kenntnis eines konkreten Handlungskomplexes und der berührten Rechtsgüter ist Vorsatz nicht gegeben. Der Verkauf von Marken als Keywords stellt folglich weder eine eigene Benutzungshandlung, noch eine Teilnahme an fremden Benutzungshandlungen dar. Das Profitieren des Suchmaschinenbetreibers an der übergeordneten Nutzung der Werbefunktion als Keyword verkaufter Marken ist nicht objektiv untersagt, sondern wenn überhaupt nur bereicherungsrechtlich zu kompensieren.

4: Bereicherungsrechtlicher Ausgleich

Durch den „Verkauf" markenrechtlich geschützter Keywords erwirtschaften Suchmaschinenbetreiber Gewinn, den der am Begriff Berechtigte mangels markenmäßiger Benutzung des Begriffs durch den Suchmaschinenbetreiber nicht über das Markenrecht abschöpfen kann. Möglicherweise ergibt sich aus dem übergeordneten Gebrauch der Werbefunktion einer Marke jedoch einen bereicherungsrechtlichen Anspruch des Berechtigten gegen den Suchmaschinenbetreiber.

Eine Leistungskondiktion kommt nicht in Betracht, und die Eingriffskondiktion scheitert am Vorrang des Leistungsverhältnisses zwischen Werbetreibenden und Suchmaschinenbetreiber. Es ließe sich eine Analogie zu § 816 Abs. 1 S. 1 BGB erwägen, doch würde eine solche Konstruktion nur den Umstand verschleiern, dass das Gesetz völlig zurecht keine passende Kondiktion für die unautorisierte Erteilung einer nicht existenten Lizenz bereit hält. Die „Quasi-Lizenz"[431] ist als das Verschaffen der rein tatsächlichen Möglichkeit

---

429 BGHZ 42, 118, 122 f. - „Personalausweise"; BGHZ 148, 13, 17 - „Ambiente.de"; BGHZ 173, 188 - „Jugendgefährdende Medien bei eBay" = GRUR 2007, 890 ff.; Hartmann in Wandtke, Medienrecht Teil 5 Kapitel 1 Rn 278.

430 BGH GRUR 2007, 890, 892 - „Jugendgefährdende Medien bei eBay"

431 Schmidt-Bogatzky, GRUR 2000, 964

zur Nutzung fremder Marken ohne Eingriffspotential für das ausschließliche Recht des Markeninhabers zur Lizenzerteilung. Der Suchmaschinenbetreiber erlangt die Vergütung nicht für eine Lizenz, auf deren Gültigkeit der Werbetreibende vertraut, sondern für die reale Ermöglichung der Werbeschaltung.

Der Bezug zur Marke, der den „Verkauf" eines Keywords in die Nähe der Lizenzvergabe zu rücken zu scheint, ist durch das Wesen des Keyword-Advertising als kontextsensitive Werbung bedingt: Bestehen Schutzrechte an dem Begriff, der zur Erfassung des Kontextes der Werbung gewählt wird, bedeutet das nicht die Anmaßung der Verfügungsgewalt über den geschützten Begriff durch den Suchmaschinenbetreiber. Der Vorwurf an den Suchmaschinenbetreiber erschöpft sich vielmehr in der Ermöglichung der eigentlichen Verletzungen durch den Werbetreibenden. Dies ist eine Frage der akzessorischen Haftung des Suchmaschinenbetreibers als Störer, nicht aber des Bereicherungsrechts.

Die monetäre Gegenleistung für die Bereitstellung der eigenen Suchmaschine als kontextsensitive Werbeplattform verbleibt richtigerweise beim Suchmaschinenbetreiber und muss nicht über Billigkeitserwägungen im Rahmen des Bereicherungsrechts abgeschöpft werden. Es bestehen deshalb keine bereicherungsrechtlichen Ansprüche des Berechtigten gegen den Suchmaschinenbetreiber wegen des „Verkaufs" markenrechtlich geschützter Begriffe als Keyword.

5: Ergebnis zur markenrechtlichen Täterhaftung des Suchmaschinenbetreibers als Betreiber eines Keyword-Advertising Programms

Das Anbieten und „Verkaufen" von markenrechtlich geschützten Begriffen als Keywords durch Suchmaschinenbetreiber stellt weder eine markenrechtliche Benutzungshandlung, noch eine Beteiligung an einer solchen dar und ist auch nicht bereicherungsrechtlich zu sanktionieren. Selbst ungeachtet der Privilegierung nach § 10 TMG kommt deshalb insofern einzig eine Haftung der Suchmaschinenbetreiber als Störer in Betracht.

III: Wettbewerbsrecht

Das wettbewerbsrechtliche Eingangskriterium der „geschäftlichen Handlung" ist weniger eng als das markenrechtliche Pendant der Benutzungshandlung, sodass sich die Frage nach einer unmittelbaren Täterhaftung des Suchmaschinenbetreibers wegen eigener Wettbewerbsverstöße im Vergleich dringender stellt. Eine unmittelbare wettbewerbsrechtliche Haftung des Suchmaschinenbetreibers kommt insbesondere bei einer unzureichenden Kennzeichnung kommerzieller Adwords-Anzeigen und einer daraus resultierenden Irreführungsgefahr für die Suchmaschinennutzer in Betracht. Da die Gestaltung der Ergebnisseite vollständig im Einflussbereich des Suchmaschinenbetreibers liegt, ist er unmittelbarer Adressat des Gebots der hinreichenden Abgrenzung der kommerziellen Anzeigen von den natürlichen Suchergebnissen.

Aufgrund der Privilegierung durch § 10 TMG kommt eine unmittelbare Haftung auch auf Schadensersatz für das Anbieten von Keyword-Advertising wie schon im Markenrecht nur in Betracht, soweit die Voraussetzungen der Privilegierungsnorm im Einzelfall nicht erfüllt sind[432].

1: Geschäftliche Handlung

Die Nutzung der eigenen Suchmaschine als Plattform für Keyword-Advertising ist geeignet, einerseits die eigene Tätigkeit des Suchmaschinenbetreibers als Anbieter einer Werbeplattform, andererseits auch den Absatz der von den Werbetreibenden vertriebenen Produkte oder Dienstleistungen zu fördern. Es handelt sich deshalb beim Betreiben von Keyword-Advertising um eine geschäftliche Handlung des Suchmaschinenbetreibers[433].

2: Wettbewerbsrechtliche Unzulässigkeit

a) Absolute Unzulässigkeit nach § 3 Abs. 3 UWG

Möglicherweise stellt das Schalten nicht als solcher erkennbarer Adwords-Anzeigen „als Information getarnte Werbung“ im Sinne von Nr. 11 des Anhangs zu § 3 Abs. 3 UWG dar. Ein solcher Fall getarnter Werbung dürfte beim Keyword-Advertising nicht schon in Ermangelung eines redaktionellen Teils[434] abzulehnen sein, da die natürlichen Suchergebnisse Ergebnis eines zwar automatischen, aber dennoch individuell geprägten Bemühens des Suchmaschinenbetreibers zur relevanzgeordneten Darstellung der Netzwirklichkeit sind[435]. Grund der Unzulässigkeit getarnter Werbung ist das Ausnutzen der scheinbaren Vertrauenswürdigkeit neutraler, d.h. nichtkommerzieller Medieninhalte,

432 S.o. Kapitel 2 C III 4 e)

433 So auch zum Kriterium der Wettbewerbshandlung nach altem UWG: Huesch, Keyword-Advertising S. 91.

434 Recht strenge Definition bei Köhler / Bornkamm, UWG Anhang zu § 3 III, Rn 11.2; OLG Düsseldorf WRP 2009, 1311 f. aA wohl Piper / Ohly /Sosnitza, UWG Anhang zu § 3 III Rn 28.

435 S.o. Kapitel 2 B III

ohne dass es dabei auf journalistische Berichterstattung im engeren Sinn ankäme.

Allerdings verlangt Nr. 11 des Anhangs zu § 3 Abs. 3 UWG eine Finanzierung durch den werbetreibenden Wettbewerbsteilnehmer. Dieses Kriterium lässt keinen Zweifel daran, dass die Vorschrift in Anwendung auf Keyword-Advertising lediglich die werbetreibenden, zahlenden Adwords-Kunde selbst, nicht aber den Suchmaschinenbetreiber erfasst.

Eine analoge Anwendung der Nr. 11 des Anhangs zu § 3 Abs. 3 UWG kommt nicht in Betracht: Erstens ist die Analogiefähigkeit der Nummern 1 bis 30 des Anhangs aufgrund des Charakters der Liste als umfassende, abschließende Aufzählung der absolut unzulässigen Handlungen grundsätzlich zweifelhaft[436], und zweitens besteht angesichts des § 3 Abs. 1, 4 Nr. 3, Nr. 11 UWG iVm § 6 TMG keine Regelungslücke.

Suchmaschinenbetreiber begehen im Betreiben nicht hinreichend gekennzeichneten Keyword-Advertisings keine nach § 3 Abs. 3 UWG absolut unzulässige geschäftliche Handlung.

b) Unzulässigkeit nach § 3 Abs. 1 UWG

Im Rahmen der Generalklausel nach § 3 Abs. 1 UWG muss anders als im Falle der absoluten Unzulässigkeit nach Abs. 3 zunächst die Unlauterkeit einer Handlung, und anschließend die Überschreitung der Bagatellgrenze durch hinreichende Eignung zur Interessenbeeinträchtigung festgestellt werden.

Die Unlauterkeit von nicht erkennbarem Keyword-Advertising durch Suchmaschinenbetreiber ergibt sich bereits aus dem Verschleiern des kommerziellen Charakters von Werbehandlungen nach § 4 Nr. 3 UWG[437]. Darüber hinaus kommt auch ein Verstoß gegen das Trennungsgebot der § 6 Abs. 1 Nr. 1 TMG (für journalistisch-redaktionell gestaltete Telemedien § 1 Abs. IV TMG iVm § 58 Abs. 1 S. 1 RStV[438]) als Rechtsbruch im Sinne des § 4 Nr. 11 UWG in Betracht: Nicht oder mangelhaft gekennzeichnetes Keyword-Advertising verstößt gegen den Trennungsgrundsatz des Medienrechts, nach dem redaktionelle Inhalte von Werbung erkennbar zu trennen sind[439]. Dieser Grundsatz hat sich in den §§ 7 Abs. 4, 58 Abs. 1 RStV, den Landes-

436 Köhler / Bornkamm aaO Rn 0.8; Piper / Ohly / Sosnitza, UWG Anhang zu § 3 III Rn 4.

437 Hüsch, MMR 2006, 357, 360 f. mit Vorschlägen zur zulässigen Ausmaß der Erkennbarkeit von Adwords-Anzeigen.

438 Zu den Eingangskriterium für Telemedien zum RStV: Holznagel / Ricke in Spindler / Schuster, Elektronische Medien § 1 TMG Rn 16 ff. mwN.

439 Schwartmann: Praxishandbuch Medienrecht, S.968; Piper / Ohly: UWG, § 4, Rn 3/5 mwN.

pressegesetzen[440], § 6 Abs. 1 Nr. 1 TMG sowie als Fallgruppe der Unlauterkeit in § 4 Nr. 3 UWG[441] niedergeschlagen. Da es sich bei Suchmaschinen um zwar meinungsbildungsrelevante, aber nicht journalistisch-redaktionell gestaltete Telemedien handelt[442], sind nicht die § 1 Abs. IV TMG, § 58 Abs. 1 RStV, sondern ist § 6 Abs. 1 Nr. 1 TMG unmittelbar einschlägig.

Der den Trennungsgrundsatz normierende § 6 Abs. 1 Nr. 1 TMG ist gesetzliche Vorschrift im Sinne des § 4 Nr. 11 UWG. Er regelt durch das Verbot getarnter Werbung unmittelbar das Marktverhalten der Marktteilnehmer und ist auch dazu bestimmt, dies im Interesse der Marktteilnehmer zu tun. Unerheblich ist, ob als schützenswertes Interesse iSd § 4 Nr. 11 UWG das Interesse der Marktteilnehmer an der Gleichheit der Verhältnisse am Markt ausreicht[443], denn der Trennungsgrundsatz schützt die Entscheidungsfreiheit der Verbraucher. Dieses Schutzgut ist mit Blick auf die Formulierung des Schutzzwecks in § 1 UWG zurecht als Interesse der Marktteilnehmer iSd § 4 Nr. 11 UWG anerkannt[444]. Folglich ist durch den Verstoß gegen den Trennungsgrundsatz beim nicht erkennbaren Keyword-Advertising Unlauterkeit nach § 4 Nr. 11 UWG gegeben[445].

Irreführende Werbung nach § 5 UWG liegt dagegen nicht vor, da über keine relevante Tatsache im Sinne dieser Vorschrift getäuscht wird. Die Irreführung über die kommerzielle Natur des Suchtreffers wird erschöpfend von § 4 Nr. 3 UWG erfasst.

Die Eignung einer nach § 4 Nr. 3, Nr. 11 UWG unlauteren, nicht hinreichend erkennbaren Trennung von natürlichen Suchergebnissen und Keyword-Advertising Anzeigen zur spürbaren Beeinträchtigung der vom UWG geschützten Interessen ist nicht bereits durch das Unwerturteil der Unlauterkeit nach den Nummern 3 und 11 des § 4 UWG indiziert[446], sondern muss im Einzelfall festgestellt werden. Im Falle Googles wird schon aufgrund der erhebli-

---

440 Vgl. § 9 LPG Bayern, § 10 LPG BaWü, § 8 LPG Hessen.

441 Zum Nebeneinander von TMG und (altem) UWG: Micklitz in Spindler / Schuster, Elektronische Medien § 6 TMG, Rn 9 ff. mwN.; Köhler / Bornkamm, UWG § 4 Rn 3.41.

442 S.o. Kapitel 3 C II; Kapitel 3 A I 3

443 Dafür: BGH GRUR 2007, 162; Müko / Schaffert, UWG § 4 Nr. 11 Rn 57; aA: Hefermehl / Köhler / Bornkamm, UWG § 4 Rn 11.35c; Köhler NJW 2002, 2761, 2762; mit Zweifeln Piper / Ohly / Sosnitza, UWG § 4 Rn 11/22.

444 KG Berlin, GRUR-RR 2005, 320; Piper / Ohly / Sosnitza, UWG § 4 Rn 11/23; v.Jagow in Harte-Bavendamm / Henning-Bodewig, UWG § 4 Nr. 11, Rn 127; Sack, WRP 2990, 791, 800 f.

445 Hüsch, Keyword-advertising S. 145 ff.; Fezer / Mankowski, UWG § 4 Rn 98.

446 Schünemann in Harte-Bavendamm / Henning-Bodewig, UWG § 3 Rn 422 ff.; Köhler / Bornkamm, UWG § 3 Rn 139, 151.

chen Breitenwirkung einer über die kommerzielle Natur von Anzeigen hinwegtäuschenden Darstellungsweise die Bagatellschwelle überschritten sein.

c) Ergebnis zur wettbewerbsrechtlichen Täterhaftung

Nicht hinreichend als kommerziell kenntlich gemachtes Keyword-Advertising stellt eine unzulässige geschäftliche Handlung des Suchmaschinenbetreibers gemäß §§ 3 Abs. 3, 4 Nr. 3, Nr. 11 UWG dar, die negatorische Ansprüche aus § 8 Abs. 1 UWG und bei gegebenem Verschulden Schadensersatzansprüche aus § 9 UWG auslöst.

C: Störerhaftung

I: Äußerungsrecht

Soweit von den Werbetreibenden geschaltete Adwords-Anzeigen persönlichkeitsverletzende Äußerungen enthalten, haftet der Suchmaschinenbetreiber als deren technischer Verbreiter, d.h. als Störer.

Die für die natürlichen Suchergebnisse aufgestellten Einschränkungen der Prüfungstiefe durch das Kriterium der Zumutbarkeit[447] lassen sich aufgrund der geringeren Schutzwürdigkeit[448] des kommerziellen Betreibens eines Keyword-Advertising Systems nicht aufrecht erhalten. Sowohl das Pflichtenprogramm zur rechtlichen, als auch das zur investigativen Prüfung muss mit Rücksicht auf die abweichende Schutzwürdigkeit angepasst bestimmt werden.

1: Pflicht zur rechtlichen Prüfung

Eine Pflicht zur umfassenden rechtlichen Prüfung aufgrund der großen Masse der geschalteten Keywords und der Anzahl der Adwords-Kunden als unzumutbar abzulehnen, überzeugt nicht[449]. Anders als beim unentgeltlichen, sozialmeritorischen Betreiben der Websuche ist die Masse der Daten beim Keyword-Advertising keine Rechtfertigung für das geschaffene Risiko der Schutzrechtsinhaber. Wer durch massenhafte Datenverarbeitung Geld verdient, kann sich nicht mit Verweis auf eben diese Massenhaftigkeit der Verantwortung entziehen.

Erwägenswert ist jedoch, die Sozialmeritorik der Websuche aus Rücksicht auf den Finanzierungszusammenhang von natürlichen und kommerziellen

---

447 S.o. Kapitel 4 A II 2 c) dd) aaa) (1)

448 Vgl. dazu schon eingangs, Abschnitt A.

449 So aber LG München I, MMR 2004, 261; LG Hamburg, MMR 2005, 631.

Suchergebnissen zumindest in eingeschränktem Ausmaß auch dem Keyword-Advertising zugute kommen zu lassen. Indes würde das Argument der Sozialmeritorik doppelt ins Feld geführt, wenn der Websuche weiterhin uneingeschränkt der normative Bonus der Unentgeltlichkeit zugesprochen würde. Die Faktoren von Meritorik und Entgeltlichkeit sind den realen Umständen entsprechend auf die einschlägigen Dienste zu verteilen. Der Betrieb einer Websuche nach dem Modell Googles ist sozialmeritorisch und unentgeltlich, Keyword-Advertising dagegen weder das eine noch das andere. Anstatt die Bewertungen von Websuche und Keyword-Advertising aufgrund des Finanzierungszusammenhangs aufzuweichen, ist eine klare Trennung vorzugswürdig: Danach sind Suchmaschinenbetreiber hinsichtlich des Betriebs der Websuche in hohem Maße schutzwürdig, wohingegen hinsichtlich des Keyword-Advertising strengere Prüfungspflichten geboten sind.

Darüber hinaus kann das Schalten persönlichkeitsrechtsverletzender Anzeigen durch die Werbetreibenden vom Suchmaschinenbetreiber vertraglich ausgeschlossen werden: Ein solcher Ausschluss ließe zwar bei Zuwiderhandlung des Werbetreibenden die Haftung des Suchmaschinenbetreibers im Außenverhältnis zum Verletzten unberührt, doch ließe sich auf diese Weise im Innenverhältnis zum Werbetreibenden eine Freistellung erreichen, sodass das dem Geschäftsmodell Keyword-Advertising innewohnende Risiko des Suchmaschinenbetreibers zumindest handhabbar bliebe.

Es ist Suchmaschinenbetreibern deshalb zumutbar, konkret bekannte Anzeigen und verlinkte Inhalte einer umfassenden rechtlichen Prüfung zu unterziehen[450].

2: Investigative Prüfungspflichten

Aufgrund der eingeschränkten Schutzwürdigkeit des Suchmaschinenbetreibers in seiner Rolle als Anbieter von Keyword-Advertising ist auch das Auferlegen von spezifischen investigativen Prüfungspflichten geboten[451]. Diese sind durch das Verbot allgemeiner investigativer Prüfungspflichten nach § 7 Abs. 2 S. 1 TMG / Art. 15 Abs. 1 ECRL generisch beschränkt: Investigative Prüfungspflichten sind spezifisch, wenn ihr Gegenstand durch hinreichende Vergleichbarkeit mit bereits konkret bekannten Verstößen konkretisiert ist. Das notwendige Maß von Gleichartigkeit muss dabei anhand zuverlässiger Kriterien bestimmbar sein. Als solche Kriterien kommen die Identität des verletzten Rechtsguts, des Verletzers, sowie der Art und Weise der Verletzung in Betracht.

---

450 Rath, Suchmaschinenhaftung S. 371.

451 Schmidt-Bogatzky, GRUR 2000, 959, 964 f; aA Schaefer MMR 2005, 807, 810.

Eine Beschränkung auf Verletzungen der gleichen Art und Weise ist durch die Eigenart des Keyword-Advertising bereits vorweggenommen, denn es kommen lediglich Verletzungen durch Werbeanzeigen in Betracht. Um den Begriff der Spezifität investigativer Prüfungspflichten nicht auszuhöhlen, ist eine darüber hinaus gehende Beschränkung durch ein Abstellen auf die Identität des Verletzers alternativlos. Andernfalls müsste jede Anzeige jedes einzelnen Adwords-Kunden überprüft werden, was der BGH mit nachvollziehbarer Begründung nicht einmal Internet-Auktionshäusern zumutet[452]. Darüber hinaus ist es überzeugend, für eine Gleichartigkeit im Sinne der investigativen Prüfungspflichten auch die Identität des verletzten Rechtsguts zu fordern, um nicht den gesamten Rechtskreis des einmal Verletzten privilegiert zu behandeln.

Insgesamt ist es Suchmaschinenbetreibern als Anbietern eines Keyword-Advertising-Programms zumutbar, die Wiederholung gleichartiger vergangener Verstöße zu verhindern. Die Gleichartigkeit von Verstößen der Werbetreibenden ist dabei durch die Identität des Verletzers und des verletzten Rechtsguts bestimmt.

II: Markenrecht

1: Haupttat

Fraglich ist zunächst, ob das Betreiben von Keyword-Advertising unter fremden Marken durch den werbetreibenden Kunden eines Suchmaschinenbetreibers einen Markenrechtsverstoß, und damit einen tauglichen Anknüpfungspunkt für eine Mitwirkungshandlung des Suchmaschinenbetreibers darstellt.

a) Markenmäßige Benutzung durch die Werbetreibenden

Darüber, ob diese Art der Markenverwendung eine markenmäßige Benutzung darstellt, hat längere Zeit Unklarheit geherrscht. Grundsätzlich ist dabei die nicht sichtbare Verwendung einer Marke als Keyword von ihrer wahrnehmbaren Nennung im Anzeigentext zu unterscheiden.

aa) Rechtsprechung des EuGH

Der EuGH hat in seinen Entscheidungen zum Keyword-Advertising in Anwendung seiner oben dargestellten Grundsätze folgenden Standpunkt einge-

---

452 BGH NJW 2004, 3102, 3105 - „Internetversteigerung I“; BGH GRUR 2007, 890, 894 - „Jugendgefährdende Medien bei eBay“.

nommen: Werbetreibende Adwords-Kunden handelten bei der Verwendung von geschützten Zeichen als Keyword für ihre Anzeigen im geschäftlichen Verkehr[453]. Schon die unsichtbare Verwendung des Zeichens als Keyword stelle dabei eine Verwendung für Dienstleistung oder Waren dar, ohne dass es auf die Wiedergabe des Zeichens in der Anzeige ankäme[454]. Bei vager oder irreführender Gestaltung der Anzeige komme eine Beeinträchtigung der Herkunftsfunktion in Betracht[455], die Werbefunktion sei durch das Verwenden einer Marke als Keyword dagegen nicht beeinträchtigt[456].

bb) Stellungnahme

aaa) Benutzung im geschäftlichen Verkehr für Waren und Dienstleistungen

Dass Werbetreibende beim Betreiben von Keyword-Advertising im geschäftlichen Verkehr handeln, ist zutreffend. Sofern die geschaltete Anzeige auf den Absatz von Waren oder Dienstleistungen zielt und den geschützten Begriff selbst enthält, ist auch ohne Weiteres von einer Verwendung für Waren und Dienstleistungen auszugehen, zumal die in Art. 5 Abs. 3 MarkenRL, bzw. § 14 Abs. 3 MarkenG nicht abschließend aufgezählten Formen der Benutzung für Waren oder Dienstleistungen die Benutzung „in der Werbung" umfassen[457].

Einigen Begründungsaufwand erfordert dagegen die Annahme einer Benutzung für Waren und Dienstleistungen, wenn das Zeichen in der Anzeige nicht enthalten ist, sondern lediglich als unsichtbares Keyword dient. In diesem Fall wird das Zeichen zwar nicht „in der Werbung", aber dennoch für die Werbung verwendet. Der EuGH argumentiert hier mit der gedankliche Verbindung, die der Nutzer einer Suchmaschine zwischen den beworbenen Waren und Dienstleistungen und denen, für die die Marke des Berechtigten steht, herstellt. Diese Verbindung entstehe durch die zeitnahe Auslösung der Adwords-Anzeigen auf die Eingabe der Marke als Suchbegriff durch den Nutzer. Es sei unerheblich, ob der Nutzer in der Anzeige des Werbetreibenden einen Alternativvorschlag zu den Markenprodukten sehe, oder eine unzutreffende wirtschaftliche Verbindung zwischen Berechtigtem und Werbendem annehme[458].

---

453 EuGH EuZW 2010, 419 ff. - „Google France" Rn 51
454 EuGH aaO Rn 69
455 EuGH aaO Rn 83 f.
456 EuGH aaO Rn 98; EuGH MIR 2010, Dok 072 - "Eis.de" Rn 22 f.
457 Art. 5 Abs. 3 c) Alt. 1 MarkenRL / § 14 Abs. 3 Nr. 5 Alt. 1. TMG
458 EuGH aaO Rn 72

Unter den Waren oder Dienstleistungen, für die ein Zeichen zur Annahme einer markenmäßigen Benutzung verwendet werden muss, sind nicht die des Markeninhabers zu verstehen, sondern diejenigen des Werbetreibenden[459]. Wenn Werbetreibende fremde Marken als Keyword verwenden, kommt es für eine solche Benutzung für die eigenen Leistungen in der Tat nicht darauf an, ob mit dem geschützten Zeichen die eigenen Leistungen benannt werden. Selbst wenn die tatsächlich für die angebotenen Leistungen gewählte Bezeichnung sich in jeder Hinsicht von der als Keyword verwendeten Marke unterscheidet, stellt der Nutzer durch seine begründete Erwartungshaltung, die Ergebnisliste sei auf seine Suchanfrage zugeschnitten, eine Verbindung zwischen der eingegebenen Marke und den Leistungen des Werbetreibenden her. Gerade diese Verbindung macht das Keyword-Advertising aus Sicht des Werbetreibenden attraktiv, denn sie erschließt qualifizierte Werbeadressaten. Das ist nur möglich, indem der wirtschaftliche Sinngehalt des geschützten Begriffs ausgenutzt wird um die eigene Leistung effizienter bewerben zu können[460]. Das Eigenschafts- und / oder Wertebündel, mit dem der Begriff aufgeladen ist, wird zur Identifizierung von zielgerichtetem Kundeninteresse genutzt, sodass der Werbetreibende von den Gemeinsamkeiten des Gegenstands der Marke mit seinem eigenen Angebot profitieren kann. Er trifft folglich mit der Anknüpfung seiner Werbung an eine fremde Marke die vom Suchmaschinennutzer verstandene Aussage, es bestehe ein wie auch immer gearteter Zusammenhang zwischen der als Suchbegriff eingegebenen Marke und den beworbenen Leistungen. Auch ohne dass eine Marke in einer Adwords-Anzeige erscheint, wird sie daher schon bei bloßer Verwendung als Keyword für Waren und Dienstleistungen benutzt.

bbb) Beeinträchtigung der geschützten Markenfunktionen

(1) Beeinträchtigung durch Nennung der Marke in der Anzeige

Ob die Verwendung einer fremden Marke in einer Anzeige geeignet ist, die Herkunfts- oder Werbefunktion der Marke zu beeinträchtigen, ist Einzelfallfrage. Je nach konkreter Ausgestaltung der Anzeige kann die Gefahr der Annahme einer wirtschaftlichen Verbindung von Werbetreibendem und Markeninhaber entstehen[461]. Es wird vertreten, ein die Herkunftsfunktion beeinträchtigendes Inverbindungbringen durch den Nutzer abzulehnen, solange

459 EuGH GRUR Int. 2008, 82, Rn 36 - O2; EuGH GRUR Int. 2007, 404 - „Autec“; Knaak GRUR Int. 2009, 551 f. mwN

460 Ebenso Ruess, GRUR 2007, 203

461 Vgl. EuGH NJW 2010, 2029 ff. - „Google France“ = EuZW 2010, 419 ff. Rn. 83 f.; EuGH GRUR 2010, 641 Rn 26 - „Eis.de“

Adwords-Anzeigen hinreichend als solche gekennzeichnet sind. Könne der Verkehr die kommerzielle Natur einer Anzeige auf den ersten Blick erkennen, bestehe kein Grund zur Annahme, der Werbetreibende oder seine Waren seien wirtschaftlich mit dem Inhaber der Marke verbunden[462]. Gegen diesen Ansatz spricht seine Pauschalität. Auch wenn der durchschnittliche Suchmaschinennutzer eine Adwords-Anzeige ohne Weiteres als solche erkennt, bleibt durch die Gestaltung der Anzeige eine Zuordnungsverwirrung denkbar. Unabhängig von einer Kennzeichnung als „Anzeige" oder „Sponsored Link" ist deshalb bei der Prüfung einer Beeinträchtigung der Herkunftsfunktion durch Nennung einer fremden Marke auf die konkrete Ausgestaltung der Anzeige im Einzelfall abzustellen.

Das gleiche gilt für eine Beeinträchtigung der Werbefunktion einer Marke durch deren Nennung in einer Keyword-Advertising Anzeige. Sie ist von der Gestaltung der konkreten Anzeige abhängig und daher jeweils im Einzelfall festzustellen.

(2) Beeinträchtigung durch unsichtbare Nutzung der Marke als Keyword

(a) Beeinträchtigung der Herkunftsfunktion

Eine Beeinträchtigung der Herkunftsfunktion durch die unsichtbare Verwendung einer Marke als Keyword ist nicht denkbar. Der vom Nutzer zwischen seiner Suchanfrage und den erscheinenden kommerziellen Anzeigen hergestellte Zusammenhang reicht ohne eine Nennung der Marke in der Anzeige nicht aus, um eine „Verwechslungsgefahr im weiteren Sinne" zu begründen[463]. Aufgrund der allgemeinen Erkenntnis, dass Treffer auf den Ergebnislisten von Suchmaschinen auch bei gewissenhafter Formulierung der Suchanfrage unterschiedlich relevant sind, ist der vermutete Zusammenhang zunächst noch sehr vage. Erst das Wiedererkennen des gesuchten Begriffes und des Kontextes seiner Benutzung schafft das Bewusstsein, einen Suchtreffer gefunden zu haben, der keinen rein technischen, sondern einen validen, belastbaren Zusammenhang mit der Suchanfrage hat[464]. Wenn eine Adwords-Anzeige eine Marke nicht einmal enthält, ist auch die ganz abstrakte Gefahr eines wirtschaftlichen Inverbindungbringens der Anzeige mit dem Markeninhaber ohne eine entsprechende Gestaltung der Anzeige nicht gegeben. Auf eine Kennzeichnung als „Sponsored Link" kommt es nicht an.

---

462 Vgl. Schlussantrag des Generalanwalts am EuGH Maduro vom 22.09.2009 zu den Rechtssachen C-236/08, C-237/08 und C-238/08, Rn 68 f.

463 Schaefer, MMR 2005, 807, 809; Varadinek, GRUR 2000, 279, 282; Huesch, MMR 2006, 357, 358 f. mwN; aA LG Hamburg MMR 2005, 631, 634.

464 OLG Düsseldorf MMR 2004, 319 f.; LG Leipzig MMR 2005, 622 f.

(b) Beeinträchtigung der Werbefunktion

Ausgehend davon, dass der Schutz der Marke die Werbefunktion umfasst, muss nun der Umfang dieses Schutzes bestimmt werden, um festzustellen ob Keyword-Advertising unter fremden Marken eine relevante Nutzungshandlung darstellt oder nicht.

Das bloße Reagieren eines Wettbewerbers auf die Nennung einer fremden Marke durch einen potentiellen Kunden ist keine unredliche Markenverletzung, sondern schlicht Darstellung des eigenen Produkts auf die vom möglichen Kunden offenbarte Nachfragehaltung hin. Bei Adwords liegt der Fall jedoch speziell: Der Werbetreibende wird nicht von einem Kunden mit der fremden Marke konfrontiert, sondern mischt sich vielmehr auf deren Nennung hin eigenmächtig mit seinem eigenen Angebot ein. Kern der Frage ist deshalb, ob ein Nutzen einer fremden Marke nicht zum aktiven Bewerben, sondern zum reaktiven „Dazwischenwerfen" des eigenen Angebots (Von der Nutzung als „Wurfanker" spricht *Ullmann*[465], vom „Segeln in fremdem Kielwasser" *Steinberg*[466], vom „Pflügen mit fremdem Kalbe" *Lobe*[467]) noch lauterer Wettbewerb oder schon vorwerfbare Ausnutzung fremder Leistung ist.

(aa) Ausschlusswirkung

Grund zum Bejahen einer Beeinträchtigung der Werbefunktion bestünde, wenn die Buchung einer Marke als Keyword durch Nichtberechtigte eine Ausschlusswirkung zulasten des Berechtigten zur Folge hätte. Für eine solche Ausschlusswirkung lässt sich anführen, dass erstens ein Begriff nur von einem Teilnehmer erstrangig gebucht werden kann, und zweitens die Anzahl der über oder neben der natürlichen Trefferliste erscheinenden Anzeigen begrenzt ist. Sieht man die Werbefunktion als Bestandteil des absoluten Schutzrechts Marke, dann wirkt es inkonsequent, den Berechtigten nicht zumindest davor zu bewahren, von der Nutzung seiner Marke in einer bestimmten Werbeform teilweise ausgesperrt zu werden.

Man könnte den Berechtigten indes auf die Möglichkeit des entgeltlichen Erwerbs des ersten Ranges durch das höchste Gebot beim Suchmaschinenbetreiber verweisen. Dieses Verständnis scheint auf den ersten Blick die Wertung zu verkehren: Wenn der Zuweisungsgehalt eines Schutzrechts das Werben mit einem Begriff umfasst, dann muss sich der Berechtigte die Möglichkeit der werbenden Nutzung des Begriffs nicht erst erkaufen, sondern sie folgt unmittelbar aus dem Umfang seiner Berechtigung. Allerdings wird durch die

465 Ullmann GRUR 2007, 633 für Metatags.

466 Steinberg, MarkenR 2009, 185

467 Lobe, MuW 1916, 129

Buchung eines Keywords nicht das Recht zur Benutzung eines Begriffs, sondern das Recht zur Benutzung der Plattform des Suchmaschinenbetreibers unter Gebrauch des Begriffs zur Definition des Werbekontextes erworben. Dem Schutzrecht entspringt nicht ohne Weiteres ein Recht zum kostenlosen Genuss des Mehrwerts dieses entgeltlichen Dienstes. Trotzdem wäre der Berechtigte schutzwürdig, wenn durch das Anbieten dieses Dienstes durch den Suchmaschinenbetreiber an die Gesamtheit aller Mitbewerber der Druck entstünde, das eigene Zeichen entgeltlich selbst zu buchen.

Es lässt sich aber schon im Grundsatz am Bestehen einer relevanten Ausschlusswirkung oder eines Zugzwanges für den Berechtigten zweifeln. Ein solcher Zwang würde sich auf die Nutzung der Marke zur Erlangung der Aufmerksamkeit der Suchmaschinennutzer beziehen. Solange jedoch der offizielle Internetauftritt des Berechtigten eine repräsentative Position in den natürlichen Suchergebnissen hat, würde die Auflistung als erster „Sponsored Link" wenn überhaupt nur eine unwesentliche Steigerung der Aufmerksamkeit bewirken[468]. Nicht die Werbeanzeigen, sondern die natürlichen Suchergebnisse sind primäres Ziel der Suchmaschinennutzer. Will ein Markeninhaber die zusätzliche Aufmerksamkeit nutzen, die Suchmaschinenbetreiber durch entgeltliche Einräumung von Werbefläche jenseits der Suchliste anbieten, ist ihm durchaus zuzumuten, für diese Leistung Entgelt zu entrichten. Da der Berechtigte sein Angebot bei Suchen nach seiner Marke schon über den Link in der natürlichen Trefferliste erreichbar macht, entsteht ihm kein greifbarer Nachteil aus dem Werben des Konkurrenten. Es besteht daher beim Keyword-Advertising unter einem geschützten Zeichen weder durch eine Sperrwirkung, noch durch einen Zwang zum Überbieten der Werbetreibenden bei der Nutzung des eigenen Zeichens ein Nachteil für den Berechtigten.

(bb) Umfassender Schutz der Werbefunktion

Dass kein konkreter Nachteil für den Berechtigten ermittelbar ist bedeutet jedoch nicht, dass im Keyword-Advertising durch Nichtberechtigte keine Beeinträchtigung der Werbefunktion der verwendeten Marke liegt. Ein Schutz der Werbefunktion muss sich nicht auf die Abwehr von drohenden Nachteilen beschränken, sondern kann auch auf die alleinige Sicherung eines Vorteils gerichtet sein. Der Charakter des Markenrechts als ausschließliches Leistungsschutzrecht legt vielmehr nah, das von der Werbefunktion erfasste Sprachrohr zum Kunden vollständig und exklusiv dem Inhaber zuzuweisen. Hat ein Markeninhaber durch Werbeaufwand oder die Qualität seiner Leistungen bewirkt, dass potentielle Kunden bestimmte Vorstellungen mit seiner Marke assoziie-

468 EuGH EuZW 2010, 419 ff. Rn 94 - „Google France".

ren, dann ist diese nunmehr in der Marke verkörperte Leistung gegenüber einer Ausnutzung durch Dritte zu schützen. Überzeugend ist deshalb ein grundsätzlicher Ausschluss aller Nichtberechtigten von der Benutzung des in der Marke geschaffenen Kommunikationskanals. Dieser grundsätzliche Ausschluss wird durch die Schranken des Markenrechts relativiert. Die wichtigsten Schranken sind dabei die Erschöpfung nach § 24 MarkenG und die zulässige beschreibende Benutzung nach § 23 Nr. 2, 3 MarkenG.

Diese Auffassung des umfassenden Schutzes der Werbefunktion erweitert den Identitätsschutz um eine Dimension, die den Fallgruppen des Bekanntheitsschutzes gegen die Ausnutzung der Unterscheidungskraft oder Wertschätzung nicht unähnlich ist. Doch eben darin liegt auf die Einbeziehung des Schutzes der Werbefunktion in den Identitätsschutz hin der einzig konsequente Schritt. Werbung mit Marken funktioniert gerade aufgrund der Individualisierungswirkung von Marken auf die beworbenen Produkte und der Wertschätzung, die der Verkehr den Marken entgegenbringt.

Interessant ist der Umstand, dass der EuGH nicht nur eine Beeinträchtigung der Werbefunktion ablehnt[469], sondern überdies die „Kommunikationsfunktion" explizit zu den geschützten Markenfunktionen zählt[470], ihre Beeinträchtigung durch Keyword-Advertising aber nicht prüft. Versteht man Werbung als kommerzielle Kommunikation, dürfte es erstens schwer fallen, die Werbefunktion des gewerblichen Schutzrechts Marke scharf oder zumindest sinnvoll von einer Kommunikationsfunktion zu trennen. Zweitens drängt sich die Frage auf, worin der Gehalt einer Kommunikationsfunktion bestehen soll, die offenbar nicht einmal die Prüfung lohnt, wenn ein geschütztes Zeichen als Keyword zur Kommunikation von Attributen der Leistungen anderer verwendet wird.

Nach hier vertretener Ansicht ist die ausschließliche Befugnis des Markeninhabers, durch und mit seinem Zeichen Inhalte im geschäftlichen Verkehr zu kommunizieren, Bestandteil der Werbefunktion. Eine Kommunikationsfunktion der Marke ginge im geschäftlichen Bereich vollständig in der Werbefunktion auf und erwiese sich jenseits des Geschäftlichen gerade nicht als nicht schutzwürdig. Eine solche Funktion in den Kanon der geschützten Markenfunktionen aufzunehmen, ist daher nicht sinnvoll.

469EuGH NJW 2010, 2029 ff. - „Google France" = EuZW 2010, 419 ff. Rn 98; EuGH GRUR Int 2010, 861 ff. - „Portakabin" Rn 33

470 EuGH NJW 2010, 2029 ff. - „Google France" = EuZW 2010, 419 ff. Rn 77.

(3) Zwischenergebnis

Nicht durch die unsichtbare Verwendung einer fremden Marke als Keyword, sehr wohl aber durch die sichtbare Verwendung der Marke in einer Adwords-Anzeige kann die Herkunftsfunktion der Marke beeinträchtigt werden. Es ist jeweils im Einzelfall zu ermitteln, ob der Verkehr die beworbenen Leistungen mit dem Inhaber der Marke in Verbindung bringt.

Die Werbefunktion einer Marke wird dagegen bereits durch die unsichtbare Verwendung als Keyword beeinträchtigt[471]. Es handelt sich deshalb bei der Verwendung einer fremden Marke als Keyword durch einen Werbetreibenden um markenmäßige Benutzung im Sinne des Art. 5 MarkenRL bzw. § 14 MarkenG.

(4) Sonderfall: Markenmäßige Benutzung durch „Weitgehend passende Keywords"

Google bietet seinen Adwords-Kunden die Option, Werbeanzeigen auch auf Ergebnislisten zu solchen Suchanfragen zu schalten, die nicht exakt, sondern nur teilweise dem gekauften Keyword entsprechen. Diese „weitgehend passende Keywords" genannte Option ist standardmäßig aktiviert[472]. Sie bietet einige Vorteile, da sie Zugriff auf die Aufmerksamkeit von Internetnutzern eröffnet, die ihr Interesse spezifiziert formulieren, ohne dass „fehlgehende" Werbung ein finanzielles Risiko darstellen würde[473]. Sie bringt aber möglicherweise rechtliche Risiken mit sich, denn bei Buchung generischer Begriffe kann eine Werbeanzeige durch die „Weitgehend-passende-Keywords"-Option auch auf eine Suche nach geschützten Begriffen hin erscheinen. Eben dies war in einem Fall geschehen, den das LG Berlin zu entscheiden hatte:

Kläger war ein Möbeleinkaufsverband und Inhaber verschiedener Wort- und Bildmarken am Begriff „Europa Möbel". Der Beklagte führte diverse Discount-Möbelhäuser, betrieb Keyword-Advertising über Google Adwords und nutzte dabei den Begriff „Möbel" als Keyword. Aufgrund der „Weitgehend-passende-Keywords"-Option erschien die Werbeanzeige des Beklagten auch bei Suche nach den Begriffen „europamöbel" und „europa-möbel". Nach Abmahnung und einstweiliger Verfügung des späteren Klägers hatte das LG Ber-

471 So auch Eichelberger, EuZW 2010, 731, 733.

472 Die Alternativen sind die engeren Optionen „passende Wortgruppe", „genau passend" und „ausschließendes Keyword".

473 Aufgrund des „Cost-per-click" genannten Vergütungssystems von Googles Adwords-Programm entstehen den Werbetreibenden nur bei Aktivierung von in den geschalteten Anzeigen enthaltenen Links durch einen Nutzer die Kosten des mit Google vereinbarten „Klickpreises".

lin zunächst über den Widerspruch des Werbetreibenden zu entscheiden. Es nahm eine Verletzung der Marke „Europa Möbel“ durch die Buchung des Keywords „Möbel“ mit aktivierter „Weitgehend-passende-Keywords“-Option an, und traf damit eine Fehlentscheidung.

Ein selbst nicht unterscheidungskräftiger, da evident freihaltebedürftiger Bestandteil eines aus zwei freihaltebedürftigen Komponenten bestehenden und damit schwachen kombinierten Kennzeichens würde so ohne Not für die Verwendung der „Weitgehend-passende-Keywords“-Option gesperrt. Nach dieser Auffassung müssten Adword-Kunden entweder alle freihaltebedürftigen Wörter meiden, die Teil eines zusammengesetzten Zeichens sind, was dem Wesen des Freihaltebedürfnisses widerspräche, oder stets die Option „genau passendes Keyword“ nutzen. Schon von einer schlichten Benutzung einer Marke kann nicht ausgegangen werden, wenn sie weder als Keyword angemeldet wird, noch in der Anzeige erscheint[474]. Dennoch eine markenmäßige Benutzung anzunehmen, wenn die in Rede stehende Marke nicht einmal als Keyword gebucht wird, strapaziert die Grenzen des Wortsinnes der „Benutzung“. Die Marke wird richtiger Ansicht nach nicht nur nicht markenmäßig, sondern überhaupt nicht benutzt. Erscheint die an das deskriptive Keyword „Möbel“ geknüpfte Anzeige auch bei Eingabe des geschützten Zeichens Europa-Möbel, dann manifestiert sich im Nebeneinander der Angebote lediglich die natürliche Schwäche des teilweise beschreibenden Zeichens. Selbst wenn man eine markenmäßige Benutzung bejahen möchte, verhindert jedenfalls die Schranke des § 23 Nr. 2 MarkenG zwingend die Annahme einer Markenrechtsverletzung. Es beruhigt, dass das KG Berlin denselben Sachverhalt im Hauptverfahren mit überzeugenden Argumenten zugunsten des Beklagten entschieden hat[475].

(5) Zwischenergebnis:

Die Funktion „weitgehend passende Keywords“ führt nicht zu einer markenmäßigen Benutzung eines Begriffs, der nicht als Keyword gebucht wurde[476].

(6) Sonderfall: „Typo - Keywords“

Es besteht die verbreitet genutzte Möglichkeit, sich die Tücken des Tastaturschreibens zunutze zu machen, indem Deviationen von bekannten Begriffen als Keyword gebucht werden, die sich aus typischen Tippfehlern (engl. [coll.]:

---

474 BGH NJW 2009, 2384, 2387 - „pcb“ lehnt aus diesem Grunde jedenfalls Markenmäßigkeit der Benutzung ab.

475 KG Berlin vom 26.09.2008 - 5 U 186/07 - „Europa Möbel“ mwN.

476 Zweifelnd Hüsch, MMR 10 / 2006, V f.

„typo“) ergeben: Etwa „Nikr“ statt „Nike“[477]. Auch in diesen Fällen wird vom Werbetreibenden versucht, den durch die Marke vom Berechtigten geschaffenen Kommunikationskanal zum Anbringen der eigenen Werbung zu nutzen. Dass nicht die Marke selbst, sondern eine typische Abweichung als Keyword dient, hilft deshalb nicht darüber hinweg, dass der Werbetreibende jedenfalls ein „ähnliches Zeichen“ iSd § 14 Abs. 2 Nr. 2, Nr. 3 MarkenG benutzt[478].

b) Zusammenfassung

Aufgrund der Beeinträchtigung jedenfalls der Werbefunktion schon durch die unsichtbare Verwendung einer fremden Marken als Keyword ist eine markenmäßige Benutzung durch die Werbetreibenden gegeben. Sofern Doppelidentität besteht, liegt daher vorbehaltlich eines Eingreifens der Schranken des Markenrechts[479] eine Markenrechtsverletzung vor, die als Ansatzpunkt für eine Störerhaftung des Suchmaschinenbetreibers dienen kann. Ist keine Doppelidentität gegeben, kommt Verwechslungsschutz in Betracht, stellt sich also die Frage nach der Verwechslungsgefahr.

c) Verwechslungsgefahr

Ob Verwechslungsgefahr besteht, ist letztlich immer Einzelfallfrage. Ausschlaggebend ist, ob eine Anzeige derart gestaltet ist, dass der Verkehr nicht von einer Herkunft aus oder zumindest einer Verflechtung des Angebots mit dem Betrieb des Kennzeicheninhabers ausgehen kann. Bloß unsichtbare Verwendung als Keyword begründet nicht schon für sich allein Verwechslungsgefahr[480]. Es braucht eine entsprechende Gestaltung der Anzeige[481]. Die Kennzeichnung einer Anzeige als Werbung kann indes nicht in jedem Fall eine Verwechslungsgefahr ausschließen[482]. Es sind ohne Weiteres Anzeigen denkbar, die trotz der Erkennbarkeit ihrer kommerziellen Natur den unzutreffenden Eindruck erwecken, die beworbenen Leistungen stammten vom Berechtigten[483]. In diesen Fällen stellt die Werbung vorbehaltlich eines Eingreifens der Schranken des Markenrechts eine Markenrechtsverletzung dar.

---

477 Das Google Keyword-tool schlägt als verwandte Keywords u.A. „Nikr shox“ und „Nikr air“ vor.

478 EuGH GRUR Int 2010, 861 ff. - „Portakabin“ Rn 46 ff.

479 Zu den Schranken sogleich unter e)

480 Ohly, GRUR 2009, 709, 716.

481 S.o. 1 a) bb) bbb) (1)

482 In diese Richtung indes BGH MMR 2009, 329 ff. - „Beta Layout“

483 S.o. 1 a) bb) bbb) (1)

Liegt keine Verwechslungsgefahr vor, bleibt über den Identitätsschutz hinaus allein der Schutz der bekannten Marke vor einem Ausnutzen oder Beeinträchtigen ihrer Unterscheidungskraft oder Wertschätzung.

d) Unlauteres Ausnutzen oder Beeinträchtigen der Unterscheidungskraft oder der Wertschätzung bekannter Marken

Sofern eine als Keyword genutzte oder in einer Keyword-Advertising Anzeige genannte Marke Bekanntheit im Sinne der § 14 Abs. 2 Nr. 3 MarkenG, bzw. Art. 5 Abs. 2 MarkenRL genießt[484], kommt es für den über den der nicht bekannten Marke hinausgehenden Schutz darauf an, ob durch eine Benutzungshandlung die Unterscheidungskraft oder die Wertschätzung der Marke in unlauterer Weise ausgenutzt oder beeinträchtigt wird.

Mit Rücksicht auf die gesteigerte Schutzwürdigkeit der bekannten Marke kommt in Betracht, den Schutz gegen eine Nutzung der Werbefunktion durch Dritte auch auf den Bereich jenseits der Doppelidentität zu erstrecken. Wie schon angedeutet, nähert sich der Identitätsschutz der nicht bekannten Marke durch die Einbeziehung der Werbefunktion dem Schutz der bekannten Marke an: Wer die Werbefunktion einer fremden Marke nutzt, macht sich ihre Unterscheidungskraft und / oder die Wertschätzung zunutze, die ihr entgegengebracht wird. Sofern Doppelidentität besteht, kann dieses Ausnutzen einer fremden Leistung vom Berechtigten unterbunden werden, doch im Falle lediglich ähnlicher Zeichen oder beworbener Leistungen kann der Berechtigte nicht schon aufgrund einer Beeinträchtigung der Werbefunktion seiner nicht bekannten Marke die Nutzung verbieten, sondern muss sich auf eine Beeinträchtigung der Herkunftsfunktion stützen können.

Diese Beschränkung des Schutzes der Werbefunktion auf den Identitätsschutz wird nun durch den erweiterten Schutzumfang der bekannten Marke überwunden: Wird ein einer bekannten Marke lediglich ähnliches Zeichen für nur ähnliche oder nicht ähnliche Leistungen als Keyword genutzt, löst bereits die einer Beeinträchtigung der Werbefunktion zugrundeliegende Ausnutzung der Unterscheidungskraft und Wertschätzung der bekannten Marke den Schutz nach § 14 Abs. 2 Nr. 3 MarkenG aus.

Die durch genuine Unterscheidungskraft und Bekanntheit erlangte Stärke der Marke und die Ähnlichkeit der beworbenen Leistungen bestimmt dabei die zulässige Nähe von verwendetem und geschütztem Zeichen. Sofern also ein einer bekannten Marke nach diesem Maßstab ähnliches Zeichen als Keyword

---

484 Zum Begriff der Bekanntheit: Ingerl / Rohnke, MarkenG § 14 Rn 1250; umfangreiche weitere Nachweise bei denselben, MarkenG Teil 2 Abschnitt 3 G.

für ähnliche oder nicht ähnliche Leistungen benutzt wird, stellt diese Verwendung vorbehaltlich der Schranken des Markenrechts eine Markenverletzung nach § 14 Abs. 2 Nr. 3 MarkenG dar.

e) Die Schranken des Markenrechts

aa) Erlaubte vergleichende Werbung nach § 6 UWG

Zwar technisch keine Schrankenregelung, ist das Vorliegen erlaubter vergleichender Werbung nach § 6 UWG einer Schranke des Markenrechts funktional vergleichbar. § 6 UWG setzt Art. 4 der EU-Werberichtlinie[485] um, sodass eine Markenrechtsverletzung konsequent abzulehnen ist, wenn es sich bei der Schaltung von Werbung unter „Ankerwurf" mit fremder Marke als Keyword um erlaubte vergleichende Werbung handelt. Denn wenn zulässige vergleichende Werbung gegeben ist, kann es sich aufgrund der Harmonisierungswirkung der Werberichtlinie beim gleichen Sachverhalt nicht um eine rechtswidrige Kennzeichenverletzung handeln[486].

Ein Werbevergleich erfordert, dass der Kennzeicheninhaber oder seine Produkte mittelbar oder unmittelbar erkennbar gemacht werden. Das ist bei expliziter Nennung eines Kennzeichens in einer Anzeige der Fall, jedoch fraglich wenn die Anzeige das Zeichen nicht enthält. *Ohly* bejaht auch für letzteren Fall einen Werbevergleich[487] und begründet das mit der Erkennbarkeit beider Kaufalternativen auf der Ergebnisseite sowie der gedanklichen Verknüpfung, die der Suchmaschinennutzer durch Eingabe des Suchbegriffs und zeitnahe Wahrnehmung der Anzeige herstellt[488].

Das erste Argument ist angreifbar: Durch die Anzeigenschaltung macht der Werbetreibende nicht den Kennzeicheninhaber erkennbar, sondern vielmehr sich selbst. Bildlich gesprochen schreibt er also nicht das fremde Kennzeichen auf sein Schild, sondern stellt letzteres nur neben dasjenige des Kennzeicheninhabers. Er betreibt nicht vergleichende Werbung, sondern lädt mit seiner Werbung vielmehr zum Vergleich ein. Das ist Grundprinzip des freien Marktes, und damit lautere Wettbewerbspraxis.

---

485 RL 2006/114/EG.

486 Vgl. Erwägungsgrund 15 WerbeRL; EuGH, GRUR 2008, 698 Rdnr. 45; Kur, GRUR Int. 2008, 1, 10; Ohly GRUR 2009, 709, 715.

487 Ohly aaO; derselbe in Piper / Ohly / sosnitza, UWG § 4 Rn 10/53b; aA Köhler / Bornkamm, UWG § 6 Rn 86; unentschlossen Knaak, GRUR Int 2009, 551, 556 f.;

488 Insofern vergleichbar mit der Argumentation des EuGH zum „gedanklichen Inverbindungbringen" als Indikator für die Beeinträchtigung der Herkunftsfunktion. Dazu s.o. Abschnitt II 1) a) bb) aaa)

Das zweite Argument, nämlich das Entstehen einer geistigen Verknüpfung aufgrund der vom eingegebenen Suchbegriff geprägten Erwartungshaltung des Suchmaschinennutzers, verfängt schon eher. Zwar trifft zu, dass der Nutzer Werbeanzeigen in Erwartung von mehr oder weniger relevanten Treffern zum Kennzeicheninhaber oder dessen Produkten wahrnimmt, doch hieße auch hier die Annahme eines „Erkennbarmachens" des Letzteren, das Pferd von hinten aufzuzäumen. Der Werbetreibende macht nicht den Kennzeicheninhaber in seiner Werbung, sondern sein eigenes Angebot bei der Suche nach dem fremden Kennzeichen erkennbar. Die sich daran anschließende Frage nach der Lauterkeit eines „Dazwischenwerfens" des eigenen Angebots in dieser noch frühen Phase des Entscheidungs- und Kaufvorgangs des Kunden ist aber ihrem Wesen nach keine solche der vergleichenden Werbung, sondern des Kennzeichen- und allgemeinen Lauterkeitsrechts. Durch Keyword-Advertising mit fremden Marken ohne Nennung des Zeichens wird keine vergleichende Werbung betrieben. Die markenrechtliche Zulässigkeit des Keyword-Advertising mit fremden Marken ergibt sich folglich nicht aus der Harmonisierungswirkung der WerbeRL.

Wird die fremde Marke jedoch in der Anzeige genannt, ist im Einzelfall zu prüfen, ob die Voraussetzungen des § 6 UWG gegeben, und damit auch markenrechtliche Ansprüche gesperrt sind[489].

bb) § 23 Nr. 2: Beschreibende Benutzung der zumindest teilweise generischen Marke:

§ 23 Nr. 2 MarkenG erlaubt die Benutzung eines mit einer Marke identischen oder diesem ähnlichen Zeichens zum Zweck der Beschreibung einer Ware oder Dienstleistung. Die Schranke bezweckt den Ausgleich des Schutzinteresses des Markeninhabers mit dem Interesse des Marktes an der Benutzbarkeit solcher Zeichen, an denen Schutz nach dem MarkenG besteht, obschon ihnen eine beschreibende Komponente innewohnt[490]. § 23 Nr. 2 MarkenG verschafft also einem bestehenden Freihaltebedürfnis an dennoch geschützten Zeichen Geltung. Die beschreibende Benutzung eines zumindest teilweise deskriptiven Zeichens ist jedoch nur erlaubt, solange sie nicht gegen die guten Sitten verstößt. Dieser allgemeine Lauterkeitsvorbehalt des § 23 Nr. 3 eröffnet eine umfassende Interessenabwägung im Einzelfall[491].

---

489 Dazu ausführlich Knaak, GRUR Int. 2009, 551 ff.

490 BGH GRUR 1999, 238; Ingerl / Rohnke, Markengesetz § 23 Rn 5; Ströbele / Hacker, Markengesetz § 23 Rn 82; Fezer, MarkenG § 23 Rn 56 ff.

491 EuGH GRUR 2008, 798, 800 Rn 21; EuGH GRUR 2005, 509, 513 Rn 53; BGH GRUR 2008, 798, 799; Ströbele / Hacker, Markengesetz § 23 Rn 72 mwN.

Die besondere Konstellation des Keyword-Advertising, in der fremde Marken zur Charakterisierung eigener Leistungen genutzt werden können ohne genannt zu werden, lässt die Anwendung der Schranke des § 23 Nr. 2 MarkenG unberührt. Werden teilweise beschreibenden Zeichen zum Zwecke der Beschreibung eigener Dienstleistungen als Keyword oder in der Anzeige selbst verwendet, ist diese Nutzung vorbehaltlich der Erfüllung des allgemeinen Lauterkeitsgebots nach § 23 Nr. 2 zulässig.

cc) § 23 Nr. 3 MarkenG: Beschreibende Benutzung der nicht generischen Marke

Die Schranke des § 23 Nr. 3 MarkenG erlaubt die Nutzung auch nicht freihaltebedürftiger, geschützter Zeichen zur hinreichenden Charakterisierung des eigenen Angebots. § 23 Nr. 3 hat bei bekannten Marken neben § 14 Abs. 2 Nr. 3 keine eigene Bedeutung, da seine Wertung in vollem Umfang in der Feststellung der Unlauterkeit der Beeinträchtigung oder Ausnutzung aufgeht[492]. Diese Wertung, nämlich die Zulässigkeit der beschreibende Nutzung im gebotenen Rahmen, trifft den Kern des Problems, da der Werbetreibende beim Keyword-Advertising mit fremden Marken den wirtschaftlichen Sinngehalt einer Marke nutzt, um von Gemeinsamkeiten mit dem eigenen Angebot zu profitieren, also sein eigenes Angebot mithilfe fremder Marken beschreibt.

§ 23 Nr. 3 setzt die Notwendigkeit der Heranziehung der fremden Marke zur Beschreibung der eigenen Leistung voraus. Nur soweit die eigene Leistung nicht anders sinnvoll beschrieben werden kann, ist die Markennennung zur Beschreibung zulässig[493]. Daran wird das Keyword-Advertising unter fremden Marken im Regelfall scheitern. Nur in Fällen etwa des Anbietens von Ersatzteilen für bestimmte, nur durch die entsprechenden Marken hinreichend bestimmbare Produktlinien ist die Nutzung der fremden Marke als Keyword zulässige beschreibende Nutzung im Sinne von § 23 Nr. 3 MarkenG[494].

dd) Erschöpfung, § 24 MarkenG

Wird vom Werbetreibenden Originalware beworben, die vom Markeninhaber oder abgeleitet Berechtigten in der Europäischen Union oder dem Europäi-

---

492 BGH GRUR 1999, 992, 994 - „Big Pack"; BGH GRUR 2008, 708, 800; Ströbele / Hacker MarkenG, § 23 Rn 6; Ingerl / Rohnke, Markenrecht, § 23 Rn 7.

493 BGH WRP 1996, 713, 715; Ströbele / Hacker, Markengesetz § 23 Rn 85; Von Hellfeld in Ekey / Klippel / Bender, Markenrecht § 23 Rn 54 mwN.

494 Zusammenfassung der Fallgruppen mit umfangreichen Rechtsprechungsnachweisen bei Ingerl / Rohnke, MarkenG § 23 Rn 125 f.

schen Wirtschaftsraum in den Verkehr gebracht wurde, so kann er sich auf Erschöpfung des Markenrechts an dieser Ware nach § 24 MarkenG berufen, sodass der Markeninhaber vorbehaltlich der Ausnahme nach § 24 Abs. 2 MarkenG die Verwendung der Marke nicht untersagen kann[495]. Verkäufern von solcher Originalware ist das Keyword-Advertising unter den entsprechenden Marken deshalb grundsätzlich gestattet, sofern nicht ein anderweitiges Schutzinteresse des Markeninhabers, etwa an dessen funktionierendem Vertriebsbindungssystem oder berechtigter Imagepflege[496] besteht.

f) Ergebnis

Keyword-Advertising unter fremden Marken kann sowohl bekannte als auch nicht bekannte Marken verletzen, sofern nicht die Schranken des Markenrechts eingreifen. So kommt in Einzelfällen zulässiger beschreibender Gebrauch der Marke nach § 23 Nr. 2 und 3 MarkenG in Betracht, während regelmäßig der Erschöpfungseinwand nach § 24 Abs. 1 MarkenG greift wenn Keyword-Advertising zur Bewerbung von Originalware betrieben wird, die vom Berechtigten in Verkehr gebracht wurde. In den übrigen Fällen besteht im Keyword-Advertising unter fremden Marken durch werbetreibende Adwords-Kunden jedoch eine Markenrechtsverletzung, und damit ein Anknüpfungspunkt für eine akzessorische Haftung des Suchmaschinenbetreibers.

2: Verletzung von Prüfungspflichten durch den Suchmaschinenbetreiber

Durch das willentliche Anbieten der eigenen Suchmaschine als Plattform für Keyword-Advertising wird der Suchmaschinenbetreiber ursächlich auch für markenrechtswidriges Keyword-Advertising durch seine Kunden. Es stellt sich daher erneut die Frage nach dem Pflichtenprogramm des Suchmaschinenbetreibers.

Im Grundsatz kann zur Zumutbarkeit einer umfassenden rechtlichen Prüfung konkret bekannter Inhalte, und auch einer spezifischen investigativen Prüfung auf die Ausführungen zur äußerungsrechtlichen Störerhaftung des Suchmaschinenbetreibers als Anbieter von Keyword-Advertising verwiesen werden[497]. Es ergeben sich jedoch aufgrund der Besonderheit der Konstellation des Keyword-Advertising unter fremden Marken einige Abweichungen in den Abwägungen:

495 Ohly, GRUR 2009, 714; Für Metatags: BGH GRUR 2007, 284 - „Aidol"
496 Zu beidem mit Einschränkungen: EuGH GRUR Int 1998, 140 ff. - „Dior"
497 S.o. Abschnitt C I

a) Pflicht zur rechtlichen Prüfung

Möglicherweise kann dem Suchmaschinenbetreiber das Vorhalten eines funktionierenden Beschwerdemechanismus zugute gehalten werden. Ein solcher Mechanismus ist zwar nicht geeignet, Verstöße durch Werbetreibende a priori zu verhindern, gibt den Verletzten aber ein Mittel an die Hand um Verstöße zumindest reaktiv zu bekämpfen.

Googles „Trademark Complaint Procedure“ bietet die Möglichkeit, die Verletzung einer Marke durch Keyword-Advertising unmittelbar gegenüber dem Suchmaschinenbetreiber zu rügen. Die Richtlinien Googles sehen bei Eingang eines (deutschen[498]) „Trademark Complaint“ eine rechtliche Prüfung sowohl der Verwendung der gerügten Keywords als auch der Anzeige selbst vor. Ergibt diese Prüfung die Rechtswidrigkeit der Keyword-Verwendung oder des Anzeigetextes, so wird die verletzende Anzeige gesperrt[499]. Die Trademark Complaint Procedure entspricht dem Modell des von § 10 S. 1 Nr. 2 TMG vorgesehenen Systems und ermöglicht ein Vorgehen gegen den vermittelnden Beitrag des Suchmaschinenbetreibers, ohne dass die unmittelbaren Verletzer in Anspruch genommen werden müssten. Das Vornehmen einer rechtlichen Prüfung durch den mittelbar Beteiligten ab Kenntnis von einer behaupteten Verletzung ist jedoch schon Gebot der Störerhaftung. Diese soll dem Verletzten gerade den „Umweg“ über die möglicherweise schwer erreichbaren unmittelbaren Verletzer ersparen. Außerdem liegt das Vorhalten eines Mechanismus wie der „Trademark Complaint Procedure“ als Voraussetzung der Privilegierung hinsichtlich der unmittelbaren Haftung im eigenen Interesse des Suchmaschinenbetreibers. Zur normativen Entlastung des Suchmaschinenbetreibers vermag das Vorhalten eines solchen Mechanismus daher nichts beizutragen.

Die rechtliche Prüfungspflicht des Suchmaschinenbetreibers hinsichtlich des Keyword-Advertising entsprechend der Websuche auf offenkundige Verstöße zu beschränken kommt daher insgesamt nicht in Frage. Der Suchmaschinenbetreiber muss ab Kenntnis eines konkreten Inhalts die Rechtmäßigkeit der in Rede stehenden Markenbenutzung abschließend prüfen.

---

498 Google prüft in einer Gruppe von Staaten die Rechtmäßigkeit sowohl der Anzeige selbst als auch der unsichtbaren Keywords, in der anderen Gruppe ausschließlich die der Anzeige. Hier wirkt sich die jeweilige Rechtsprechung zur Verwendung (In der EU „markenmäßige“ Benutzung „im geschäftlichen Verkehr“, in den USA „use in commerce“) von Marken als Keywords und der Lauterkeit dieser Praxis unmittelbar aus.

499 http://www.google.de/intl/depl/tm_complaint_adwords/complaint.html

b) Investigative Prüfungspflichten

Die grundsätzliche Zumutbarkeit investigativer Prüfung im Rahmen des Keyword-Advertising bleibt unberührt[500]. Lediglich die Bestimmung der Gleichartigkeit von Verstößen der Werbetreibenden lässt sich für den Schutzgegenstand Marke präziser vornehmen als im Äußerungsrecht.

Investigativen Prüfungspflichten auf Markenrechtsverletzungen in Keywords und Keyword-Advertising Anzeigen ist die Beschränkung auf die identische Art und Weise der Verletzung, nämlich der Verletzung durch Keywords und Werbeanzeigen, technisch immanent. Darüber hinaus ist die Prüfung auf Keywords und Anzeigen solcher Anbieter zu beschränken, die in Vergangenheit bereits als Verletzer aufgefallen sind[501].

Innerhalb dieser deutlich umrissenen Gruppe von Keywords und Anzeigen ist die investigative Prüfungspflicht darüber hinaus noch hinsichtlich des durch den Verstoß Verletzten einzuschränken. Dazu könnte man als drittes Kriterium der Vergleichbarkeit auf die Identität des Rechtsguts, also der konkreten Marke, oder die Identität des Verletzten, also des Markeninhabers, abstellen. Hier ergibt sich ein Unterschied zur äußerungsrechtlichen Störerhaftung, da im Falle des Persönlichkeitsrechts die Identität der verletzten Person mit der Identität des verletzten Rechtsguts zusammen fällt. Stellte man im Markenrecht auf die Person des Verletzten ab, wären zu ermittelnde Verletzungen auch solche anderer Marken des Berechtigten.

Für ein derartiges Abstellen auf die Identität des Verletzten spricht dessen Interesse am umfangreichen Schutz seiner Marken. Ihm bliebe erspart, bei Verletzung einer anderen seiner Marken den Suchmaschinenbetreiber zunächst abmahnen zu müssen. Indes bedeutete diese Möglichkeit keine reale Besserung der Stellung des Berechtigten, denn aufgrund der Option des Suchmaschinenbetreibers, den unmittelbar geltend gemachten Anspruch nach § 93 ZPO anzuerkennen, verspräche dessen direkte Inanspruchnahme mehr Risiko als Gewinn.

Bei präziser Untersuchung erweist sich ein Abstellen auf die Identität des Rechtsguts als vorzugswürdig. Spezifische investigative Prüfungspflichten sind zulässig, weil und soweit ein vergangener Verstoß existiert, für den ein valides Unwerturteil aufgestellt ist, sodass die Identifizierung des Verstoßes auch bei seiner Einkleidung in einen abweichenden Sachverhalt anhand dieses Unwerturteils möglich wird. Für das Unwerturteil, das der Feststellung der Markenrechtswidrigkeit eines Sachverhalts zugrunde liegt, ist die konkrete Eigenart und individuelle Kennzeichnungskraft des verletzten Zeichens maßgeb-

500 S.o. Abschnitt C I 2
501 S.o. aaO

lich, und nicht die Person des Berechtigten. Deshalb würde ein Abstellen auf die Identität des Verletzten zur Bestimmung der Vergleichbarkeit das Konzept der spezifischen investigativen Prüfungspflichten verfehlen. Nicht der umfassende Schutz der Rechte des einmal Verletzten ist Zweck dieser Pflichten, sondern der Schutz des Verletzten gerade vor dem bekannten Verstoß für den Fall einer lediglich abweichenden Einkleidung. Markenrechtliche Verstöße sind durch das konkrete Schutzrecht, nicht Personalien charakterisiert. Folglich muss als Kriterium für die Vergleichbarkeit markenrechtlicher Verstöße im Rahmen der spezifischen investigativen Prüfungspflichten auf die Identität des Rechtsguts abgestellt werden.

III: Wettbewerbsrecht

Wie schon ausführlich dargelegt, ist die wettbewerbsrechtliche Störerhaftung gegenüber der Lehre der Verletzung wettbewerbsrechtlicher Verkehrspflichten vorzugswürdig[502]. Soweit keine eigene Täterhaftung des Suchmaschinenbetreibers besteht, haftet dieser daher als Störer für das Vermitteln wettbewerbswidriger Anzeigen seiner werbetreibenden Kunden. Zumutbar ist dabei sowohl die umfassende rechtliche Prüfung konkret bekannter Inhalte, als als auch eine spezifische investigative Prüfung für die Zukunft. Die Wertung ist hier identisch mit derjenigen zur Störerhaftung für markenrechtswidrige Anzeigen[503]. Lediglich die Vergleichbarkeitskriterien zur Gewährleistung der Spezifität der investigativen Prüfungspflichten weichen geringfügig ab. Die Identität des Verletzers und der Art und Weise der Verletzung - nämlich durch Keyword-Advertising-Anzeigen - sind auch im Bereich des Wettbewerbsrechts valide Kriterien zur Bestimmung der Gleichartigkeit von Verstößen. Da Wettbewerbsrecht jedoch nicht primär absolute Rechts schützt sondern objektives Marktverhaltensrecht ist, ginge ein Abstellen auf die Identität des verletzten Rechtsguts ins Leere[504]. Es muss daher vielmehr auf die Vergleichbarkeit der die Unlauterkeit begründenden Umstände abgestellt werden. Starke Indizwirkung hat dabei die Identität der einschlägigen Tatbestände und Regelbeispiele der §§ 4, 5, Abs. 2, 7 Abs. 2 UWG sowie des Anhangs zu § 3 Abs. 3 UWG.

---

502 S.o. Kapitel 4 A III 6, 7

503 S.o. Abschnitt II 2

504 Eine Ausnahme stellt insoweit der ergänzende wettbewerbsrechtliche Leistungsschutz nach § 4 Nr. 9 UWG dar.

IV: Ergebnis zum Keyword-Advertising

Suchmaschinenbetreiber haften unbeschadet ihrer Privilegierung schon mangels eigener markenmäßiger Benutzungshandlung nicht unmittelbar als Täter für das Verkaufen von Marken als Keywords. Die Annahme einer Anstiftung zu oder Teilnahme an Verstößen der Werbetreibenden scheitern am entsprechenden Beteiligtenvorsatz.

Aufgrund der lediglich technischen Verbreitung fremder Äußerungen in den Anzeigen besteht auch eine äußerungsrechtliche Täterhaftung des Suchmaschinenbetreibers nicht.

Wettbewerbsrechtlich droht bei nicht ausreichender Abgrenzung des kommerziellen Keyword-Advertising von den natürlichen Suchergebnissen unmittelbare wettbewerbsrechtliche Haftung wegen Verschleierung des Werbecharakters und Rechtsbruchs.

Für Persönlichkeitsrechts- Wettbewerbs- oder Markenrechtsverletzungen (von denen letztere schon in der unsichtbaren Verwendung fremder Marken als Keyword bestehen können) durch werbetreibende Adwords-Kunden haftet der Suchmaschinenbetreiber als mitwirkender Störer. Es bestehen sowohl rechtliche als auch investigative Prüfungspflichten. Die Tiefe der rechtlichen Prüfungspflicht ist dabei unbeschränkt, die der investigativen Prüfungspflicht durch einen je nach Rechtsgebiet leicht abweichenden, jedenfalls dreistufigen Begriff der Gleichartigkeit beschränkt.

Kapitel 6: Haftung für die Bildersuche

A: Bestimmung der Schutzwürdigkeit

Es bedarf zunächst der Erörterung, inwiefern der Bildersuche die gleiche soziale Nützlichkeit attestiert werden kann wie der Websuche. So bezweifelt etwa das LG Hamburg die Ebenbürtigkeit der Schutzwürdigkeiten von Bilder- und Websuche, und ist damit nicht allein[505]. Während die Websuche fraglos unverzichtbare Strukturierungswirkung auf das gesamte Medium hat, wirkt die Bildersuche auf Anhieb tatsächlich verzichtbarer. Der Grund für das gefühlte Gefälle in der Schutzwürdigkeit ist die Natur der vermittelten Informationen sowie ihre Dichte. Die Bereicherung der Gesellschaft als kultureller Gemeinschaft durch das World Wide Web besteht zuvörderst in der Demokratisierung von Wissen durch die Eröffnung von freiem Zugang zu Informationen. Den Modi der Übermittlung dieser Informationen steht man indes nicht vorurteilsfrei gegenüber, wie das LG Hamburg beweist. Dem geschriebenen Wort wird instinktiv ein praktischerer und unmittelbarerer Nutzen zugesprochen als dem Bildlichen, denn während sich durch Sprache zumindest näherungsweise eine hinlänglich uniform verständliche Idee aller denkbarer Sinneseindrücke vermitteln lässt, haftet dem bildlich Darstellenden eine stärkeres Element der Ästhetik an. Dem kann zum Einen entgegnet werden, dass technische Skizzen oder so genannte „mind maps“ mitunter mehr als die sprichwörtlichen tausend Worte sagen. Zum Anderen entzieht sich gerade die Ästhetik der bildlichen Darstellung hartnäckig der Erfassung durch beschreibende Worte, und ist gerade aufgrund dieser individuellen Stärke kulturell wertvoll. Das geschriebene Wort mag den Ruf der größten Präzision und Objektivität im Ausdruck nicht zu unrecht haben, doch jedenfalls die Übergänglichkeit der Modi gerade im elektronischen Bereich ist Grund genug, ein Wertungsgefälle zwischen ihnen abzulehnen. Texte können als Bilddatei gespeichert sein, Bilder aus ascii-Text[506] bestehen, instruktive Skizzen Text beinhalten; Klassiker der Literatur sind im World Wide Web als Text sowie als Hörbuch zu finden und Sprach- oder Videoaufzeichnungen, sog. „podcasts“ substituieren mitunter die Lektüre von Textwerken.

Die Bildersuche als weniger schutzwürdig als die Websuche zu bezeichnen, wäre angesichts dieser unauflösbaren Verflechtung der Übertragungsmodi

---

505 LG Hamburg, MMR 2009, 55, 61; Roggenkamp, K&R 2007, 328 f.; Fahl, K&R 2010, 437, 439.

506 ascii = „American Standard Code for Information Interchange“: Digitaler Zeichenbestand

von Informationen lediglich Ausdruck einer unangemessenen Objektivierung der subjektiven Wahrnehmungswirkungen.

B: Haftung für verlinkte Inhalte

Was die Haftung für verlinkte Inhalte angeht, kann angesichts der vergleichbaren Schutzwürdigkeit zunächst grundsätzlich auf die Ausführungen zur Websuche verwiesen werden. Ein tatsächlicher Unterschied zur Websuche besteht jedoch darin, dass im Rahmen der Bildersuche von den Betreibern aller großen Suchmaschinen nicht mit herkömmlichen (Deep)-Links, sondern mittels Frame-Links[507] auf die gefundenen Inhalte verwiesen wird.

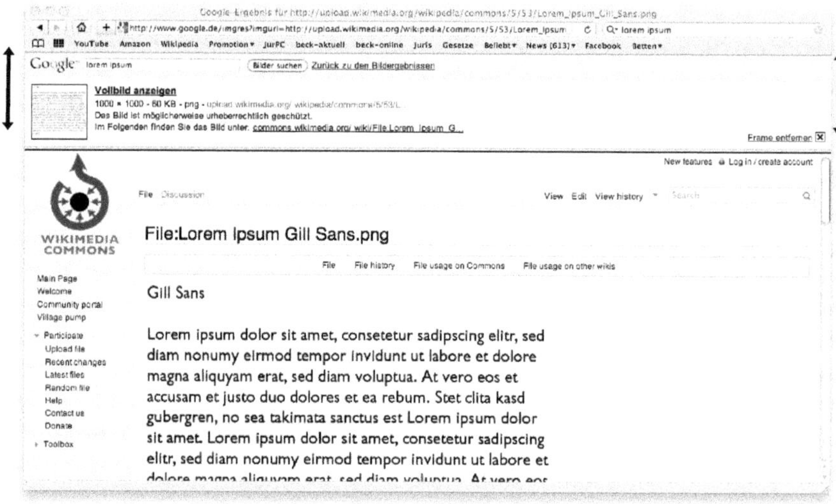

Abb. 4: Frame (schwarz markiert)

An diese Art des Verweisens wird in Rechtsprechung und Schrifttum mitunter eine urheberrechtlicher Täterhaftung des Verweisenden geknüpft[508].

507 Zum Begriff oben, Kapitel 2 A III

508 Schack, MMR 2001, 9, 16 ff. mwN; Ott, ZUM 2004, 357, 367; Berberich, MMR 2005, 145, 147; LG München I MMR 2007, 260 ff.; mit Einschränkungen LG Köln, ZUM 2001, 714 ff.

I: Frame-Linking durch Suchmaschinenbetreiber als Urheberrechtsverletzung

1: Urheberpersönlichkeitsrecht

Urheberpersönlichkeitsrechte werden durch die Anzeige von Webseiten im Frame der Google-Bildersuche nicht verletzt[509], da eine Urheberschaft Googles nicht schon aufgrund des neutral gehaltenen, als solchen klar erkennbaren und explizit so genannten Frames geschlossen werden kann[510], und überdies auch eine Entstellung schutzfähiger Webseiten durch die Darstellung im Rahmen nicht in Betracht kommt. Es ist schon zweifelhaft, ob der schlichte, funktional orientierte Rahmen vom Durchschnittsrezipienten derart als Einheit mit der angezeigten Zielseite verstanden wird, dass eine Beeinträchtigung der Werkwirkung droht, und jedenfalls die Möglichkeit, die Zielseite über die deutlich sichtbare Schaltfläche „Frame entfernen“ im Originalzusammenhang anzuzeigen[511], verbietet die Annahme einer Entstellung durch den Rahmen.

2: Eingriff in Verwertungsrechte

Die Annahme einer urheberrechtlich relevanten Nutzungshandlung liegt dagegen weniger fern. Zwar ist eine Vervielfältigungshandlung des Suchmaschinenbetreibers beim Verwenden von Frame-Links nicht gegeben[512], da erst im Browser des Nutzers der Suchmaschine eine Kopie der angezeigten Webseite entsteht, die im Regelfall durch die Privilegierung der Privatkopie nach § 53 UrhG gedeckt ist[513].

In Betracht kommt jedoch, im Frame-Linking ein öffentliches Zugänglichmachen nach § 19 a UrhG zu sehen[514]. Problematisch ist dabei der Umstand, dass der Setzer eines Frame-Links weder selbst die angezeigte Manifestation des Werkstücks vorhält, noch handfesten Einfluss auf die tatsächliche Wiedergabe der verlinkten Inhalte hat: Wird ein Inhalt an seinem Speicherort entfernt, geht auch der Frame-Link ins Leere.

509 Großes Haftungspotential sieht dagegen Schack, MMR 2001, 9, 17.
510 In diese Richtung auch Ott, ZUM 2004, 357, 360
511 Vgl. Abb. 4, rechte untere Ecke des Frames.
512 Koch, GRUR 1997, 427, 430; Schack, MMR 2001, 9, 13 f.
513 BGH GRUR 2003, 958, 960 - Paperboy.
514 So LG München MMR 2007, 260, 261 f.; Wandtke / Bullinger, UrhG § 19 a Rn 29; recht neutral dagegen Feldmann, Heise Online-Recht B.II.30, 31 sowie Dreier / Schulze, UrhG § 19 a Rn 6.

Richtigerweise kommt es für die Annahme eines öffentlichen Zugänglichmachens auf den eigenen Einfluss hinsichtlich der Wiedergabe eines Werkes an, sodass die eigene Macht, die in Rede stehenden Werke zugänglich zu halten, von entscheidender Bedeutung ist[515]. Die Annahme eines öffentlichen Zugänglichmachens nach § 19 a UrhG allein auf die intellektuelle Zuordnung eines Inhalts nach dem Empfängerhorizont zu stützen[516], überzeugt dagegen nicht, denn auf diese Weise wird das Vorliegen einer Nutzungshandlung von der tatsächlichen Bedeutung des zu beurteilenden Tuns gelöst. Überdies wäre eine Zurechnung per Frame-Link verwiesener Inhalten an den Suchmaschinenbetreiber nach dem Empfängerhorizont beim Modell Googles aufgrund der neutralen Gestaltung des Rahmens ohnehin fernliegend. Jedenfalls aber mangels über den bloßen Verweis hinausgehenden tatsächlichen Einflusses auf die Wiedergabe der verlinkten Werke stellt das Frame-Linking auf Zielseiten der Bildersuche kein öffentliches Zugänglichmachen im Sinne des § 19 a UrhG durch den Suchmaschinenbetreiber dar.

Ott[517] trägt dieses Ergebnis mit, nimmt jedoch die Nutzung eines unbenannten urheberrechtlichen Verwertungsrechts an, wenn durch die Verknüpfung der eigenen und fremden Inhalte mittels Frame letztere für den Linksetzer ausgenutzt werden. Abzustellen sei demnach auf die Funktion des Frame-Links im Einzelfall[518]. Nach diesem Maßstab ist die Anwendung von Frame-Links durch Google unbedenklich, weil lediglich Komfortmerkmal für den Nutzer der Suchmaschine. Da im Regelfall nicht ohne Weiteres die Ansicht konkreter Positionen auf einer Webseite verlinkt werden kann, ist der Verweis auf umfangreiche Webseiten nur bedingt nützlich, wenn ein konkretes Bild gesucht ist. Die wiederholte Darstellung des Thumbnails im Frame dient dazu, dem Nutzer den Link auf die gesuchte Bilddatei ohne weitere, manuelle Sucharbeit auf der Zielseite zu präsentieren. Wäre ein solcher Dienst im Rahmen der Websuche aufgrund der Fähigkeit aller aktuellen Browser, nach Textpassagen zu suchen, ohne greifbaren Gewinn, steigert er die Effizienz der Bildersuche erheblich. Durch den Einsatz von Frame-Links durch Google wird folglich nicht der verlinkte Inhalt zum eigenen Vorteil ausgenutzt, sondern lediglich der Weg des Nutzers zur Zieldatei verkürzt. Es ist daher auch nach dem

515 BGH GRUR 2003, 958, 962 - Paperboy; ähnlich BGH K&R 2010, 501, 503 - Thumbnails; Ott ZUM 2004, 357, 363 f.; Nolte, ZUM 2003, 540, 542; unklar Poll, GRUR 2007, 476, 479.

516 So LG München MMR 2007, 260, 261 f. mwN

517 Ott aaO, S. 364.

518 In diese Richtung auch AG Hannover MMR 2009, 291 über einen Eingriff in das Recht am eingerichteten und ausgeübten Gewerbebetrieb.

Ansatz *Otts* im Frame-Linking im Rahmen der Bildersuche kein Eingriff in ein urheberrechtliches Verwertungsrecht anzunehmen.

Wollte man das anders sehen, müsste eine Haftung des Suchmaschinenbetreibers für eine solche atypische Nutzungshandlung nach hier vertretener Ansicht jedenfalls an einer konkludenten Einwilligung des berechtigten Content-Providers scheitern, da die eigene Seite mittels „Framekiller" genannter Gestaltungen des Quellcodes mit moderatem Aufwand vor einer Darstellung in fremden Frames geschützt werden kann[519].

Es ergibt sich nach alledem aus der abweichenden Art der Verlinkung jedenfalls für das Modell Googles kein Unterschied in der Bewertung von Bilder- und Websuche, sodass auch das Ergebnis hinsichtlich der Haftung für verlinkte Inhalte unverändert bleibt. Der Suchmaschinenbetreiber ist lediglich der zweifach eingeschränkten Störerhaftung ausgesetzt[520].

C: Haftung für die Trefferdarstellung

Im Hinblick auf die Haftung für die Darstellung der Ergebnisse ist der Unterschied in der Darstellungsweise zwischen Bilder- und Websuche von Bedeutung: Die Darstellung der Suchergebnisse in Form von Vorschaubildern - den sogenannten Thumbnails - trägt anders als die Darstellung von Snippets den Inhalt des verlinkten Zieldokuments in vollem Umfang in sich. Thumbnails geben nicht nur ausschnittsweise den Inhalt des verwiesenen Dokuments wieder, sondern stellen verkleinerte Vollversionen der Zieldokumente dar[521]. Während der Fall eines persönlichkeitsverletzenden oder urheberrechtlich schutzfähigen Snippets mehr von theoretischer Bedeutung ist, als dass er praktisch gehäuft aufträte, bedeutet die Verwendung von Thumbnails im Regelfall eine Vervielfältigung und öffentliche Zugänglichmachung schutzfähiger Werke.

Dabei ist jedoch unbedingt festzuhalten, dass wie schon bei den Snippets der Websuche eine alternative, weniger eingriffsintensive Darstellungsweise als durch Vorschaubilder nicht ohne die Zerstörung der Funktionalität der Bildersuche denkbar ist[522]. Das Grundproblem der Haftung für Thumbnails ist im Bereich der absoluten Schutzrechte also erneut das der unangemessenen Rechtsfolgen der nicht recht auf den Gegenstand Suchmaschine passenden,

519 aA LG Köln, ZUM 2001, 714, 716.

520 Zu den Einschränkungen s.o. Kapitel 4 A II 2 c) dd) aaa) (1) sowie bbb) (3)

521 Die maximale Kantenlänge von Thumbnails der Google Bildersuche beträgt derzeit 150 Bildpunkte.

522 LG Hamburg, MMR 2009, 55, 61; LG Erfurt aaO 293.; Schack MMR 2008, 414, 416; sehr anschaulich Ott ZUM 2009, 345, 349 mwN.

aber doch anzuwendenden Haftungsvorschriften[523]. Mangels Anwendbarkeit der Privilegierungsnormen des TMG bleibt allein, die den jeweiligen Rechtsgebieten eigenen Schrankenbestimmungen fruchtbar zu machen.

I: Äußerungsrecht

Suchmaschinenbetreiber sind im Rahmen der Bildersuche mangels Kenntnisnahme vom Inhalt der Bildinhalte als deren technische Verbreiter einzustufen. Eine unmittelbare äußerungsrechtliche Haftung kommt deshalb nicht in Betracht[524].

Es greift vielmehr die zivilrechtliche Störerhaftung, wobei die Annahme von zweifach eingeschränkten Prüfungspflichten unverändert überzeugt: Weder eine Prüfung auf nicht offensichtliche Rechtswidrigkeit, noch eine solche auf die Existenz von rechtsverletzenden Fremdinhalten ist zumutbar, da die Nützlichkeit der Bildersuche nicht hinter derjenigen der Websuche zurückbleibt[525], und überdies Googles Bildersuche zumindest bislang nicht mit Werbung versehen ist, also nicht einmal mittelbar an von Dritten rechtswidrig ins World Wide Web gestellten Bildern profitiert wird. Das Ergebnis zur Störerhaftung entspricht damit hinsichtlich Thumbnails dem Ergebnis für die Störerhaftung für verlinkte Inhalte und Snippets.

II: Urheberrecht

Das Erstellen und Speichern von Thumbnails stellt ein Vervielfältigen nach § 16 UrhG[526], die Darstellung von Bildwerken als Thumbnails ein öffentliches Zugänglichmachen im Sinne des § 19 a UrhG dar[527].

Bei entsprechender Berechtigung des Zielseitenbetreibers an den geschützten Bildern ist es bei Thumbnails nicht weniger überzeugend als bei Snippets,

---

523 Dazu Hoeren, MMR 2009, 62 ff. Anm. zu LG Hamburg; Heymann / Nolte K&R 2009, 759

524 Zum hier vertretenen Ausschluss jeder unmittelbaren Verbreiterhaftung für technische Verbreiter s.o. Kapitel 4 A I 1 a) bb)

525 s.o. Abschnitt A

526 BGH GRUR 2010, 628, 629 - „Thumbnails"; LG Erfurt, K&R 2007, 325; Ott, ZUM 2007, 119, 125; Schack MMR 2008, 414.

527 BGH GRUR 2010, 628, 629 - „Thumbnails"; LG Erfurt, K&R 2007, 325; LG Hamburg, K&R 2008, 759; Ott aaO; Schack aaO; Ernst, jurisPR-WettbR 11/2008 Anm. 4; aA OLG Jena, K&R 2008, 201 f. das einen Eingriff in ein unbenanntes Nutzungsrecht annimmt.

von einer konkludenten Einwilligung des Berechtigten auszugehen[528], sodass die Rechtswidrigkeit der Nutzungshandlungen entfällt, ohne dass es dabei auf eine Suchmaschinenoptimierung der Zielseite ankäme. Der Verzicht auf die Nutzung des Robot-Exclusion-Standard durch entsprechende Gestaltung der Datei robots.txt genügt, um dem Online-Stellen von Bildern einen derartigen Bedeutungsgehalt beizumessen. Die Einwilligung erfasst nicht nur das Erstellen, Speichern und Wiedergeben von Thumbnails aktuell berechtigt online gestellter Bilder, sondern auch ein Speichern und Wiedergeben bereits von den Zielseiten entfernter Bildern, soweit solches sich aus den Abständen des Aktualisierungszyklus ergibt[529].

Fehlt es jedoch an der Berechtigung des Zielseitenbetreibers, ist der Weg der Einwilligung nicht gangbar, sodass es auf die Schranken des Urheberrechts ankommt[530].

1: Zitatrecht nach § 51 UrhG

Wie schon bei Snippets lässt sich auch für Thumbnails nicht überzeugend auf das Zitatrecht nach § 51 UrhG abstellen, da es mangels Kenntnisnahme des Suchmaschinenbetreibers vom Inhalt der Thumbnails an einem hinreichenden Zitatzweck fehlt[531].

2: Pressespiegelprivileg nach § 49 Abs. 2 UrhG

Die Wertung des Pressespiegelprivilegs des § 49 Abs. 2 UrhG passt nicht recht auf die Darstellung von Thumbnails, baut sie doch auf dem gesteigerten Informationsinteresse der Öffentlichkeit gerade an Nachrichten und Rund-

528 Im Begriff, sich zur h.M zu entwickeln.: BGH K&R 2010, 501, 505 f. - „Thumbnails“; LG Erfurt, MMR 2007, 292 f; Bullinger / Garbers-von Boehm, GRUR-Prax 2010, 257; Heymann / Nolte, K&R 2009, 759, 762; Berberich, MMR 2005, 145, 147; Bernreuther, WRP 2008, 1057, 1065; Wäßle K&R 2008, 729, 731; Leistner / Stang, CR 2008, 499, 503;.; aA LG Hamburg, GRUR Int 2004, 148, 153; Schack, GRUR 2007, 639, 634; Fahl, K&R 2010, 437, 439 mwN.

529 BGH GRUR 2010, 628, 632 - „Thumbnails“.

530 Ott, WRP 2009, 351, 367 verweist für diese Fälle aufgrund eines strengen Verständnis der Schrankenbestimmungen und deren Auslegung - dazu oben, Fn 382 - auf das Eingreifen des Gesetzgebers.

531 BGH K&R 2010, 501, 503 f. - „Thumbnails“; BGHZ 175, 135 Tz. 42 - „TV Total“ mwN; LG Hamburg MMR 2009, 55.; Schack, MMR 2008, 408, 415; Lüft in Wandtke / Bullinger aaO Rn 3; Raue / Hegemann in Hoeren / Sieber, Multimediarecht 7.3 Rn 83; Ernst, jurisPR-WettbR 11/2008 Anm. 4.; Bullinger / Garbers-von Boehm, GRUR-Prax 2010, 257.

funkbeiträgen auf[532]. Zwar besteht ein allgemeines Interesse an Thumbnails in ihrer Funktion als Vorschau der Bildersuche, doch dieses entspringt nicht der Eigenart der wiedergegebenen Informationen, sondern der Nützlichkeit des Dienstes an sich. Außerdem geht auch § 49 Abs. 2 UrhG von der erstmaligen Veröffentlichung durch Berechtigte aus, sodass eine Analogie zu § 49 Abs. 2 UrhG gerade in den Fällen nicht weiterhülfe, die nicht ohnehin bereits aufgrund der konkludenten Einwilligung des Berechtigten unproblematisch sind.

3: Freie Benutzung nach § 24 Abs. 1 UrhG

Eine freie Benutzung ist in Thumbnails mangels hinreichenden Abstands zum jeweiligen Original nicht gegeben. Die bloße Verkleinerung des Originalbilds reicht nicht aus[533].

4: Katalogbildfreiheit nach § 58 UrhG

Auch die Anwendung der Katalogbildfreiheit nach § 58 UrhG auf Thumbnails ist bereits diskutiert worden[534], trifft jedoch zurecht überwiegend auf Ablehnung. Der Gedanke des § 58 Abs. 2 UrhG verfängt aufgrund der wenn auch nur mittelbaren Profitorientierung der Suchmaschinenbetreiber nicht, und für eine direkte oder analoge Anwendung des § 58 Abs. 1 UrhG[535] fehlt es an einer dem Veranstalter iSd § 58 Abs. 1 UrhG entsprechenden Stellung des Suchmaschinenbetreibers[536]. Eine solche kommt höchstens dem jeweiligen Content-Provider, nicht jedoch dem bloß objektiven Vermittler zu. Das Phänomen der Bildersuche entspricht deshalb nicht der von § 58 Abs. 1 UrhG privilegierten Konstellation.

5: Straßenbildfreiheit nach § 59 UrhG

Die analoge Anwendung der Straßenbildfreiheit des § 59 UrhG, nach der die Nutzung sich bleibend an öffentlichen Orten befindlicher Werke privilegiert

532 Daher ablehnend Berberich, MMR 2005, 145, 147.

533 BGH K&R 2010, 501, 503 - „Thumbnails"; LG Hamburg MMR 2009, 55 mwN; dasselbe MMR 2004, 558, 561; Schack MMR 2008, 414 f.

534 Schrader / Rautenstrauch, UFITA Bd. III / 2007, 761, 769; Heymann / Nolte K&R 759, 764 mwN; Berberich, MMR 2005, 145, 147.

535 dagegen Ernst, jurisPR-WettbR 11/2008 Anm. 4

536 LG Hamburg, ZUM 2009, 315, 322; OLG Jena ZUM 2008, 522, 525; Heymann / Nolte, K&R 2009, 759, 764; Ott, ZUM 2009, 345, 351;

wird, ist zugestanden kreativ, begegnet aber Bedenken[537]. Wollte man mit einer solchen Analogie die angesichts der Gangbarkeit des Weges der konkludenten Einwilligung einzig verbleibende, problematische Fallgruppe der vom Nichtberechtigten online gestellten Bilder erfassen, würde der Gedanke des § 59 UrhG überdehnt. Zwar Ausdruck der Sozialbindung des Urheberrechts[538], enthält § 59 UrhG keine Wertung dahingehend, dass von vornherein unberechtigte Wiedergaben eines Werks vervielfacht und perpetuiert werden dürfen[539].

6: Inhaltsangabe nach § 12 Abs. 2 UrhG

Wie schon für Snippets festgestellt worden ist, bietet die Privilegierung der Inhaltsangabe nach § 12 Abs. 2 UrhG den sachlich passendsten Rahmen für die Erfassung der Vorschaufunktionen von Suchmaschinen[540]. Thumbnails der Bildersuche sind grundsätzlich als Inhaltsangaben nach § 12 Abs. 2 UrhG einzuordnen[541]. Da die Vorschau der Bildersuche sich auf das verlinkte Bild selbst, und nicht auf die es enthaltene Webseite bezieht, fallen anders als im Regelfall der Vorschau zur Websuche in Bezug genommenes und wiedergegebenes Werk nicht auseinander. § 12 Abs. 2 UrhG findet daher direkte Anwendung auf Thumbnails.

Eine der Bildersuche eigene Problematik entsteht jedoch aus der Darstellung des gesamten Bildes im Vergleich zur lediglich ausschnitthaften Wiedergabe im Rahmen von Snippets. Was den Snippets der geringe Umfang weniger Zeilen ist, findet für Thumbnails seine Entsprechung in der Begrenzung der Auflösung auf eine von Auflösung und Format des Originalbildes abhängige Anzahl von Bildpunkten. Da aber trotz Verkleinerung alle Bestandteile des Originals reproduziert werden lohnt die Frage, ob das Herabsetzen der Auflösung ausreicht, um den nötigen Abstand der Inhaltsbeschreibung zum Original zu gewährleisten[542]. Ist bei Originalbildern von bildschirmfüllender Auflösung für Thumbnails eine Auflösung von nicht mehr als 150 Bildpunkten Kantenlänge hinsichtlich der Gefahr einer Substitutionswirkung unbedenklich, ist die Gefahr einer solchen Wirkung bei Bildern von geringer Auflösung evident: Bilder bis zu einer Auflösung von 64x64 Bildpunkten werden von Googles Bildersuche ohne jegliche Veränderung als Thumbnails wiedergegeben.

537 Leistner / Stang, CR 2008, 499, 502
538 Lüft in Wandtke / Bullinger, UrhG § 59 Rn 2 mwN.
539 Ott ZUM 2009, 345, 345.
540 S.o. Kapitel 4 B IV 3 d)
541 Heymann / Nolte aaO, 762.
542 Ablehnend BGH K&R 2010, 501, 503 - „Thumbnails“; Leistner / Stang, CR 2008, 299, 504.

Die pragmatische Entscheidung Googles zur vollständigen Wiedergabe solch kleiner Bilder ist aus funktionalen Erwägungen nachvollziehbar. Unterschreiten Originalbilder eine gewisse Größe, verhindert die zur Abwendung der Substitutionsgefahr nötige Verkleinerung im Rahmen der Vorschau eine zweckdienliche Trefferdarstellung. Indes würde die Einstufung einer unveränderten Komplettwiedergabe von Bildern durch Thumbnails als Inhaltsangabe im Sinne des § 12 Abs. 2 UrhG das Ausschließlichkeitsrecht des Urhebers gegenüber dem Betreiber einer Bildersuche nicht nur beschränken, sondern vollständig aushöhlen. Und das nicht etwa aufgrund einer geringen Schutzwürdigkeit des Urhebers, sondern allein aufgrund der Größe des Bildes[543].

Eine solche Verdrängung der Interessen des Urhebers durch die Schranke des § 12 Abs. 2 UrhG ließe sich nur dann vertreten, wenn jenseits einer dysfunktionalen Verringerung der Auflösung schlechthin keine Möglichkeit zur Beschneidung des Informationsgehalts der Vorschaubilder im Verhältnis zum jeweiligen Original bestünde. Indes besteht die Möglichkeit der zusätzlichen automatisierten Verfremdungen von gering aufgelösten Originalbildern durch Aufspaltung, d.h. etwa hälftige Teilung in horizontaler, vertikaler oder diagonaler Richtung. Eine derartige Gestaltung von Thumbnails gering aufgelöster Bilder ist ohne nennenswert gesteigerten Aufwand des Suchmaschinenbetreibers möglich und ließe die Funktionalität der Bildersuche weitgehend intakt, ohne den Urheber in Ansehung von Thumbnails faktisch zu entrechten. Es ist deshalb überzeugend, als Voraussetzung der Zulässigkeit von Thumbnails als Inhaltsangabe nach § 12 Abs. 2 UrhG eine zusätzliche Verfremdung zu fordern, soweit Originalbilder mit Auflösungen von weniger als 150 Bildpunkten Kantenlänge betroffen sind. Auf diese Weise wird die Vorwegnahme des Werkgenusses durch Thumbnails stark eingeschränkt, sodass eine dem Umfang der Wiedergabe nach zulässige Beschreibung des Inhalts auch gering aufgelöster Bilder angenommen werden kann.

Die Anwendung des § 12 Abs. 2 UrhG auf Thumbnails kann allerdings wie schon bei der Websuche keinen umfassenden Ausschluss der urheberrechtlichen Täterhaftung leisten, da zumindest vor dem Zeitpunkt des überwiegenden Informationsinteresses die Inhaltsangabe nicht nach § 12 Abs. 2 UrhG frei ist[544]. Es verbleibt deshalb erneut ein Restbestand von Fallgestaltungen, derer man nicht mit einer extensiven oder analogen Anwendung der Schranken des Urheberrechts Herr werden kann, was abermals die Notwendigkeit einer vorgeschalteten Privilegierung des Suchmaschinenbetriebs belegt.

---

543 Wenn auch zugestanden werden muss, dass Ausdrucksstärke und Individualität von Bildwerken bei zunehmend kleinen Auflösungen an ihre Grenzen stoßen müssen.

544 S.o. Kapitel 4 B IV 3 d)

Wo urheberrechtliche Täterhaftung nicht besteht, greift für den Betrieb der Bildersuche die zweifach eingeschränkte Störerhaftung.

III: Wettbewerbsrecht

Die Konstruktion der „Verletzung von wettbewerbsrechtlichen Verkehrspflichten" überzeugt nicht und ist abzulehnen[545]. Es bleibt daher auch für die Bildersuche bei der wettbewerbsrechtlichen Störerhaftung, deren Umfang demjenigen der Störerhaftung im Bereich der absoluten Schutzrechte entspricht.

IV: Ergebnis zur Bildersuche:

Trotz der Verwendung von Frame-Links besteht keine Täterhaftung des Suchmaschinenbetreibers für im Rahmen der Bildersuche verlinkte Inhalte. Insofern gleicht das Ergebnis dem für die Websuche. Die Trefferdarstellung durch Thumbnails ist bei berechtigter Online-Stellung des Werks auf der Zielseite durch eine konkludente Einwilligung gedeckt, bei unberechtigter Einstellung im Regelfall als Inhaltsangabe nach § 12 Abs. 2 UrhG zulässig. Soweit die Täterhaftung auf diese Weise ausgeschlossen wird, greift die Störerhaftung mit den zwei zur Websuche begründeten Einschränkungen.

545 S.o. Kapitel 4 A III 5

Kapitel 7: Lösungen de lege ferenda

Die Anwendung der deutschen Vorschriften zur Haftung von Suchmaschinenbetreibern hat gezeigt, dass in der Mehrheit der Fälle durch restriktive Auslegung der Tatbestände oder eine funktional extensive Auslegung bis hin zur analogen Anwendung der einschlägigen Schrankenregelungen eine unmittelbare Haftung als Täter zugunsten der Anwendung der funktional passenden Störerhaftung abgelehnt werden kann. Indes ist der Begründungsaufwand erheblich, während die methodischen Grenzen der Rechtsanwendung stets einen Restbereich konservieren, in dem unmittelbare Haftung nicht überzeugend abgelehnt werden kann.

Es fehlt eine vorgeschaltete Privilegierungsnorm nach Art der Art. 12 - 14 ECRL bzw. §§ 8 - 10 TMG, die den Ausschluss der nicht rechtsfolgenbeschränkten, unmittelbaren Täterhaftung an die Erfüllung der Schutzwürdigkeitsmomente von Suchmaschinenbetreibern knüpft. Eine solche Norm würde durch die dogmatische Entrümpelung der einzelnen Rechtsgebiete die Rechtsanwendung vereinfachen, die Rechtssicherheit von Rechtsinhabern und Suchmaschinenbetreibern gleichermaßen steigern und eine klaffende Lücke im System der Privilegierungen von Intermediären schließen.

A: Ansätze einiger Mitgliedstaaten

Das Problem des Fehlens einer Privilegierungsnorm für Suchmaschinenbetreiber in der ECRL ist ein gesamteuropäisches, und so haben einige Mitgliedstaaten der Europäischen Union bereits das Heft ergriffen und diese Lücke durch eigene Privilegierungsnormen zu schließen versucht. Derartige nationale Vorstöße sind angesichts der zurückhaltend evaluierenden Beobachtungshaltung des Richtliniengebers sinnvoll und wünschenswert. Jedoch haben die bislang tätig geworden Mitgliedstaaten beim Entwurf der jeweiligen nationalen Privilegierungsnormen nur wenig Mut zur Innovation bewiesen, denn die Ansätze zur Regelung erschöpfen sich in der Kopie von bestehenden Privilegierungsvorschriften der ECRL. Die Wahl der Vorbildnorm fällt dabei in zwei Lager geteilt aus: Portugal und Spanien haben die Privilegierung des Host-Providers nach Art. 14 ECRL zum Vorbild der nationalen Regelung für Suchmaschinenbetreiber genommen[546], Österreich und das Fürstentum Liechtenstein[547] dagegen die Privilegierung des Access-Providers nach Art. 12 ECRL[548].

546 Spanien: Art. 17 LSSICE; Portugal: Decreto-Lei n.° 7/2004, Art. 17.

547 Zwar nicht Mitglied der Europäischen Union, doch immerhin des europäischen Wirtschaftsraums.

548 Liechtenstein: Art. 14 des ECG; Österreich: § 14 ECG.

Die Aufspaltung verwundert nicht, da der Betrieb einer Suchmaschine sowohl die Vermittlung des Zugangs zu fremden Webangeboten, als auch die teilweise Wiedergabe intellektuell fremder Inhalte mit sich bringt. Dass aber grundlegende Unterschiede zwischen dem Suchmaschinenbetrieb und der Tätigkeit des Access- sowie Host-Providers bestehen[549], macht die Übernahme jedweder der beiden entsprechenden Privilegierungsnormen bedenklich. Der Tatbestand einer Privilegierungsnorm muss die trennscharfe Erfassung der begünstigten Tätigkeit leisten, doch weder die Voraussetzungen des Art. 12 ECRL noch die des Art. 14 ECRL sind hinreichend präzise auf die Tätigkeit von Suchmaschinenbetreibern zugeschnitten. Schon aus diesem Grund vermag unabhängig von der Wahl der Vorbildnorm keiner der beiden mitgliedstaatlichen Ansätze zu überzeugen. Die Rahmenbedingungen der Schutzwürdigkeit müssen für das sich von dem der Access- und Host-Provider unterscheidende Geschäftsmodell Suchmaschine anhand einer individuell angepassten Kombination valider Kriterien festgesteckt werden.

B: Entwurf einer Privilegierungsnorm

I: Kriterien der Schutzwürdigkeit

Die Schutzwürdigkeit von Intermediären im Allgemeinen und so auch von Suchmaschinenbetreibern steht und fällt mit der Zurechenbarkeit der vermittelten Inhalte. Die Kriterien zur abstrakt-generellen Feststellung dieser Zurechenbarkeit müssen zuverlässige Gradmesser der intellektuellen, und in beschränktem Umfang auch der technischen Distanz des Suchmaschinenbetreibers zum vermittelten Inhalt sein.

1: Technische Merkmale

a) Automatisierte Erstellung der Verweise

Sind Verweise durch eine kognitiv Kenntnis verschaffende Auswertung des Inhalts der Zieldokumente erstellt, werden die vermittelten Inhalte dem Verweisenden dadurch zurechenbar. Grundvoraussetzung der Schutzwürdigkeit qua fehlender Zurechenbarkeit fremder Inhalte ist deshalb die Automatisierung der Auswertung der Zieldokumente. Die im Zuge einer automatischen Inhaltserfassung zwangsläufig entstehende „maschinell vermittelte Kenntnis“ des Auswertenden von den Bestandteilen eines Zieldokuments steht einer tatsäch-

549 Siehe dazu oben Kapitel 3 C III 4 c) und e)

lichen, durch ein menschliches Bewusstsein vermittelten Kenntnis des Inhalts nicht gleich. Wie schon ausgeführt[550] ist die rein numerische, nicht den Sinngehalt der Zieldokumente ergründende Inhaltserfassung durch eine Information-Retrieval-Software Grundbaustein der Erstellung des Index und Voraussetzung effizienten Query Processings.

Daher ist die automatisierte Erstellung der Verweise und der ihnen zugrunde liegenden Datenbank notwendige Bedingung der Schutzwürdigkeit von Suchmaschinenbetreibern. Das Merkmal leistet gleichzeitig die Abgrenzung neutral vermittelnder Suchmaschinen von redaktionell bearbeiteten Katalogen.

b) Betreffend Thumbnails und Snippets: Umfang der Wiedergabe

Soweit zur Vorschau auf den Inhalt von Zieldokumenten diese selbst oder Ausschnitte derselben wiedergegeben werden, ist der Umfang dieser Wiedergabe von Bedeutung, denn die technische Beziehung des Suchmaschinenbetreibers zu den vermittelten Informationen wird durch deren eigene Wiedergabe im Rahmen der Vorschau vertieft. Das Argument der Notwendigkeit einer ad-hoc Vorschau als essentieller Bestandteil jeder funktionalen Suchmaschine trägt nur soweit, wie die Wiedergabe der fremden Informationen für die Vorschau notwendig ist. Der eigens wiedergebende Suchmaschinenbetreiber ist daher nur schutzwürdig, wenn ein angemessener Umfang der Vorschau nicht überschritten wird. Mangels Kenntnis des Suchmaschinenbetreibers von den vermittelten Inhalten im Einzelnen ist die Angemessenheit dabei nicht im Einzelfall, sondern pauschal, d.h. für die Vorschaufunktion im Allgemeinen zu bestimmen. Nach hier vertretener Ansicht sollte der Umfang bei der Websuche ein Snippet von drei Zeilen üblicher Formatierung nicht überschreiten.

Bei der Bildersuche liegt der Fall dahingehend anders, dass eine Vorschau nur schwer ohne die grundsätzlich vollständige Wiedergabe des jeweiligen Bilds denkbar ist. Für die Vorschau auf sehr kleine Bilder (als Grenzwert lässt sich eine Auflösung von 150 x 150 Bildpunkten vertreten) ist es sinnvoll, nur die Anzeige von vertikal, horizontal oder diagonal hälftig geteilten Thumbnails für zulässig zu erachten, um eine funktionale Substitution des Originalbilds auszuschließen. Jenseits dieser Größen erscheint für Thumbnails entsprechend der pauschalen Bestimmung der Angemessenheit des Umfangs von Snippets eine grundsätzlich angemessene Auflösung von bis zu 300 x 300 Bildpunkten überzeugend.

550 S.o. Kapitel 4 A II 2 c) dd) aaa) (1)

c) Regelmäßige Aktualisierung

Der Index der Suchmaschinenbetreiber wird durch die Robots nicht nur erweitert sondern stets nachgebessert[551]. Den Aktualisierungszyklen der Robots sind dabei durch die Ökonomie des Crawling-Aufwands Grenzen gesetzt, so dass die schnelle Aktualisierungsfrequenz enorm frequentierter Zielseiten nicht auch bei kleineren, weniger bekannten Angebote gewährleistet werden kann. Besteht die vom Suchmaschinenbetreiber erstellte Kopie einer Zielseite noch lange nach ihrer inhaltlichen Überholung durch das Original, besteht zwar nicht die Gefahr des Verweisens auf die in dieser Form nicht mehr existente Zielseite, da Sprungziel nicht die angefertigte Kopie, sondern die jeweils aktuelle Version der Zielseite ist[552]. Doch die indexierten, mitunter inhaltlich überholten Kopien dienen als Rohmaterial für die Erstellung von Snippets und Thumbnails, sodass die Vorschau fremde Inhalte wiedergeben kann, die sich auf den Zielseiten tatsächlich nicht mehr finden.

Wird die technisch mögliche und ökonomisch sinnvolle Aktualisierungsfrequenz erheblich überschritten, kann das Auseinanderfallen von Vorschau und Wirklichkeit dazu führen, dass die auf einer Zielseite tatsächlich nicht mehr existenten Inhalte dem Suchmaschinenbetreiber stärker zuzurechnen sind als dem ehemaligen Content-Provider: Dadurch, dass nur noch ersterer den Inhalt im Netz hält und auch kein auf Speicherung gerichteter Wille eines anderen besteht, wie er bei Host-Providern die Zurechenbarkeit hindert, kann auch niemand außer ihm mehr für den Inhalt verantwortlich gemacht werden. Die Aufrechterhaltung einer jeweils angemessenen Aktualisierungsrate ist daher ebenfalls Bedingung der Schutzwürdigkeit von Suchmaschinenbetreibern.

d) Technische Mittel zur Verhinderung von Rechtsverletzungen

Mit der zunehmenden Fähigkeit von Filtersoftware, immer spezifischer definierte Inhalte automatisiert aufzuspüren, liegt es nicht fern, von Suchmaschinenbetreibern den Einsatz technischer Mittel wie eben solcher Filtersoftware zu verlangen[553]. Wenn auch ein vollständiges Ausbleiben von Verweisen auf verletzende Inhalte nicht zu erwarten ist, scheint es mit Rücksicht auf die verletzten Rechtsinhaber angemessen, wenigstens ein Bemühen der Suchmaschinenbetreiber zur Kontrolle ihres Dienstes vorzuschreiben.

Dieser Schein ist aus zwei Gründen trügerisch: Erstens bestünde bei einer reinen Softwarelösung die Gefahr der Unterlassung auch von Verweisen auf

551 Siehe oben, Kapitel 2 B I

552 In dieser Gefahr besteht jedoch ein Teil des beachtlichen Haftungspotential der Archiv-Funktion von Suchmaschinen; vgl. dazu Bahr, JurPC Web-Dok. 29-2002.

553 LG Hamburg MMR 2004, 558; Wohl auch Ruess, GRUR 2007, 198, 201.

rechtmäßige Inhalte als im Verhältnis zu den betroffenen Content-Providern riskanten Kolateralschäden. Zweitens liefe es dem erklärten Ziel sowohl der ECRL als auch des TMG, Intermediäre von allgemeinen investigativen Prüfungspflichten vollständig freizuhalten zuwider, als Privilegierungsvoraussetzung den Einsatz technischer Mittel zur Verhinderung von Rechtsverletzungen zu fordern. Dass eine allgemeine Überwachungspflicht in sehr beschränktem Rahmen durch den Einsatz automatisierter Informationsverarbeitung erfüllt werden kann, rührt nicht an der Grundsatzentscheidung, dem technischen Vermittler lediglich reaktive Prüfung zuzumuten und die Pflicht zur Aufdeckung von Verletzungen beim Rechtsinhaber zu belassen.

Auch soweit zweistufige Kontrollen vorgeschlagen werden, in deren Verlauf zunächst eine Filtersoftware potentiell rechtswidrige Inhalte ermittelt, die daraufhin mit überschaubarem Personalaufwand manuell gesichtet werden[554], ist dem daher entschieden zu widersprechen. Zum einen ist bereits die behauptete Überschaubarkeit des Personalaufwands zweifelhaft, da vollständig abhängig von den Fähigkeiten der Filtersoftware. Zum anderen sind eigene Bestrebungen der Intermediäre zur inhaltlichen Kontrolle der von ihnen vermittelten Informationen weder geboten noch wünschenswert. Zu recht erfassen sowohl die gegenwärtig bestehenden, als auch die vorgeschlagenen Privilegierungen ausschließlich diejenigen Intermediäre, die ihre technische neutrale Vermittlerrolle gerade nicht verlassen.

Von der Beschränkung auf reaktive Prüfungspflichten nicht erfasst sind Überwachungspflichten in spezifischen Fällen[555], sodass eine Anordnung des Einsatzes technischer Mittel zur Verhinderung von solchen Rechtsverletzungen, die Gegenstand spezifischer Überwachungspflichten sind, mit der ECRL vereinbar ist. Da allerdings spezifische investigative Prüfungspflichten für Betreiber von Suchmaschinen in jedem Fall unzumutbar sind[556], erübrigt sich die Anordnung des Einsatzes von technischen Mitteln zur Verhinderung auch solcher Rechtsverletzungen[557].

2: Keine Kenntnis der Rechtswidrigkeit

Die Distanz, die ein Intermediär aufgrund der technisch-neutralen Natur seiner Tätigkeit zum vermittelten Inhalt hat, wird mit der Kenntnis des Intermediärs

554 Federrath, ZUM 1999, 177, 179; Leupold, MMR 2004, 315, 319; zweifelnd Rath, Suchmaschinenrecht S. 375 f.; 374.; Ernst, ZUM 2004, 831, 837; Hoeren, MMR 2004, 643, 646.

555 s. dazu oben. Kapitel 4 A II 2 c) dd) bbb) (4)

556 S.o. Kapitel 4 A II 2 c) dd) bbb) (3) (b)

557 aA Rath, Suchmaschinenrecht S. 369.

von der Rechtswidrigkeit des vermittelten Inhalts bedeutungslos. Erfüllt ein Intermediär die technischen Voraussetzungen der Schutzwürdigkeit, bedeutet dies, dass bei regelmäßigem Betrieb seines Dienstes weder Kenntnis von einzelnen Inhalten entsteht, noch aus eigener Initiative solche begründet werden muss. Erlangt er trotzdem positive Kenntnis nicht nur eines vermittelten Inhalts, sondern auch von dessen Rechtswidrigkeit, so erlischt seine Schutzwürdigkeit, da nunmehr wissentlich an einem rechtswidrigen Verhalten mitgewirkt wird. An die positive Kenntnis der Rechtswidrigkeit vermittelter Inhalte sind dabei strenge Anforderungen zu stellen. Erforderlich ist, dass der Berechtigte einen Titel gegen den unmittelbaren Verletzer erwirkt hat. Alles andere käme der Anordnung rechtlicher Prüfungspflichten gleich. Solche sind jedoch nur auf die Ermittlung offensichtlicher Rechtswidrigkeit ab tatsächlicher Kenntnis der Inhalte beschränkt, und führen bei ihrer Verletzung nicht zu unmittelbarer Täter-, sondern zur rechtsfolgenbeschränkten Störerhaftung.

Es besteht wie schon festgestellt weder Pflicht noch Obliegenheit für Suchmaschinenbetreiber, Kenntnis von der Existenz konkreter Inhalte zu erlangen, die den Anknüpfungspunkt für eine rechtliche Evidenzprüfung darstellt. Solche Kenntnis kann einem Suchmaschinenbetreiber jedoch nicht nur durch den eine Verletzung zu rügen Berechtigten verschafft werden, sondern vom Suchmaschinenbetreiber selbst freiwillig und zu seinem eigenen Nachteil durch überobligatorische Monitoring-Maßnahmen herbeigeführt werden. Das bedeutet, dass ein Diensteanbieter, der zum Schutze der Rechtsinhaber sein Vermittlungsangebot freiwillig auf Verletzungen durchforstet, durch seine so erworbene Kenntnis strenger haftet als ein ansonsten vergleichbarer, aber untätiger Diensteanbieter. Diese strengere Haftung des Bemühten wird für die Intermediäre der §§ 8 - 10 TMG mitunter als falscher Anreiz zur Untätigkeit kritisiert[558], doch dem kann nach hier vertretener Ansicht nicht gefolgt werden. Dass die tatsächliche Kenntnis von konkreten, vermittelten Inhalten Prüfungspflichten zur Folge hat, und positive Kenntnis oder grob fahrlässige Unkenntnis der Rechtswidrigkeit eines vermittelten Inhalts Haftung des Vermittlers auslöst, ist wertungsmäßig nicht zu beanstanden. Der vermeintlich falsche Anreiz zum Unterlassen inhaltlicher Kontrollen ist jedoch vielmehr ein effizienter Anreiz für Diensteanbieter iSd §§ 8 - 10 TMG, ihre rein technische und dadurch neutrale Vermittlungstätigkeit nicht zu verlassen. Inhaltliche Kontrolle ist gerade nicht ihre Aufgabe und soll es zum Schutz ihrer Geschäftsmodelle auch nicht werden. Dass eine durch eigene Monitoring-Maßnahmen erlangte Kenntnis oder grob fahrlässige

558 Holznagel, GRUR Int. 2007, 971, 975 mwN; BT-Drs. 16/13278, S. 3; Stellungnahme der Bitkom, S. 8 - abrufbar unter http://www.bitkom.org/files/documents/Stellungnahme_ BITKOM_TMG_28_08_06.pdf

Unkenntnis der Rechtswidrigkeit vermittelter Inhalte die Haftungsprivilegierung hinsichtlich dieser Inhalte ausschließt, ist deshalb nur konsequent.

3: Kein unmittelbares finanzielles Profitieren

Die Schutzwürdigkeit von Suchmaschinenbetreibern speist sich zum Teil aus der enormen Menge der vermittelten Inhalte und der damit verbundenen Schwierigkeit einer Kontrolle. Dieses Argument entspringt jedoch selbst dem Grunde nach der Sozialmeritorik des Dienstes und verfängt darum nur, soweit an den vermittelten Inhalten nicht unmittelbar profitiert wird, da andernfalls die Vermittlung jedes einzelnen Inhalts weniger im Interesse der Allgemeinheit, als vielmehr allein im eigenen finanziellen Interesse des Suchmaschinenbetreibers liegt[559].

Wenn die Vermittlung von Inhalten eine entgeltliche Leistung des Vermittlers darstellt, ist diesem eine Kontrolle der vermittelten Inhalte zumutbar, da er unmittelbar von rechtswidrigen Aktivitäten seiner Vertragspartner profitiert. Es ist deshalb Bedingung der Schutzwürdigkeit von Suchmaschinenbetreibern, dass von den vermittelten Fremdinhalten nicht unmittelbar profitiert wird.

Sowohl die im Rahmen von entgeltlichem Paid-Listing oder Keyword-Advertising verlinkten Inhalte, als auch die entsprechenden Snippets sind auf diese Weise von der Privilegierung ausgenommen. Der über die allgemeine Werbefinanzierung vermittelte Zusammenhang zwischen dem die Attraktivität der Suchmaschine mitbestimmenden Umfang des natürlichen Index und den Einnahmen aus entgeltlichem Keyword-Advertising reicht dagegen nicht aus, um die Privilegierung entfallen zu lassen.

4: „Notice-and-take-down“

Art. 13 und 14 der ECRL sehen für die Haftung von Cache- und Host-Providern als eine von mehreren Voraussetzung der jeweiligen Privilegierung vor, dass die Diensteanbieter ab Kenntnis von rechtswidrigen Inhalten „zügig handeln“, um diese Inhalte zu entfernen bzw. zu sperren. Die §§ 9 und 10 TMG haben diesen Mechanismus, der zuweilen als „Notice-And-Take-Down“ Mechanismus bezeichnet wird[560], ins deutsche Recht übertragen. Die Bezeichnung ist jedoch missverständlich und sollte vermieden werden. Das echte „Notice-And-Take-Down“ System (kurz NTD) ist eine dem „Digital Millennium Copyright Act“ (DMCA) des US-amerikanischen Rechts entstammende Kon-

---

559 S.o. Kapitel 4 A II 2 c) dd) aaa) (1) sowie Kapitel 5 C I 1

560 So etwa Ensthaler / Heinemann WRP 2010, 309, 314 mit Verweis auf den die gleiche Wortwahl treffenden Härting, Internetrecht Rn 1715 f.

struktion zur Auflösung der Zwickmühle der technischen Informationsvermittler im Internet und unterscheidet sich grundlegend von dem in der ECRL vorgesehenen und im TMG umgesetzten System. Der Ruf nach einem (echten) NTD im deutschen Recht ist wiederholt laut geworden[561], Art. 21 Abs. 2 der ECRL denkt laut über seine Implementierung nach und tatsächlich besitzt das System gewisses Potential zur Lösung der problematischen Lage von Intermediären im Internet. Es werden deshalb in Folge zunächst die Ansätze des NTD und des Systems der ECRL bzw. des TMG gegenübergestellt, und anschließend die Vorteilhaftigkeit der Einführung eines NTD ins deutsche Recht untersucht.

a) NTD nach US-amerikanischem Recht

Dem Prinzip des NTD liegt die Entscheidung zugrunde, dass die rechtliche Prüfung von Inhalten auf deren Rechtswidrigkeit nicht den vermittelnden Intermediären obliegt, sondern den Rechtsinhabern, die in ihrem eigenen Interesse selbst zu wissen haben, ob ihr Recht verletzt ist. Da der eigentliche Konflikt zwischen dem Content-Provider der als verletzend gerügten Inhalte und dem Rechtsinhaber besteht, soll auch die Lösung des Konflikts zwischen diesen Parteien betrieben werden. Der Intermediär dagegen soll auch im Konfliktfall seine Neutralität bewahren, indem ihm die Möglichkeit eröffnet wird, sich durch zweiseitiges, vermittelndes Kooperieren in der Konfliktlösung eine rechtssichere Position (in der US-amerikanischen Terminologie der so genannte „Safe Harbor“ [engl. = Sicherer Hafen]) zu verdienen.

Dazu wird eine gesetzliche Infrastruktur für Abgabe und Empfang inhaltlich genormter Beschwerden („Notice“) geschaffen[562]. Sieht sich ein Rechtsinhaber durch einen von einem Intermediär vermittelten Inhalt verletzt, kann er diese Infrastruktur nutzen, um dem Intermediär gegenüber die qualifizierte Behauptung der Rechtsverletzung aufzustellen. Qualifiziert deshalb, weil Bestandteil der Beschwerde eine eidesstattliche Versicherung der Redlichkeit und Gewissenhaftigkeit des Beschwerdestellers ist. Wird eine formell vollständige Beschwerde beim Intermediär gestellt, hat dieser die Möglichkeit (nicht notwendig die Pflicht[563]), die beschwerdegegenständlichen Inhalte umgehend aus seiner Vermittlungstätigkeit zu entfernen („Take Down“). Er entfernt sie dann

561 Vgl. Stellungnahme der Bitkom, S. 9 f. - abrufbar unter http://www.bitkom.org/files/documents/ Stellungnahme_BITKOM_TMG_28_08_06.pdf

562 Die Beschwerde muss enthalten: Nachvollziehbare Substanziierung der Berechtigung sowie der Verletzung im konkreten Fall, Versicherung der Redlichkeit und Gewissenhaftigkeit des Beschwerdestellers.

563 Zu den sog. „Red Flags“ sogleich unter, c) bb)

zunächst für einen festgelegten Zeitraum[564] und sendet dem Content-Provider der gesperrten Inhalte eine entsprechende Benachrichtigung. Der Content-Provider kann sich dann durch einen ebenfalls genormten Widerspruch („Counter-Notice“) gegen die Sperrung zur Wehr setzen, den der Intermediär an den Rechtsinhaber weiterleitet. Erfolgt eine Counter-Notice, muss nach Ablauf der 10 Tage die Entfernung / Sperrung rückgängig gemacht werden („Put-Back“), sofern nicht der Beschwerdeführer ins einstweilige oder streitige Urteilsverfahren eintritt[565].

Das Einhalten des Prozedere um Entfernung und Benachrichtigung auf eine formell vollständige Beschwerde hin bewirkt für den Intermediär zweierlei: Erstens ist - die Erfüllung der übrigen Tatbestandsmerkmale der Privilegierungsnorm vorausgesetzt - seine Haftung gegenüber dem Rechtsinhaber wegen der Vermittlung der möglicherweise rechtsverletzenden Inhalte ausgeschlossen. Zweitens ist auch seine Haftung gegenüber dem Content-Provider wegen einer möglicherweise unrechtmäßigen Entfernung von dessen Inhalten ausgeschlossen.

Dem Intermediär wird so ermöglicht, sich in Reaktion auf formell korrekte Beschwerden ohne eine mit dem Risiko ihres Fehlgehens behaftete rechtliche Prüfung in eine vollständig rechtssichere Position („Safe Harbor“) zu begeben. Der Charme des NTD liegt deshalb darin, dass sich der behauptete Verletzte direkt mit dem behaupteten unmittelbaren Verletzer auseinandersetzen muss, während der Diensteanbieter auch in der Haftungsfrage so neutral gestellt wird, wie es seiner Rolle als technischem Vermittler entspricht.

b) Das System von ECRL und TMG

Das von ECRL und TMG für Host-Provider vorgesehene System hat mit dem NTD gemein, dass durch eine Voraussetzung der Haftungsprivilegierung an der gesetzlich geregelten negatorischen Haftung vorbei ein Anreiz für die außergerichtlich betriebene Beseitigung und Unterlassung geschaffen wird. Diese Beseitigung und Unterlassung ist nach beiden Systemen nicht Pflicht, sondern bloße Obliegenheit im eigenen Interesse der Auslösung der Privilegierung:

§ 9 S. 1 Nr. 5 TMG setzt als Voraussetzung der Privilegierung von Cache-Providern fest, dass diese „unverzüglich handeln, um [...] Informationen zu entfernen [...] sobald sie Kenntnis davon erhalten haben, dass die Informationen am ursprünglichen Ausgangsort der Übertragung aus dem Netz entfernt wurden oder der Zugang zu ihnen gesperrt wurde oder ein Gericht oder eine Verwaltungsbehörde die Entfernung oder Sperrung angeordnet hat“.

564 10 Tage im US-amerikanischen Recht, vgl § 512 (g) (2) (B) des Copyright Act.
565 vgl § 512 (g) (2) (C) des Copyright Act.

§ 10 S. 1 TMG verlangt, dass Host-Provider unverzüglich tätig werden, um Informationen zu sperren, sobald sie entweder positive Kenntnis „von der rechtswidrigen Handlung oder der Information“, oder im Falle von Schadensersatzansprüchen grob fahrlässige Unkenntnis der Rechtswidrigkeit dieser Information haben.

Im Vergleich zum NTD sieht das Modell von ECRL und TMG also weder eine Standardisierung des Modus der Kenntnisnahme vor, noch eine Privilegierungswirkung im Verhältnis zum Provider des gesperrten Contents.

c) Pro und Contra der Einführung eines NTD

aa) Zweiseitige Privilegierungswirkung

Nach dem System von ECRL und TMG scheint sich das vermeintliche Geschenk der Haftungsprivilegierung hinsichtlich der Vermittlungstätigkeit als teuer erkauft herausstellen zu können: Sperrt ein Host-Provider auf eine Abmahnung hin nach § 10 S. 1 Nr. 2 TMG einen vermittelten Inhalt, kann sich der gesperrte Inhalt a posteriori als rechtmäßig erweisen, was zu einer wettbewerbs- oder kartellrechtlichen Haftung gegenüber dem jeweiligen Content-Provider führen kann. Diese Gefahr für den infolge einer Abmahnung sperrenden Intermediär entsteht, indem ECRL und TMG zum Ausschluss der Privilegierung für Host-Provider auf „die Kenntnis der rechtswidrigen Informationen oder Handlungen“ abstellen[566]. Diese Formulierung lässt die Lesart zu, dass lediglich die Informationen oder Handlungen bekannt sein müssen, nicht aber deren Rechtswidrigkeit[567]. Bei einem solchen Verständnis des Gesetzes müsste auch bei nicht unmittelbar erkennbarer Rechtswidrigkeit der Informationen unverzüglich beseitigt werden, um in den Genuss der Privilegierung zu kommen, sodass beträchtliche Unsicherheit hinsichtlich der Rechtmäßigkeit der Beseitigungshandlung, und damit auch erhöhtes Prozessrisiko im Verhältnis zum Provider der gesperrten Informationen bestehen könnte.

Eine zweiseitige Privilegierung schutzwürdiger Intermediäre ist jedoch der überlegene Ansatz und die einzig überzeugende Regelungsvariante, denn nur sie verschafft ihren Adressaten Rechtssicherheit. Eine Privilegierung darf kein trojanisches Pferd werden und an anderer Stelle gerade die umfassende rechtliche Prüfung von Inhalten notwendig machen, deren Ausschluss ihr Anliegen ist. Einzig überzeugend ist deshalb, die „Kenntnis von der rechtswidrigen Handlung oder der Information“ im Sinne des § 10 S. 1 TMG als Kenntnis

566 Art. 14 Abs. 1 a), b) ECRL bzw. § 10 S.1 Nr. 1, Nr. 2 TMG.
567 Dazu schon oben, Kapitel 3 C III 4 b) bb).

auch der Rechtswidrigkeit zu verstehen. Es ist nicht zu erklären, warum der Richtliniengeber sein Augenmerk einseitig auf das Verhältnis zwischen Intermediären und durch vermittelte Inhalte verletzte Rechtsinhaber hätte legen, und damit eine von zwei Seiten der gleichen Problematik hätte ignorieren sollen.

Das System der ECRL belässt Host-Provider deshalb tatsächlich nicht in ihrer von zweierlei Prozessrisiko geprägten Zwickmühle, sondern schützt sie im Ergebnis ebenso im gebotenen zweiseitigen Umfang wie das NTD. Es zwingt jedoch zur Inkaufnahme des Wertungswiderspruchs einer robusteren Privilegierung von Host-Providern gegenüber negatorischen Ansprüchen als gegenüber solchen auf Schadensersatz. Das NTD bringt keinen derartigen Wermutstropfen mit sich, da es Intermediäre explizit auch im Verhältnis zum Content-Provider privilegiert und keinerlei Sonderbestimmung für Schadensersatzansprüche vorsieht. Das ist indes nicht etwa ein Argument für die Einführung eines NTD, sondern legt die Schwäche der Wendung „im bezug auf Schadensersatzansprüche" bzw. „im Falle von Schadensersatzansprüchen" in Art. 14 Abs. 1 a) ECRL respektive § 10 S. 1 Nr. 1 TMG offen. Sie ist schlicht unsinnig, schwächt eine ansonsten durchaus taugliche Regelung und sollte gestrichen werden.

bb) Wertungsmäßige Kompatibilität mit deutschem Recht

Die in Literatur und Rechtsprechung zum deutschen Deliktsrecht, insbesondere zur Störerhaftung zu recht überwiegend vertretene Entscheidung, an die tatsächliche Kenntnis konkreter Inhalte rechtliche Prüfungspflichten zu knüpfen, scheint sich nur schwer mit dem Grundsatz des NTD zu vertragen, Intermediäre frei von rechtlichen Prüfungspflichten zu halten. Doch der Schein trügt, denn dieser Grundsatz der Freiheit der Intermediäre von rechtlichen Prüfungspflichten darf nicht ernster genommen werden als er tatsächlich gemeint ist.

Auch nach dem US-amerikanischen System der Privilegierung führt die Kenntnis konkreter Inhalte zu einer eingeschränkten rechtlichen Prüfungspflicht des Intermediärs: Voraussetzung der US-amerikanischen Privilegierungsnorm für Suchmaschinenbetreiber ist unter anderem das Fehlen von positiver Kenntnis[568] oder grob fahrlässiger Unkenntnis[569] der Rechtswidrigkeit von konkret bekannten Inhalten. Grob fahrlässige Unkenntnis soll beim Vorliegen von so genannten „Red Flags" gegeben sein: Umständen, die das

---

568 § 512 (d) (1) (a) des Copyright Act: „does not have actual knowledge that the material or activity is infringing".

569 § 512 (d) (1) (b) des Copyright Act: „in the absence of such actual knowledge, is not aware of facts or circumstances from which infringing activity is apparent".

Vorliegen einer Rechtsverletzung offensichtlich machen. Auch wenn eine „Notice“ zunächst einmal nur Kenntnis von der Beschwerde selbst, nicht aber von ihrer Begründetheit verschafft, kann sie dem Intermediär dennoch im Einzelfall Umstände mitteilen, angesichts derer die Rechtswidrigkeit der monierten Inhalte nicht ohne grobe Fahrlässigkeit übersehen werden kann[570]. Um aber solche „Red Flags“ zu erkennen, muss überhaupt erst eine Prüfung auf diese Offensichtlichkeitsmomente stattfinden. Der Grundsatz der Freiheit der Intermediäre von rechtlichen Prüfungspflichten ist folglich nicht absolut. Tatsächlich besteht eine Obliegenheit zur Kontrolle (aufgrund formell korrekter „Notice“[571] oder eigenem Monitoring bekannt gewordener) konkret problematischer Inhalte auf deren offensichtliche Rechtswidrigkeit.

Zugestanden haftet der Formulierung der „Prüfung auf offensichtliche Rechtswidrigkeit“ etwas Oxymoronisches an, da Offensichtlichkeit dadurch bestimmt ist, dass ihr Gegenstand sich gerade von selbst aufdrängt. Die Kenntnis eines Umstands führt bei Offensichtlichkeit der ihm anhaftenden Eigenschaft ohne Umwege zu Kenntnis oder grob fahrlässiger Unkenntnis der Eigenschaft, abhängig vom Vorliegen außergewöhnlicher Unverständigkeit. Wenn man als „Prüfung“ das Vornehmen einer gewissen Anstrengung zur Feststellung einer Tatsache verstehen möchte, lässt sich darüber streiten, ob eine Evidenzprüfung eine echte rechtliche Prüfung genannt werden kann. An der Realität des NTD ändert dieser Streit um Worte dabei nichts. Ab Kenntnis oder grob fahrlässiger Unkenntnis der Rechtswidrigkeit von vermittelten Informationen ist die Haftung nach den allgemeinen Gesetzen eröffnet.

Die Einführung eines NTD wäre folglich mit den zur Störerhaftung vertretenen Wertungen ohne Probleme vereinbar, da auch dem NTD die Beschränkung der Tiefe rechtlicher Prüfungen auf offensichtliche Verletzungen zugrunde liegt.

cc) Umfassende Privilegierungswirkung

Bei Einführung eines NTD kann die zivilrechtliche Wirkung der entsprechenden Privilegierungen ohne Weiteres umfassend verstanden werden, woraus sich für privilegierungsfähige Provider ein substanzieller Zuwachs an

---

570 Holznagel, GRUR Int 2007, 971, 978 mwN.

571 § 512 (c) (3) (B) (i) des Copyright Act bestimmt, dass jede Anzeige einer behaupteten Verletzung durch Berechtigte, die nicht die formellen Voraussetzungen einer „notice“ entpricht, nicht bei der Bestimmung der Kenntnis oder grob fahrlässigen Unkenntnis des ISP im Rahmen der „contributory liability“ zu berücksichtigen ist. Damit begrenzt der Gesetzgeber die Wege der Kenntniserlangung auf zwei: Die formell korrekte „notice“ und eigene Monitoring-Maßnahmen.

Rechtssicherheit ergibt[572]: Sind de lege lata privatrechtliche Beseitigungs- und auch Unterlassungsansprüche gegen Intermediäre notwendig, um den Interessenkonflikt zwischen Intermediär und verletztem Rechtsinhaber gerecht zu lösen[573], ändert sich das durch die Einführung eines NTD. Besteht nämlich eine gesetzlich genormte Infrastruktur zur beschleunigten außergerichtlichen Beseitigung von Störungen, verlieren die auf Beseitigung und Unterlassung gerichteten Anspruchsgrundlagen der allgemeinen Gesetze an Bedeutung: Um einen Intermediär für diese Anspruchsgrundlagen angreifbar zu machen, muss sich der Verletzte des NTD bedienen. Erfüllt der Intermediär daraufhin seine Rolle im NTD, ist er - vorbehaltlich der offensichtlichen Rechtswidrigkeit der beschwerdegegenständlichen Informationen - zweiseitig privilegiert, bis der Verletzte einen Titel gegen den unmittelbaren Verletzer erlangt, der dem Intermediär positive Kenntnis der Rechtswidrigkeit der Informationen verschafft und so dessen Privilegierung aufhebt. Dem Interesse des Verletzten an negatorischem Rechtsschutz ist dabei durch die zumindest vorübergehende Sperrung der Informationen im Rahmen des NTD ausreichend Rechnung getragen. Entscheidet sich der Intermediär jedoch, nicht im Rahmen des NTD zu kooperieren, entfällt seine Privilegierung ohne Weiteres, sodass die Frage nach ihrer Reichweite keine Bedeutung erlangt.

dd) „Chilling Effects"

NTD und das System der ECRL zur Verflechtung von negatorischer Inanspruchnahme des Intermediärs und Privilegierungstatbestand haben unterschiedliche Ausgangssituationen. Während Art. 15 ECRL bzw. § 10 TMG in der jeweils einzig sinnvollen Deutungsvariante davon ausgehen, dass die Rechtswidrigkeit des vermittelten Inhalts entweder feststeht oder offensichtlich ist, ist diese bei Erhebung einer „Notice" im Sinne des NTD lediglich behauptet, also objektiv ungeklärt. NTD greift also auf dem Weg von der Verletzung zum Rechtsfrieden potentiell früher ein, indem die Rechtswidrigkeit des vermittelten Inhalts - sofern sie nicht offensichtlich ist - nicht erst im (vorläufigen oder Haupt-) Verfahren gegen den unmittelbaren Verletzer festgestellt werden muss, bevor negatorisch gegen den Intermediär vorgegangen werden kann. Das hat eine gewisse Entlastung der Gerichte zufolge, kommt jedoch nicht ohne seinen Preis: Durch die Einbeziehung des behaupteten Verletzers im Rah-

---

572 § 512 (j) des Copyright Act nimmt „injunctions" (Gerichtliche Anordnungen, die auf nicht-monetäre Erfolge gerichtet sind) von der Privilegierungswirkungen ohne Not aus. Diese Ausnahme ist jedoch bislang ohne praktische Relevanz geblieben, was für ihre Verzichtbarkeit spricht, vgl. Holznagel, GRUR Int. 2007, 971, 979.

573 S.o. Kapitel 3 C III 4 b)

men seiner Mitwirkung durch das Einlegen einer „Counter Notice“ wird ihm außerhalb eines Gerichtsverfahrens die Entscheidung abgenötigt, ob er seine Position verteidigt und dem Beschwerdeführer „den Ball zurückspielt“, oder sich mit der Sperrung durch den Intermediär abfindet. Diese Entscheidung ist Einfallstor für so genannte „Chilling Effects“:

Als „Chilling Effects“ werden Anreize zum Verzicht auf rechtmäßiges Tun im Angesicht einer tatsächlichen, häufiger aber rechtlichen Unsicherheit bezeichnet. Bei der Auswertung der praktischen Anwendung des US-amerikanischen NTD im Rahmen des DMCA ist Kritik daran laut geworden, dass einer großen Zahl maschinell erstellter, inhaltlich zweifelhafter Notices eine sehr geringe Zahl von Counter-Notices gegenübersteht[574]. Die Weiterleitung der Notice in Verbindung mit der Mitteilung der Sperrung scheint also einen starken Einschüchterungseffekt auf die Empfänger zu haben. Soweit daher zur Verbesserung des NTD eine Aufklärung der betroffenen Content-Provider über die Möglichkeit der Counter-Notice gefordert wird[575], ist das nachvollziehbar.

Das von der ECRL für Host-Provider vorgesehene System vermeidet derartige Effekte schon im Ansatz, da der Intermediär zum Erhalt seiner Privilegierung nur sperren muss, wenn die Rechtswidrigkeit entweder bereits judikativ festgestellt worden, oder offensichtlich ist. Der Content-Provider ist in diesem Fall nicht behaupteter, sondern tatsächlich Verletzer, sodass nicht die Gefahr eines Verzichts auf rechtmäßiges Tun besteht.

dd) Gefährdung der Kommunikationsfreiheiten

Indem die Beseitigung von formell korrekt behaupteten Störungen zur Voraussetzung der Haftungsprivilegierung wird, macht das NTD die Entfernung von beanstandeten Inhalten durch den Diensteanbieter an der gesetzlichen Unterlassungshaftung vorbei zu dessen eigenem Interesse. Ein allzu dienstfertiges Korrespondieren mit Sperrungsanforderungen hätte jedoch gerade im Äußerungsrecht bedenklich freiheitsfeindliche Auswirkungen. Denn selbst bei späterem pflichtgemäßem Wiedereinstellen von gesperrten Inhalten auf eine „Counter-Notice“ hin sind die betroffenen Inhalte zunächst einmal blockiert.

Eine solche Wirkung steht nach dem System der ECRL nicht zu befürchten, denn die Privilegierung nach Art. 14 ECRL bzw. § 10 TMG entfällt nur, wenn die Rechtswidrigkeit eines vermittelten Inhalts feststeht oder offensichtlich ist. Da das Urteil der Rechtswidrigkeit eines Inhalts notwendig voraussetzt dass kein überwiegender Schutz durch Grundrechte besteht, ist durch eine

574 Vgl. Holznagel, GRUR Int. 2007, 971, 982 f. mit umfangreichen Nachweisen.
575 Holznagel aaO.

Sperrung nach dem Modell des § 10 TMG keine Beschneidung der Kommunikationsfreiheiten zu erwarten.

ee) Missbrauchspotential

Der Effekt der zumindest vorübergehenden Blockierung ist nicht nur eine Gefahr für die praktische Geltung der Kommunikationsfreiheiten, sondern kann ebenso durch bewusst unwahre, kalkuliert geschäftsschädigende Beanstandungen etwa seitens Konkurrenten der beschuldigten Content-Provider ausgenutzt werden. Dieser Missbrauchsproblematik kann nur durch eine strenge Haftung für den vorsätzlichen oder fahrlässigen Missbrauch des NTD entgegengewirkt werden. Den dogmatischen Rahmen für eine solche Missbrauchshaftung bieten § 826 BGB sowie § 823 Abs. 1 BGB über die Fallgruppe des Eingriffs in das Recht am eingerichteten und ausgeübten Gewerbebetrieb. Diese Möglichkeit zum Gegensteuern schwächt die Kraft des Missbrauchspotentials als Argument gegen die Einführung eines NTD zumindest ab, kann die begründeten Bedenken aber nicht restlos zerstreuen.

d) Ergebnis zum NTD

Auch bei bedachtsamer Normierung eines NTD-Mechanismus überwögen dessen Nachteile den Gewinn: Es entstünde sowohl eine bislang nicht bestehende Missbrauchsgefahr, als auch das Risiko von „Chilling Effects“. Darüber hinaus stünde ein freiheitsfeindliches Sperrverhalten der Intermediäre zu befürchten. Die durch ein NTD eintretende Verbesserung der Rechtsschutzmöglichkeiten von Rechtsgutsinhabern in Ansehung von durch Intermediäre vermittelten Verletzungen vermag die Inkaufnahme dieser Gefahren nicht zu rechtfertigen. Die Kombination von negatorischer Evidenzhaftung der Intermediäre und vorläufigem Rechtsschutz gegen die unmittelbaren Verletzer ist zum Schutze der Rechtsgutsinhaber ausreichend, zumal ein im Verhältnis zum unmittelbaren Verletzer erwirkter Titel Kenntnis des Intermediärs von der Rechtswidrigkeit der vermittelten Inhalte zu begründen geeignet ist.

Ein NTD sollte daher weder für Suchmaschinenbetreiber oder Hyperlinksetzer, noch für die Provider-Trias der ECRL eingeführt werden. Doch auch dem Modell der ECRL zur Verflechtung von negatorischer Inanspruchnahme des Intermediärs und Privilegierungstatbestand ist zumindest teilweise, nämlich hinsichtlich der Sonderregelung für Schadensersatzansprüche, eine Absage zu erteilen. Es wäre zu begrüßen, wenn sich der Richtliniengeber sich in künftigen Fassungen der ECRL dieser Formulierung begäbe.

II: Normvorschlag: Einfügung eines § 10a TMG

§ 10a Instrumente zur Lokalisierung von Informationen

(1) Diensteanbieter sind für fremde Informationen, auf die sie mittels Hyperlink in Reaktion auf eine Nutzeranfrage verweisen, sowie für die Erstellung der den Verweisen zugrundeliegenden Datenbanken nicht verantwortlich, sofern sie

1. den Verweis und die ihm zugrundeliegende Datenbank ohne inhaltliche Kenntnisnahme automatisiert erstellt haben,

2. keine positive Kenntnis der Rechtswidrigkeit von Informationen haben, auf die sie verweisen,

oder

unverzüglich tätig geworden sind, um den Verweis auf die Information zu sperren, sobald sie diese Kenntnis erlangt haben,

3. die den Verweisen zugrundeliegenden Datenbanken mit angemessener Regelmäßigkeit aktualisieren,

und

4. nicht unmittelbar finanziell an den Verweisen profitieren.

(2) Diensteanbieter im Sinne des Abs. 1 sind für fremde Informationen, die sie zur Beschreibung eines Verweises in Wort oder Bild wiedergeben, nicht verantwortlich, sofern

1. sie die Beschreibung ohne inhaltliche Kenntnisnahme automatisiert erstellt haben,

2. sie keine positive Kenntnis der Rechtswidrigkeit wiedergegebener Informationen haben,

oder

unverzüglich tätig geworden sind, um die Wiedergabe der Informationen zu sperren, sobald sie diese Kenntnis erlangt haben,

3. sie die den Beschreibungen zugrundeliegenden Datenbanken mit angemessener Regelmäßigkeit aktualisieren,

4. sie nicht unmittelbar finanziell an den Beschreibungen oder den Verweisen profitieren,

und

5. das zur Beschreibung des Verweises angemessene Ausmaß nicht überschritten wird.

(3) Die Absätze 1 und 2 finden keine Anwendung, wenn der Diensteanbieter absichtlich mit einem Anbieter von Informationen zusammenarbeitet, um rechtswidrige Handlungen zu begehen, oder der Anbieter dem Diensteanbieter untersteht oder von ihm beaufsichtigt wird.

Kapitel 6: Zusammenfassung der wichtigsten Thesen

Rechtliche Einordnung des Suchmaschinenbetriebs:

Der Betrieb von Suchmaschinen stellt Rundfunk im Sinne des Art. 5 Abs. 1 S. 2 GG[576], nicht jedoch Rundfunk im Sinne des RStV dar[577].

Die Reichweite der Privilegierungen der §§ 8 - 10 TMG nach § 7 Abs. 2 TMG erfasst weder Beseitigungs-, noch Unterlassungsansprüche[578].

Die §§ 8 - 10 TMG sind weder direkt noch analog auf die Websuche anwendbar[579]. Keyword-Advertising hingegen fällt als Form des Hosting unter § 10 TMG[580].

Haftung für verlinkte Inhalte

Urheber- und markenrechtliche Täterhaftung von Suchmaschinenbetreibern für im Rahmen der Websuche verlinkte Inhalte kommt nicht in Betracht[581].

Äußerungsrecht

Anders als für ein „Behaupten" ist die Rechtswidrigkeit eines „Verbreitens" nicht indiziert, sondern anhand einer umfassenden Interessenabwägung positiv festzustellen[582].

576 Vgl. Kapitel 3 A I
577 Vgl. Kapitel 3 C I
578 Vgl. Kapitel 3 C III 4 b)
579 Vgl. Kapitel 3 C III 4 f), g)
580 aaO
581 Vgl. Kapitel 4 A I
582 Vgl. Kapitel 4 A I 1 a)

Der Verbreiterbegriff ist restriktiv auszulegen: „Technische Verbreiter“ sind aufgrund ihrer grundsätzlichen intellektuellen Distanz zum vermittelten Inhalt keine Täter im Sinne der Verbreiterhaftung. Sie haften lediglich als Störer[583].

Wettbewerbsrecht

Die fehlgehende Konstruktion der Haftung wegen Verletzung wettbewerbsrechtlicher Verkehrspflichten ist abzulehnen. Auch wettbewerbsrechtlich haften Suchmaschinenbetreiber daher als Störer[584].

Störerhaftung

Zumutbar im Sinne der Störerhaftung sind für Suchmaschinenbetreiber lediglich rechtliche Prüfungspflichten ab Kenntnis eines konkreten Verstoßes. Die rechtliche Prüfung beschränkt sich dabei auf die Ermittlung offensichtlich rechtswidriger Inhalte[585].

Investigative Prüfungspflichten bestehen nicht[586].

Haftung für Snippets

Für in Snippets enthaltene Rechtsverletzungen haften Suchmaschinenbetreiber grundsätzlich als Störer mit den für verlinkte Inhalte geltenden Einschränkungen[587].

Urheberrechtliche Täterhaftung von Suchmaschinenbetreibern für die Darstellung von Snippets im Rahmen der Websuche wird häufig an der Schutzfähigkeit des wiedergegebenen Werkteils scheitern. In den immerhin denkbaren anderen Fällen schützt die gebotene analoge Anwendung der Urheberrechtsschranke des § 12 Abs. 2 UrhG auf Snippets Suchmaschinenbetreiber nicht vollständig, aber doch weitgehend vor einer Täterhaftung[588].

---

583 Vgl. Kapitel 4 A I 1 a) bb)
584 Vgl. Kapitel 4 A III 6
585 Vgl. Kapitel 4 A II 2 c) dd) aaa) (1)
586 Vgl. Kapitel 4 A II 2 c) dd) bbb)
587 Vgl. Kapitel 4 B III 3
588 Vgl. Kapitel 4 B IV 3 d)

Haftung für Keyword-Advertising

Täterhaftung

Das Anbieten von markenrechtlich geschützten Begriffen als Keywords durch Suchmaschinenbetreiber stellt weder eine markenrechtliche Benutzungshandlung, noch eine Beteiligung an einer solchen dar. Markenrechtliche Täterhaftung besteht daher nicht[589].

Der markenrechtliche Benutzungsbegriff des EuGH ist grundsätzlich tauglich, hat jedoch erheblichen Gehalt der einzelnen markenrechtlichen Verletzungstatbestände absorbiert. Eine dogmatische Bereinigung des Benutzungsbegriffs ist deshalb überzeugend[590].

Bei nicht hinreichender Kennzeichnung kommerzieller Suchergebnisse droht wettbewerbsrechtliche Täterhaftung nach §§ 3 Abs. 1, 4 Nr. 3, Nr. 11 UWG[591].

Störerhaftung

Suchmaschinenbetreibern ist eine umfassende rechtliche Prüfung konkret bekannter Keyword-Advertising Anzeigen zumutbar[592].

Investigative Prüfungspflichten bestehen mit der Maßgabe, dass sich die Gleichartigkeit zu ermittelnder Verstöße durch die Identität des Verletzers und des verletzten Rechtsguts bestimmt[593].

Sowohl sichtbares, als auch unsichtbares Keyword-Advertising unter fremden Marken durch die werbetreibenden Kunden eines Suchmaschinenbetreibers kann eine Markenrechtsverletzung darstellen[594]. Der Suchmaschinenbetreiber haftet für diese als Störer, sofern er seine Pflicht zur umfassenden rechtlichen Prüfung ab Kenntnis oder zur investigativen Ermittlung gleichartiger Verstöße verletzt.

---

589 Vgl. Kapitel 5 B II 1
590 Vgl. Kapitel 5 B II 1 b) aa)
591 Vgl. Kapitel 5 B III 2 b)
592 Vgl. Kapitel 5 C I 1
593 Vgl. Kapitel 5 C I 2
594 Vgl. Kapitel 5 C II 1

Im Rahmen der wettbewerbsrechtlichen Störerhaftung von Suchmaschinenbetreibern für Keyword-Advertising Anzeigen bestimmt sich die Gleichartigkeit der zu ermittelnden Verstöße nicht nach der Identität des Rechtsguts, sondern nach der Vergleichbarkeit der die Unlauterkeit begründenden Umstände[595].

Haftung für die Bildersuche

Für die im Rahmen der Bildersuche verlinkten Inhalte haften Suchmaschinenbetreiber vergleichbar der Websuche unter zweifacher Einschränkung als Störer[596].

Hinsichtlich der Trefferdarstellung durch Thumbnails droht grundsätzlich urheberrechtliche Haftung als Täter. Es greift jedoch die Urheberrechtsschranke des § 12 Abs. 2 UrhG mit der Maßgabe, dass dem Suchmaschinenbetreiber eine zusätzliche Verfremdung der Thumbnails aufzugeben ist, soweit der Werkgenuss durch Thumbnails vorweggenommen würde[597].

De lege ferenda

Das Kopieren eines der §§ 8 - 10 TMG zur Privilegierung des Suchmaschinenbetriebs überzeugt nicht[598].

Die Kriterien der Schutzwürdigkeit von Suchmaschinenbetreibern sind eine automatisierte Erstellung der Verweise, die Angemessenheit des Umfangs der Vorschau, die Regelmäßigkeit der Aktualisierung der zugrundeliegenden Datenbank und das Nichtvorliegen positiver Kenntnis der Rechtswidrigkeit konkret bekannter Inhalte sowie unmittelbaren finanziellen Profitierens.

Die Einführung eines „notice-and-take-down“ Systems für Suchmaschinenbetreiber ist nicht überzeugend[599].

---

595 Vgl. Kapitel 5 C III
596 Vgl. Kapitel 6 B
597 Vgl. Kapitel 6 B II 6
598 Vgl. Kapitel 7 A
599 Vgl. Kapitel 7 B I 4

§ 10 S. 1 Nr. 2 TMG sowie der diesem zugrundeliegende Art. 14 Abs. 1 a) ECRL bedürfen der Korrektur. Die jeweils enthaltene Sonderregel für Schadensersatzansprüche ist widersprüchlich und sollte entfallen[600].

600 Vgl. Kapitel 7 B I 4 d); c) aa)

Studien zum deutschen und europäischen Medienrecht

Herausgegeben von Dieter Dörr und Udo Fink
mit Unterstützung der Dr. Feldbausch Stiftung

Band 1 Peter Charissé: Die Rundfunkveranstaltungsfreiheit und das Zulassungsregime der Rundfunk- und Mediengesetze. Eine verfassungs- und europarechtliche Untersuchung der subjektiv-rechtlichen Stellung privater Rundfunkveranstalter. 1999.

Band 2 Dieter Dörr: Umfang und Grenzen der Rechtsaufsicht über die Deutsche Welle. 2000.

Band 3 Claudia Braml: Das Teleshopping und die Rundfunkfreiheit. Eine verfassungs- und europarechtliche Untersuchung im Hinblick auf den Rundfunkstaatsvertrag, den Mediendienste-Staatsvertrag, das Teledienstegesetz und die EG-Fernsehrichtlinie. 2000.

Band 4 Dieter Dörr, unter Mitarbeit von Mark D. Cole: *Big Brother* und die Menschenwürde. Die Menschenwürde und die Programmfreiheit am Beispiel eines neuen Sendeformats. 2000.

Band 5 Martin Stock: Medienfreiheit in der EU-Grundrechtscharta: Art. 10 EMRK ergänzen und modernisieren! 2000.

Band 6 Wolfgang Lent: Rundfunk-, Medien-, Teledienste. Eine verfassungsrechtliche Untersuchung des Rundfunkbegriffs und der Gewährleistungsbereiche öffentlich-rechtlicher Rundfunkanstalten unter Berücksichtigung einfachrechtlicher Abgrenzungsfragen zwischen Rundfunkstaatsvertrag, Mediendienstestaatsvertrag und Teledienstegesetz. 2001.

Band 7 Torsten Schreier: Das Selbstverwaltungsrecht der öffentlich-rechtlichen Rundfunkanstalten. 2001.

Band 8 Dieter Dörr: Sport im Fernsehen. Die Funktionen des öffentlich-rechtlichen Rundfunks bei der Sportberichterstattung. 2000.

Band 9 Dieter Dörr (Hrsg.): www.otello.de. Klassik nur noch im Internet oder per pay? Symposium aus Anlass des 85. Geburtstages von Professor Dr. Heinz Hübner. 2000.

Band 10 Markus Nauheim: Die Rechtmäßigkeit des Must-Carry-Prinzips im Bereich des digitalisierten Kabelfernsehens in der Bundesrepublik Deutschland. Illustriert anhand des Vierten Rundfunkänderungsstaatsvertrages. 2001.

Band 11 Stefan Sporn: Die Ländermedienanstalt. Zur Zukunft der Aufsicht über den privaten Rundfunk in Deutschland und Europa. 2001.

Band 12 Christian Ebsen: Fensterprogramme im Privatrundfunk als Mittel zur Sicherung von Meinungsvielfalt. 2003.

Band 13 Dieter Dörr / Stephanie Schiedermair: Rundfunk und Datenschutz. Die Stellung des Datenschutzbeauftragten des Norddeutschen Rundfunks. Eine Untersuchung unter besonderer Berücksichtigung der verfassungsrechtlichen und europarechtlichen Vorgaben. 2002.

Band 14 Dieter Dörr (Hrsg.): Rundfunk über Gebühr. Die Finanzierung des öffentlich-rechtlichen Rundfunks im Zeitalter der technischen Konvergenz. 3. Mainzer Mediengespräch. 2003.

Band 15 Dieter Dörr / Stephanie Schiedermair: Die Deutsche Welle. Die Funktion, der Auftrag, die Aufgaben und die Finanzierung heute. 2003.

Band 16 Frauke Blechschmidt: Das Instrumentarium audiovisueller Politik der Europäischen Gemeinschaft aus kompetenzrechtlicher Sicht. 2003.

Band 17 Christine Jury: Die Maßgeblichkeit von Art. 49 EG für nationale rundfunkpolitische Ordnungsentscheidungen unter besonderer Berücksichtigung von Art. 151 EG. Eine Untersuchung am Beispiel öffentlich-rechtlicher Spartenkanäle. 2005.

Band 18 Sabine Groh: Die Bonusregelungen des § 26 Abs. 2 S. 3 des Rundfunkstaatsvertrages. 2005.

Band 19 Sylke Wagner: Das *Websurfen* und der Datenschutz. Ein Rechtsvergleich unter besonderer Berücksichtigung der Zulässigkeit sogenannter *Cookies* und *Web Bugs* am Beispiel des deutschen und U.S.-amerikanischen Rechts. 2006.

Band 20 Stephanie Reese: Der Funktionsauftrag des öffentlich-rechtlichen Rundfunks vor dem Hintergrund der Digitalisierung. Zur Konkretisierung des Funktionsauftrages in § 11 Rundfunkstaatsvertrag. 2006.

Band 21 Henrike Maaß: Der Dokumentarfilm – Bürgerlichrechtliche und urheberrechtliche Grundlagen der Produktion. 2006.

Band 22 Dorit Bosch: Die „Regulierte Selbstregulierung" im Jugendmedienschutz-Staatsvertrag. Eine Bewertung des neuen Aufsichtsmodells anhand verfassungs- und europarechtlicher Vorgaben. 2007.

Band 23 Johannes Gerhard Reitzel: Arbeitsrechtliche Aspekte der Arbeitnehmerähnlichen im Rundfunk. 2007.

Band 24 Ulf Böge / Jürgen Doetz / Dieter Dörr / Rolf Schwartmann: Wieviel Macht verträgt die Vielfalt? Möglichkeiten und Grenzen von Medienfusionen. 2007.

Band 25 Valérie Schüller: Die Auftragsdefinition für den öffentlich-rechtlichen Rundfunk nach dem 7. und 8. Rundfunkänderungsstaatsvertrag. 2007.

Band 26 Simone Naumann: Die arbeitnehmerähnliche Person in Fernsehunternehmen. 2007.

Band 27 Nathalie Hellmuth: ARTE – Europa auf Sendung. Verfassungsrechtliche Rahmenbedingungen für die Beteiligung von ARD und ZDF an supranationalen Gemeinschaftssendern am Beispiel des Europäischen Kulturkanals ARTE. 2007.

Band 28 Dieter Dörr / Stephanie Schiedermair: Ein kohärentes Konzentrationsrecht für die Medienlandschaft in Deutschland. 2007.

Band 29 Dieter Dörr / Simone Sanftenberg / Rolf Schwartmann (Hrsg.): Medienherausforderungen der Zukunft. Seminar zum nationalen und internationalen Medienrecht. Vom 06.–10. Dezember 2006 in Lech am Arlberg (Österreich). 2008.

Band 30 Nina Nicole Hütt: Zur Frage der Existenz von Hörfunkrechten des Sportveranstalters unter besonderer Berücksichtigung der Fußball-Bundesliga. 2008.

Band 31 Hans-Martin Schmidt: Rundfunkgebührenfinanzierung unter dem GATS. 2008.

Band 32 Julia Niebler: Die Stärkung der Regionalfensterprogramme im Privaten Rundfunk als Mittel zur Sicherung der Meinungsvielfalt durch den Achten Rundfunkänderungsstaatsvertrag. 2009.

Band 33 Jörg Michael Voß: Pluraler Rundfunk in Europa – ein duales System für Europa? Rahmenbedingungen für den öffentlich-rechtlichen Rundfunk in einer europäischen dualen Rundfunkordnung. Unter Berücksichtigung der Anforderungen der europäischen Meinungs- und Medienfreiheit. 2008.

Band 34 Nina Knorre: Die Abwicklung des Arbeitsverhältnisses nach erfolgreicher Statusklage im Rundfunk. 2008.

Band 35 Kai Friedrich Zentara: Medienordnung und Öffentlicher Diskurs. Die Pflicht des Staates zur Gewährleistung der Funktionstüchtigkeit des Öffentlichen Diskurses. 2009.

Band 36 Daniel Rudolph: Erhalt von Vielfalt im Pressewesen. Unter besonderer Berücksichtigung des publizistischen Wettbewerbs. 2009.

Band 37 Felix Heimann: Der Pressekodex im Spannungsfeld zwischen Medienrecht und Medienethik. 2009.

Band 38 Christine Scheunert: Europäischer Jugendschutz für das Fernsehen.Bestimmungen eines kohärenten Harmonisierungsgrades unter Berücksichtigung der Jugendschutzsysteme in Großbritannien, den Niederlanden, Deutschland und Polen. 2009.

Band 39 Kristoff M. Ritlewski: Pluralismus als Strukturprinzip im Rundfunk. Anforderungen aus dem Funktionsauftrag und Regelungen zur Sicherung in Deutschland und Polen. 2009.

Band 40 Carola Drechsler: Europäische Förderung audiovisueller Medien zwischen Welthandel und Anspruch auf kulturelle Vielfalt. Unter besonderer Berücksichtigung der Kulturkompetenz der Europäischen Gemeinschaft. 2009.

Band 41 Marco Rau: Der internationale Schutz von Domainnamen und Markenrechten im Internet. Analyse unter Berücksichtigung deutschen Rechts. 2010.

Band 42 Caroline Hahn: Die Aufsicht des öffentlich-rechtlichen Rundfunks. Bestandsaufnahme und Zukunftsperspektiven. 2010.

Band 43 Harald Bretschneider: Bewertung crossmedialer Verflechtungen im Medienkonzentrationsrecht. Eine rechtsvergleichende Untersuchung unter besonderer Berücksichtigung Deutschlands, Großbritanniens sowie der Entwicklung in der EU. 2010.

Band 44 Rolf Schwartmann: Die Beteiligung von Presseunternehmen am Rundfunk. Rechtsgutachten zur Novellierung des § 33 Abs. 3 LMG NRW. 2010.

Band 45 Christopher Wolf: Der Kulturauftrag des öffentlich-rechtlichen Rundfunks in der Rechtsprechung des Bundesverfassungsgerichts. 2010.

Band 46 Dieter Dörr (Hrsg.): Die Medienordnung der Zukunft. Zum 10jährigen Bestehen des Mainzer Medieninstituts. 2011.

Band 47 Laura Johanna Reinlein: Medienfreiheit und Medienvielfalt. Kontrolle crossmedialer Konzentration in Zeiten der Konvergenz. 2011.

Band 48 Eva Ellen Wagner: Abkehr von der geräteabhängigen Rundfunkgebühr. Die Neuordnung der Rundfunkfinanzierung. 2011.

Band 49 Dieter Dörr (Hrsg.): Die Macht der Medien. Medienrechtliches Kolloquium zum 75. Geburtstag von Hartmut Schiedermair. 2011.

Band 50 Christine Seehaus: Das Pornographieverbot im Rundfunk und in den elektronischen Medien. 2011.

Band 51 Eva Aernecke: Der Schutz elektronischer Daten im Verfassungsrecht. Bedrohungen durch neue Ermittlungsmethoden. 2012.

Band 52 Armin Kühne: Haftung von Suchmaschinenbetreibern. 2012.

www.peterlang.de

www.ingramcontent.com/pod-product-compliance
Ingram Content Group UK Ltd.
Pitfield, Milton Keynes, MK11 3LW, UK
UKHW021851290926
8980IPUK00005B/773

9 783631 623169